Hamilton · Wende am Abgrund

Pauline Hamilton

Wende am Abgrund

Ein Lebensbericht

johannis

Bibliografische Information Der Deutschen Bibliothek
Die Deutsche Bibliothek verzeichnet diese Publikation in der Deutschen Nationalbibliografie; detaillierte bibliografische Daten sind im Internet über http://dnb.ddb.de abrufbar.

Die englische Originalausgabe erschien unter dem Titel „To a different drum"

Aus dem Englischen durch Gudrun Engelhardt

ISBN 3-501-01534-8

Edition C-Medium 55790 (M 90)
12. Auflage 2006

Umschlaggestaltung: Friedbert Baumann
Satz: Satzstudio W. Six, Altötting
Herstellung: St.-Johannis-Druckerei, 77922 Lahr
Printed in Germany 16289/2006

Vorwort

„Die Prinzen und Prinzessinnen der Kirche“ – dies ist der Name, den wir in der Park-Street-Kirche in Boston, in der ich dreiunddreißig Jahre als Pfarrer gedient habe, unseren Missionaren geben. Pauline Hamilton, fröhlich, bescheiden, intelligent und praktisch, eine von unserer Gemeinde geliebte Missionarin, würde einen solchen Titel nicht akzeptieren; aber wenn Sie von den Prüfungen und den Siegen dieser bemerkenswerten Frau lesen, werden Sie sicherlich merken, wie darin Gottes Herrlichkeit sichtbar wird.

Sie ist ein Mensch des Glaubens. Als Frau des zwanzigsten Jahrhunderts, die ihren Weg gemacht hat auf wissenschaftlichem Gebiet und Dozentin am Smith-College wurde, hat sie ihre Begabung und ihre Fähigkeiten ohne Vorbehalt Gott hingegeben. Sie hat den Ruf an eine chinesische Universität abgelehnt, sich als Missionarin zur Verfügung gestellt und ist im Dienst der China-Inland-Mission ausgereist. Gott ist für sie eine Realität, ein allmächtiger Herrscher, ein Vater und ein Führer in allen Dingen. Er ist ein Gott, dem man vertrauen kann.

Gott hat sie gerufen, ihm zu gehören, als sie auf dem Weg war, Selbstmord zu begehen. Er hat sie davon abgehalten. Sie hat ihm dafür ihr Leben voll und ganz zur Verfügung gestellt, um zu jeglicher Zeit an jeglichen Ort zu gehen.

Es gab Zeiten in ihrer Laufbahn, in denen sie unangenehme Aufgaben zugewiesen bekam. Es gab Zeiten, in denen sie versucht war, sich ihrer Berufung zu entziehen. Aber immer hat sie sich an ihre Hingabe erinnert und gehorsam die ihr zugeteilte Aufgabe erfüllt. Es dauerte viele Jahre, bis sie schließlich zu der Arbeit kam, zu der sie berufen war, die sie hauptsächlich unter Studenten und jungen Leuten tat und von der sie eine reiche Ernte einbrachte.

Sie war als Missionarin beispielhaft, mit festen Überzeugungen, jedoch stets bereit, dem Herrn zu gehorchen, wenn er ihr seinen Willen kundtat durch andere Mitarbeiter der Mission und durch die Lebensumstände.

Ich empfehle Ihnen dieses Buch als ein Zeugnis der Treue Gottes. Es wird Ihnen auf Ihrem Weg als Christ Mut machen.

Harold J. Ockenga

1. Kapitel

Alles geplatzt!

„Hon! Hon! Komm zurück! Hon, komm zurück!“

Mutter rief hinter mir her, als ich im grauen Kabriolett meiner Schwester vom Haus wegfuhr. Ich konnte ihre zierliche Figur im Rückspiegel sehen. Mutter war nicht sehr groß, nur etwas mehr als einen Meter und fünfzig. Ihr schönes, weißgelocktes Haar, das im Sommerwind leicht wehte, umrahmte ihr Gesicht, das heute sorgenvolle Züge trug. Ihre Hände umklammerten das Verandageländer, als würde sie Halt suchen. Ich schluckte schwer, überhörte jedoch ihr Rufen einfach. Ich gab Gas und raste davon. Das Auto war noch ziemlich neu, und ich durfte es benutzen, solange meine Schwester auf ihrer Europareise war. An diesem heißen Sommernachmittag hatte ich das Verdeck unten, nicht weil ich den Wind genießen wollte, der durch mein langes braunes Haar wehte, sondern damit alles planmäßig verlaufen sollte.

Ich hatte nur ein Ziel. Obwohl die geschotterte Gebirgsstraße eine meiner Lieblingsstrecken war, machte ich diese Fahrt nicht zu meinem Vergnügen. Nein, heute nicht. Ich konnte nur daran denken, daß ich die Haarnadelkurve an der offenen Kohlengrube bei Cornwall erreichen und die Felsen hinabstürzen wollte, um meinem erbärmlichen Leben ein Ende zu machen.

Niemand würde wissen, daß ich es absichtlich getan hatte. Es war keine Leitplanke da, die mich hätte aufhalten können, und es kam hier häufig zu Unfällen. Außerdem mußte ich diesen Weg nehmen, um die Gasflasche zu holen, die wir brauchten. Endlich hatte sich die Gelegenheit geboten, auf die ich schon wochenlang gehofft hatte – und noch dazu auf solche Art und Weise, daß niemand darauf kommen würde, daß ich mir das Leben genommen hatte. Mutter konnte nicht mit mir fahren, da wir unsere Haushaltshilfe nicht erreichen konnten und sie zu Hause sein mußte, wenn das Mädchen zurückkehrte. Ich hatte für niemanden einen Abschiedsbrief hinterlassen. Man würde meinen Absturz einfach für einen dieser tragischen Unfälle halten.

Mein Leben konnte so nicht weitergehen. Alles, was ich mir je erwünscht und erhofft hatte, alles, wofür ich gearbeitet hatte, war aus und vorbei, meine Zukunft zerstört. Und es schien niemanden zu kümmern.

Seit ich ein kleines Mädchen war, hatte ich Medizin studieren wollen, und ich hatte hart gearbeitet, um dieses Traumziel zu erreichen. Zwei Jahre Medizinstudium hatte ich schon hinter mir. Wie ich mich auf diese Jahre voller Aktivität und Erfüllung in meinem künftigen Beruf gefreut hatte – und darauf, irgendwann ein eigenes glückliches Zuhause zu haben! Und nun war innerhalb weniger Wochen die Hoffnung auf den Beruf und auf die eigene Familie zerstört worden.

Der erste Schlag war in Form eines Briefes von der Medizinischen Hochschule gekommen, in dem stand, daß ich im rechten Lungenflügel Tuberkulose hätte und ein Jahr mit meinem Studium aussetzen müsse. Dabei hätte ich mit meinem klinischen Jahr beginnen sollen! Auf so etwas war ich nicht vorbereitet gewesen. Ich hatte zwar gemerkt, daß ich in letzter Zeit nicht mehr meine frühere Kraft und Energie gehabt hatte, aber ich hatte gedacht, es sei nur die Art von Müdigkeit, wie sie am Ende des Schuljahrs üblich ist.

Auf diese Nachricht hin brachten mich meine Eltern schleunigst in unser kleines Ferienhaus in den Bergen von Pennsylvania, da in jenen Tagen Ruhe, frische Luft und nahrhaftes Essen die einzige Behandlungsmethode für Lungentuberkulose war. Das Haus lag nahe genug bei unserem Heimatort, so daß Vater jeden Tag von hier aus zur Arbeit fahren konnte.

Meine Geschwister, alle älter als ich, waren weg und hatten keine Ahnung, was ich durchmachte. Ich hätte ihnen sowieso nichts von diesen Problemen erzählen können. Ich hatte das Gefühl, daß mich ohnehin niemand verstehen könne.

Auf Anraten des Arztes hatte ich versucht auszuruhen, aber es ging nicht. Nachts konnte ich nicht schlafen. Ich schloß mich in meinem Zimmer ein und ging bis in die frühen Morgenstunden darin auf und ab. Die Dinge schienen einen Tiefstand erreicht zu haben! Aber das war erst der Anfang.

Der zweite Schlag kam an dem Tag, als ich meinem Freund, der an einer anderen medizinischen Hochschule studierte, von der Tuberkulose erzählte. Meine Eltern waren gegen diesen Jungen, und wohl auch gerade deshalb mochte ich ihn um so lieber. Tatsächlich hatten wir insgeheim vor, irgendwann in diesem Sommer miteinander durchzubrennen. Aber nachdem ich selbst die Röntgenbilder gesehen hatte und wußte, wie schwer die Krankheit war, fand ich, daß ich ihm ehrlicherweise die Situation erklären mußte. Er besuchte mich, und wir beschlossen gemeinsam, daß wir unsere Beziehung beenden mußten. Aber ich hatte nie vergessen können, wie gefühllos er sagte: „Also, trennen wir uns lieber; du bist ja so gut wie tot." Das traf mich zutiefst, vor allem, da ich geglaubt hatte, er liebe mich wirklich. Da meine Eltern nicht wußten, wie ernst unsere Beziehung war, konnten sie auch nicht ahnen, was dieser neuerliche Schlag für mich bedeutete. Sie waren, glaube ich, ganz einfach erleichtert, daß diese Sache nun vorbei war. Einige Wochen später brach die Wunde dann von neuem auf, als ich von einem Freund erfuhr, daß dieser Junge, den ich zu heiraten gehofft hatte, mit meiner besten Freundin durchgebrannt war! Aber das Schlimmste sollte erst noch kommen.

Ein zweiter Brief von der Medizinischen Hochschule

traf ein. Dieser nun enthielt die Nachricht von meiner Entlassung. Jetzt konnte ich überhaupt nicht mehr zur Schule zurückkehren, um meine Ausbildung fortzusetzen. Ich nehme an, daß ich die Entlassung verdient hatte, da mein Benehmen nicht gerade tadellos gewesen war! Aber es war ein Schlag nach dem anderen! Es war mehr, als ich ertragen konnte.

Und so schloß ich mich auch weiterhin jede Nacht in meinem Zimmer ein und ging auf und ab. Und jede Nacht stand meine Mutter draußen, flehte mich an, mit ihr über alles zu reden, und versuchte, mich zu überzeugen, daß sie mich verstehen konnten und daß sie mir nicht die Schuld gaben. Ich hörte nicht hin. Wie konnten sie und Vater es verstehen, wenn sie nie selbst so etwas erlebt hatten? Ich nahm so viele Schlaftabletten, daß ich hätte sterben müssen, aber statt dessen belebten sie mich nur und ließen mich schlaflos. Mir fiel nichts ein, wofür es sich zu leben lohnte.

Und nun war plötzlich die Gelegenheit gekommen, meiner Qual ein Ende zu bereiten. Während ich mit Vollgas die Straße hinaufraste und die vertraute Landschaft an mir vorbeiflog, ergriff mich eine Art wilder Heiterkeit. Ich hatte weder Zeit noch Lust, die Dinge noch einmal zu überdenken. Ich wollte nur mein Ziel erreichen. Ich verdrängte meine Gefühle und vermied es, an Mutters Blick zu denken, als sie voller Angst hinter mir hergerufen hatte, oder daran, daß sie mich bei meinem Kosenamen „Hon" genannt hatte.

Ich war schon fast bei der offenen Mine, nur noch zwei Kurven davor. Plötzlich gab es einen fürchterlichen Knall, das Auto geriet ins Schleudern und überschlug sich fast auf der schmalen Straße. Nachdem es mir irgendwie gelungen war, es zum Stehen zu bringen, stieg ich aus, besah mir die Bremsspuren und entdeckte dann den geplatzten Reifen am linken Vorderrad.

Als ich den klaffenden Riß anstarrte, hörte ich zwar keine himmlischen Stimmen, aber ich wußte, daß Gott dies getan hatte. Und auf dieser von Bremsspuren gezeichneten Gebirgsstraße rief mir der Geist Gottes Dinge ins Gedächtnis zurück, die ich vor vielen Jahren in der Sonntagsschule gelernt haben mußte.

Die ersten Worte, die mir einfielen, waren: „Er sorgt für mich!“ Und dann fuhr Gott auf wundervolle Weise fort, mir zu zeigen, wie sehr er mich liebt. Ich kannte den Vers, den er dazu gebrauchte, Johannes 3, 16; ich hatte ihn als Kind gelernt. Jetzt jedoch enthielt er meinen Namen: „Denn also hat Gott Pauline Hamilton geliebt, daß er seinen eingebornen Sohn gab, auf daß Pauline Hamilton, die an ihn glaubt, nicht verloren werde, sondern das ewige Leben habe.“

Ich begann zu überlegen: Offensichtlich sorgte Gott so sehr für mich, daß er mich auf dieser Straße angehalten und mich daran gehindert hatte, mir das Leben zu nehmen – aber warum? Ich hatte mich schon vor vielen Jahren von ihm abgewandt und hatte ihm in meinem Leben und in meinen Plänen keinen Platz eingeräumt. Aus welchem Grund sollte er sich um mich kümmern? Aber er tat es, und die Erkenntnis dieser Liebe zerbrach meinen Widerstand.

Ich kauerte mich mit dem notwendigen Werkzeug auf die Straße, um einen Reifenwechsel zu versuchen, aber statt dessen geschah es, daß ich vor dem Herrn weinte und er zu mir sprach und ich zu ihm. Ich wußte damals nicht viel über das Beten; bis dahin hatte ich kaum mehr gebetet als „Müde bin ich, geh zur Ruh...“ oder „Herr, gib mir dies und das“. Heute war es anders. Mein Gebet war zwar nicht besonders feierlich oder schön, aber es kam von Herzen. Es lautete ungefähr so: „Gott, du hast gewonnen. Ich habe einen fürchterlichen Murks gemacht. Herr, wenn du daraus irgendwas machen kannst, hier bin ich. Übernimm du die Führung.“

Etwas geschah auf dieser heißen, staubigen Straße, das ich wissenschaftlich nicht erklären kann, aber es hat mein Leben von Grund auf verändert. Ich war nicht einmal sicher, ob die Worte, die zu meinem Herzen drangen, in der Bibel standen, ich spürte jedoch, daß es so sein mußte. „Sei getrost und unverzagt“, sprach Gott zu mir. „Fürchte dich nicht, denn ich bin mit dir.“ Wie ich diese Worte brauchte – und welchen Trost sie meinem Herzen brachten!

Wenige Minuten, nachdem ich mein verpfuschtes Leben dem Gott, der für uns sorgt, übergeben hatte, näherte sich ein Auto aus der entgegengesetzten Richtung. Der Fahrer, ein Mann, der ebenfalls in dem Gebirgsort lebte, hielt an, als er meine mißliche Lage sah, und fragte freundlich, ob er helfen könne. Während er meinen Reifen wechselte, stellte er keinerlei Fragen, da er wohl annahm, daß ich wegen des geplatzten Reifens weinte.

Nachdem schließlich der Ersatzreifen sicher angebracht war, wendete ich das Auto langsam und fuhr nach Hause. Sah ich vielleicht aus! Meine Tränen hatten sich mit Staub und Schweiß zu Schmutz vermischt, der seine Spuren auf meinem Gesicht hinterlassen hatte. Schnell schlüpfte ich ins Haus und sagte meiner Mutter lediglich, daß mir ein Reifen geplatzt sei. Dann rannte ich in mein Zimmer, um mich zu waschen. Klugerweise stellten meine Eltern nie irgendwelche Fragen. Ich weiß nicht, wie sie ohne Gas an diesem Abend das Essen zubereiteten – ich hatte keinen Hunger und ging nicht hinunter. Ich war noch immer ziemlich aufgewühlt von all dem, was passiert war, und wollte allein sein, um über die Ereignisse dieses Nachmittags nachzudenken. Erstaunlicherweise schien die Last und Schwere von meinem Herzen gewichen zu sein!

In dieser Nacht verschloß ich meine Tür nicht und ging auch nicht auf und ab. Statt dessen holte ich meine alte Bibel aus dem Regal, staubte sie ab und begann, nach diesen lebensverändernden Worten zu suchen, die der Herr zu meinem Herzen gesprochen hatte. Es ging nur mühsam, da ich keine Ahnung hatte, wo ich nachschlagen sollte. Als ich jedoch die Seiten durchblätterte, lenkte eine Stelle meine Aufmerksamkeit auf sich.

Jesus fragte seine Jünger: „Was wollt ihr?" „Was wollt ihr?" Mir war, als würde Gott diese Frage an mich persönlich richten. Blitzartig fiel mir der Vers ein, den Mutter mir häufig vorgesagt hatte: „Trachtet am ersten nach dem Reich Gottes und nach seiner Gerechtigkeit, so wird euch solches alles zufallen." Ich suchte überall nach diesem Wort, bis ich es im Matthäusevangelium fand – Kapitel 6, Vers 33.

Und fast die ganze Nacht blätterte ich in meiner Bibel weiter! Die Zeit verging schnell, und mir war froh zumute, denn es schien, daß überall, wo ich aufschlug, Gott mir ganz persönlich etwas sagen wollte. Schließlich gelangte ich zu der Stelle, wo Gott zu Josua sagt: „Wie ich mit Mose gewesen bin, so will ich auch mit dir sein. Ich will dich nicht verlassen noch von dir weichen. Sei getrost und unverzagt... Und laß das Buch dieses Gesetzes nicht von deinem Munde kommen, sondern betrachte es Tag und Nacht, daß du hältst und tust in allen Dingen nach dem, was darin geschrieben steht. Dann wird es dir auf deinen Wegen gelingen, und du wirst es recht ausrichten. Siehe, ich habe dir geboten, daß du getrost und unverzagt seist. Laß dir nicht grauen und entsetze dich nicht; denn der Herr, dein Gott, ist mit dir in allem, was du tun wirst" (Josua 1). Ich wußte, dies war Gottes Versprechen und seine Weisung an mich. Welch eine Zusage – und welch eine Herausforderung!

Als ich an diesem Abend zum ersten Mal meine Bibel aufgeschlagen hatte, war ein Stück Papier herausgerutscht und auf den Boden gefallen. Ich hatte es jedoch erst ein paar Stunden später aufgehoben, als ich zu Bett gehen wollte. Ich weiß nicht, woher dieser Zettel kam, aber auf ihm stand der Spruch: „Geh du nur Schritt für Schritt, und ich werde dir den Weg auftun." Ich kniete nieder und betete einfach und aufrichtig: „Gut, Herr, öffne du den Weg, und ich werde ihn gehen." Seine Antwort an mich kam aus dem 50. Psalm: „Rufe mich an in der Not, so will ich dich erretten, und du sollst mich preisen." Voller Staunen ging ich zu Bett.

Als ich mich schlafen legte, war es fast fünf Uhr morgens. Ich war sowohl psychisch als auch physisch völlig erschöpft. Ich schlief und schlief – so lange, daß am zweiten Tag meine besorgten Eltern den Arzt riefen. „Lassen Sie sie schlafen", riet er ihnen, nachdem er zu dem Schluß gekommen war, daß es sich lediglich um Erschöpfung handelte.

Ich schlief ungefähr zweieinhalb Tage lang, und ich erwachte als eine neue Kreatur in Jesus Christus. Dies wurde daran deutlich, wie alte Gewohnheiten verschwanden, die ich aus eigener Kraft nicht hatte ablegen können. Ich rauchte nie wieder und hörte mit dem Trinken auf. Ich war nicht mehr drogenabhängig. Es war für mich wirklich der Beginn eines neuen Lebens, eines Lebens, in dem ich einfach Schritt für Schritt folgte.

Während ich diese Erfahrung machte, versuchten meine Eltern nie, in mich zu dringen, und stellten auch nie irgendwelche Fragen, obwohl ich sicher bin, daß sie liebend gern gewußt hätten, was geschehen war. Sie harrten einfach im Gebet für mich aus. Und soviel ich weiß, haben sie bei meinen Geschwistern nie auch nur ein Wort über diese Tage fallen lassen. Es war unser Geheimnis.

2. Kapitel

Was nun?

Was nun? Diese Frage bewegte mich ständig. Wie geht es jetzt weiter? Ich war mit meinem Leben in eine Sackgasse geraten und wartete jetzt ungeduldig darauf, daß der Herr irgend etwas tat, um mir den Weg, den ich gehen sollte, zu zeigen. Aber statt dessen ließ er mich erst einmal meine Kur in den Bergen von Pennsylvania zu Ende bringen. Die Heilung kam allmählich, und dazu hat sicherlich auch meine zuversichtlichere Einstellung beigetragen – ganz zu schweigen davon, daß ich Nikotin, Alkohol und Drogen aufgegeben hatte. Jeden Tag jedoch flehte ich zu Gott voller Ungeduld und erinnerte ihn an sein Versprechen, mich zu führen.

‚Wenn Gott uns führt', fragte ich mich, ‚wie macht er das? Wie kann ich wissen, daß es Gottes Wille und nicht meine eigene Idee ist?' Da ich mehr Fragen als Antworten hatte, begann ich Gottes Wort so zu studieren wie meine wissenschaftlichen Bücher, indem ich mich in den Text vertiefte und mir Notizen und Skizzen machte. Und um mir Bewegung zu verschaffen, ging ich jeden Tag in den Bergen spazieren. Ich war gerne allein, damit ich nachdenken und versuchen konnte zu verstehen, was Gott sagte und was geschah.

Nachdem ich nun mich und meine Situation in einem neuen Licht sah, begann ich nach den Ursachen für das, was mir widerfahren war, zu suchen. Warum zum Beispiel hatte ich mich zu einer so eigensinnigen Person entwickelt? Und warum fiel es mir so schwer, anderen zu vertrauen?

Als ich über diese Dinge nachsann, wurde mir klar, daß viele meiner Probleme vermutlich in meine Kindheit zurückreichten. Als das jüngste von fünf Kindern war ich viel gehänselt worden. Wie ich das haßte, aufgezogen und ausgelacht zu werden! Und so hatte ich es schon früh gelernt, meine Ansichten für mich zu behalten. Ich haßte es, dauernd gesagt zu bekommen, daß ich noch zu klein sei, um mit den anderen zusammen etwas zu tun. ‚Ich werde es ihnen schon zeigen', nahm ich mir vor. ‚Wenn ich zu klein bin, um dasselbe wie sie zu tun, dann mache ich es eben besser.' Ich weiß noch, wie ich, als es Zensuren gab, die alten Zeugnishefte meiner Geschwister ausgrub, um meinem Vater zu beweisen, daß ich bessere Noten hatte, als sie im gleichen Schuljahr gehabt hatten. Ich sehnte mich danach, gelobt zu werden. Ich nehme an, daß davon viel meines späteren Stolzes und meiner Starrköpfigkeit herrührte.

Was meinen Widerstand gegen Gott betraf, so konnte ich mich nur allzu deutlich daran erinnern, wann ich ihm die Tür verschlossen hatte. Ich war ungefähr neun. Meine Mutter war in mein Zimmer gekommen, um mit mir darüber zu reden, daß ich „mein Herz dem Herrn Jesus öffnen" sollte. „Wird Soundso auch in den Himmel kommen?" beeilte ich mich zu fragen. Ich haßte jene Person zutiefst, da ich mich von ihr schon oft ungerecht behandelt gefühlt hatte.

„Ich nehme es an, Hon", antwortete meine Mutter, ohne daß es ganz überzeugt klang. „Sie sagt, daß sie Christ sei." „Also, wenn sie in den Himmel kommt, möchte ich nicht dort hinkommen." Meine Antwort war schlicht und sachlich. Die Tür war nicht nur zu, sondern fest verschlossen. Jetzt jedoch war sie offen. Ich hatte Gott zur Seite, und er hatte versprochen, mich Schritt für Schritt zu führen. Obwohl ich nicht wußte, was die Zukunft bringen würde, verspürte ich eine ganz neue Abenteuerlust und freute mich darauf, zu sehen, wie Gott mich führen werde.

Als ich eines Tages in den Bergen spazierenging, begegnete mir meine frühere Physiologieprofessorin aus der Medizinischen Hochschule. „Was ist mit Ihnen los?" rief sie herüber. „Warum kommen Sie nicht wieder in die Schule? Ist es wegen Ihrer Krankheit?" Die gleichen peinlichen Fragen hatten mir auch schon andere gestellt.

„Nein, nicht deswegen", erwiderte ich und schaute verlegen zur Seite, als sie näherkam. „Tatsächlich bin ich so gut wie geheilt, aber ich habe von der Schule Bescheid bekommen, daß ich auf keinen Fall wiederkommen kann."

„Haben Sie nicht daran gedacht, gegen diesen Beschluß Einspruch zu erheben?" fragte sie mich besorgt.

„Nein, ich nehme an, daß ich mir das selbst eingebrockt habe. Ich bezweifle nicht, daß sie mit meiner Entlassung im Recht waren."

„Und was werden Sie jetzt tun?" fragte sie mich freundlich. „Ich... ich weiß es nicht", antwortete ich zögernd. „Tatsache ist, daß ich nicht die blasseste Ahnung habe, wohin ich gehen könnte. Man wird mich jetzt nirgends mehr nehmen."

„Das dürfen Sie nicht sagen!" rief sie aus. „Warum gehen Sie nicht zur Universität von Pennsylvania, um mit Professor H. zu reden? Ich könnte Ihnen ja ein Empfehlungsschreiben geben, wenn Sie eines brauchen."

Ich hatte diesen Professor zwar noch nie gesehen, aber ich hatte schon von ihm gehört. Er hatte durch seine Arbeit großes Ansehen erlangt.

„Schließlich waren Sie mehr an der Forschung als an der praktischen Medizin interessiert", erinnerte sie sich.

Ich lachte bitter und sagte: „Sie wollen, daß ich an eine Schule gehe, die besser ist als die, aus der ich hinausgeworfen wurde? Aussichtslos!"

Nun wandte sich meine Professorin zum Weitergehen und warf mir dabei noch eine letzte Bemerkung zu: „Wer wagt, gewinnt. Sie können es wenigstens einmal versuchen."

Während ich im Schein der Nachmittagssonne weiterging, dachte ich über unsere zufällige Begegnung und unser Gespräch nach. ‚Warum auch nicht?‘ entschied ich mich plötzlich. ‚Ich kann dabei höchstens mein Gesicht verlieren, und das habe ich sowieso schon verloren, also kann ich mich genausogut bei diesem Professor vorstellen.‘

Als ich heimkam, überraschte ich meine Mutter, die in der Küche war, mit der Frage: „Würdest du morgen gern nach Philadelphia fahren?“ Für Ausflüge war sie jederzeit zu haben.

„Aber ja“, antwortete sie erfreut. „Was willst du dort erledigen?“

Die Worte sprudelten nur so aus mir heraus, als ich von dem zufälligen Gespräch mit meiner Physiologieprofessorin erzählte. Als ich geendet hatte, war meine Mutter ganz erregt über unser Abenteuer.

Als wir am nächsten Tag zur Universität kamen, machte ich mich auf die Suche nach der Abteilung für Zoologie, nachdem man mir gesagt hatte, daß ich Professor H. vermutlich dort finden würde. Alle möglichen Fragen und Zweifel, ob dieses ganze Unternehmen überhaupt einen Sinn hatte, gingen mir durch den Kopf, als die Sekretärin mir sagte, daß Professor H. heute gerade in seinem Büro sei. Ich klopfte an seine Tür und wartete.

„Herein“, rief der Professor freundlich.

Ich sah die Überraschung in seinem Gesicht, die er zu verbergen suchte, als ich den Raum betrat. Er hatte offensichtlich nicht mit einer völlig fremden Person gerechnet. Der Professor, mit seinem buschigen Haar und seinem ausgeprägten Kinn eine eindrucksvolle Persönlichkeit, fragte nicht unfreundlich, jedoch etwas irritiert: „Wer sind Sie, und weswegen wollen Sie mich sprechen?“

Er hörte aufmerksam zu, als ich erzählte, daß ich sehr daran interessiert sei, bei ihm zu studieren und auf den Abschluß als Magister hinzuarbeiten. Ich sprach auch offen über meine Entlassung von der Medizinischen

Hochschule. Als ich geendet hatte, sah er mich mit seinen stahlblauen Augen direkt an und sagte: „Ich mag keine Frauen. Frauen sollten keine Naturwissenschaften studieren. Ich habe in meinen Klassen keine Frauen, und ich habe auch nicht vor, jetzt welche aufzunehmen..."

Damit war ja nun alles gesagt. Obwohl seine Worte scharf und für mich völlig unerwartet waren, empfand ich keine Schroffheit oder Feindseligkeit gegen mich persönlich. Zum Glück habe ich nicht so nah ans Wasser gebaut. Das kommt wahrscheinlich davon, daß ich mit zwei Brüdern aufgewachsen bin, die sich als Sieger fühlten, wenn ich weinte, weil sie mich hänselten. Auf jeden Fall gelang es mir jetzt, so ruhig wie möglich zu sagen: „Vielen Dank. Ich weiß es zu schätzen, daß Sie sich Zeit für mich genommen haben." Ich hatte nicht die Absicht, um Gnade zu bitten und damit noch mehr von seiner Zeit zu vergeuden.

Ich griff nach der Türklinke, um die Flucht zu ergreifen, aber bevor ich die Tür öffnen konnte, rief er: „Kommen Sie zurück! Sie machen mir gar keinen so schlechten Eindruck. Ich gebe Ihnen eine Chance. Mal sehen, was Sie im ersten Semester machen."

Nachdem ich im Gesundheitsamt für Studenten war, um den Brustkorb röntgen zu lassen (außer der Narbe einer ausgeheilten Tuberkulose war nichts zu sehen), raste ich zum Hochschulsekretariat und legte mit klopfendem Herzen Professor H.'s Brief vor, in dem er die verspätete Einschreibung erklärte. Es sah ganz danach aus, daß Gott, obwohl er mich prüfte, alles unter seiner Kontrolle hatte.

Es war alles andere als schmeichelhaft, auf diese Weise das Studium aufzunehmen. Ich ließ mich auf einen neuen Studiengang ein bei einem Mann, der es ausgesprochen haßte, Frauen in seinen Klassen zu haben. Aber ich war nicht nur die einzige Frau, ich war auch der einzige überzeugte Christ in einer Klasse mit ungefähr fünfundzwanzig Studenten. Für einen Anfänger im Glauben, der gerade dabei war, die Scherben aufzulesen, nachdem alles zerbrochen war, schien dies kein besonders vielversprechender Start zu sein.

Aber das war noch nicht alles. Als wir nach der Liste für Studentenzimmer, die ich im Sekretariat bekommen hatte, vorgingen, machten meine Mutter und ich die Erfahrung, daß der Professor nicht der einzige war, der etwas gegen Frauen hatte. Nach einer ganzen Reihe höflicher Ablehnungen waren wir nahe daran aufzugeben. Aber beim allerletzten Namen auf der Liste war gerade noch ein Zimmer frei, und ich wurde gerne aufgenommen. Voller Dankbarkeit zog ich am nächsten Tag ein.

Es dauerte einige Wochen, bis ich entdeckte, daß der Herr mir einen Streich gespielt hatte: Ich wohnte im Haus eines Pfarrers! Das war wirklich gut für mich. Mitten in meinen schweren Studien lernte ich noch eine Menge anderer Lektionen von dieser Familie und traf viele wundervolle Menschen in ihrer Gemeinde. Daraus ergab es sich, daß ich begann, auf neue Art und Weise im Glauben zu wachsen, als ein Glied des Leibes Christi. Gott hatte angefangen, die Scherben eines Lebens, das nur Monate vorher hoffnungslos zerstört schien, zusammenzulesen.

3. Kapitel

Dr. phil. – aus Glauben

Jeden Tag sah ich mich nun der Herausforderung gegenüber, in einer Klasse mit fünfundzwanzig gescheiten Burschen der einzige überzeugte Christ zu sein. Das war für mich jedoch ganz gut. Ich war dadurch gezwungen, mich in Gottes Wort zu vertiefen, um meinen Glauben begründen zu können.

Der Herr ließ mich jedoch nicht allein kämpfen. Ein Professor, der die Kirche meines Vermieters besuchte, erzählte mir von einer christlichen Gruppe, die sich an der Universität traf. Insgeheim argwöhnte ich, daß es sich dabei um einen „lahmen Haufen" handeln würde, aber ich ging schließlich doch hin, um mir das Ganze einmal anzusehen. Zu meiner Überraschung fand ich einen Kreis sehr sachlich denkender Menschen vor, unter ihnen einige der hervorragendsten Studenten der Universität. Ich begann, regelmäßig zu diesen Treffen zu gehen, und hatte bald teil an der guten Gemeinschaft.

Ich arbeitete hart für mein Studium, und im Nu ging das erste Semester zu Ende. Ich hatte das Gefühl, es gut gemacht zu haben, aber ich hatte nicht vergessen, daß mein Professor gesagt hatte: „Mal sehen, was Sie im ersten Semester machen." Ich wußte nicht, was ich nun tun sollte. Ich erinnerte den Herrn weiterhin daran, daß er mir versprochen hatte, er werde mir den Weg auftun – Schritt für Schritt. Wie würde wohl der nächste Schritt aussehen? Würde ich bleiben oder gehen?

Ich begann auch, einige der praktischen Probleme meines Lebens in Angriff zu nehmen. Nachdem ich bei meinem „Fehlstart" an der Medizinischen Hochschule schon so viel Geld meines Vaters vergeudet hatte, fand ich, daß ich kein Geld mehr von ihm für mein Studium annehmen könne. Ich beschloß, nun alles in Gottes Hände zu legen. Ich wußte nichts über das Leben aus dem Glauben. Ich hatte nichts über Hudson Taylor von der China-Inland-Mission und über sein Glaubensleben gelesen – tatsächlich hatte ich noch nicht einmal von ihm gehört. Aber irgendwie wußte ich, daß Gott wollte, daß ich ihm in allen Dingen vertraute. Das bißchen eigenes Geld, das ich zu Beginn des ersten Semesters gehabt hatte, war nun aufgebraucht, so daß ich, selbst wenn ich mit meinem Studium weitermachen konnte, immer noch das Problem hatte, woher ich mein Schulgeld bekommen sollte. Dennoch, als ich darüber betete, schenkte Gott meinem Herzen Frieden.

Am letzten Einschreibungstag für das nächste Semester erhielt ich einen sehr amtlich aussehenden Brief vom Universitätsdekanat. „Was nun?" dachte ich, als ich das steife Briefpapier entfaltete und zu lesen begann. Ich traute meinen Augen nicht. Darin stand, daß hiermit Pauline Hamilton ein volles Stipendium für ihre Ausbildung und ihren Lebensunterhalt gewährt werde!

„Das kann nicht für mich sein!" dachte ich, während ich das Schreiben anstarrte. „Dieser Brief ist nicht für mich; ich habe mich ja gar nicht um ein Stipendium beworben!"

Ich nahm meinen Mantel und eilte sofort zum Dekanat. „Ich habe diese Mitteilung bekommen", sagte ich atemlos, während ich der Sekretärin den Brief gab, „und es muß sich dabei um ein Versehen handeln."

„Sind Sie Pauline Hamilton?" fragte sie, als sie sich den Brief näher ansah.

„Ja, die bin ich."

„Und Sie studieren Physiologie an der Abteilung für Zoologie?" Jetzt sah sie mich mit einem Lächeln an.

„Ja", sagte ich mit klopfendem Herzen und trockener Kehle.

„Also, dann ist dieser Brief auch für Sie", lachte sie

freundlich. „Das kann nicht sein“, entgegnete ich. „Ich habe mich ja gar nicht beworben.“

„Nein, Sie haben keinen Antrag gestellt“, erklärte sie, „Professor H. hat das für Sie getan.“

Der Professor, der keine Frauen in seinen Klassen mochte, dieser großartige Wissenschaftler, der mich erst seit einem Semester kannte, hatte für mich die Studienbeihilfe beantragt! Ich konnte es kaum fassen und war voller Freude. Jetzt wußte ich, daß Professor H. hinter mir stand – und noch dazu, daß ich mein Studium in diesem Jahr ohne finanzielle Sorgen fortsetzen konnte. Der Herr hatte mir die nächsten Schritte sehr deutlich gezeigt.

Während meiner ganzen Studienzeit bis zum Abschluß als Magister fragte ich den Herrn von da an jedes Jahr, wenn die Zeit kam, neue Anträge für Stipendien zu stellen: „Was soll ich machen? Soll ich mich dieses Mal bewerben?“ Und jedesmal schien die Antwort zu heißen: „Ich kann dich mit dem nötigen Geld versorgen, ohne daß du es beantragst, wenn dies der Platz ist, an dem ich dich haben möchte.“ Auf diese Weise bekam ich meine Führung und mein Geld.

Als meine Ausbildung zum Magister sich dem Ende näherte, begann ich mich zu fragen, wie ich zu einer Arbeitsstelle kommen würde. Da ich noch nie in meinem Leben eine Stelle gesucht hatte, hatte ich gerade beschlossen, darüber mit meinem Professor zu reden, als statt dessen er mich im Labor aufsuchte. Seine Worte warfen mich geradezu um:

„Hätten Sie Lust, Ihr Studium fortzusetzen und zu promovieren?“ „Oh!“ sagte ich und gewann langsam meine Fassung zurück, „das wäre sicherlich schön, aber ich habe davon nicht einmal zu träumen gewagt.“

„Ich habe von der Rockefeller-Stiftung einen bestimmten Geldbetrag zur Verfügung gestellt bekommen“, fuhr er fort, „und diesen würde ich Ihnen gerne zukommen lassen, damit Sie die Forschungsarbeit, die

Sie für Ihren Magisterabschluß betrieben haben, weiterführen können. Ich habe das Gefühl, daß an dieser Sache etwas dran ist, und hätte gerne, daß Sie sich noch weiter hineinvertiefen und dann Ihren Doktortitel erlangen."

„Nun, Sie wissen ja", sagte ich augenzwinkernd, „daß ich darüber zuerst beten muß." Er war Jude und schien für meine Eigenheiten etwas Verständnis zu haben. Er sagte nichts mehr.

Ein paar Wochen später bestellte er mich in sein Büro und fragte: „Wie sieht es aus?"

„Wie sieht was aus?" fragte ich.

„Nun, ich wüßte gerne, ob Sie bei mir weitermachen wollen." Er runzelte etwas die Stirn.

„Das war doch nicht Ihr Ernst, oder?" fragte ich leichthin.

„Warum sollte das nicht mein Ernst gewesen sein?"

„Wissen Sie, an welchem Tag Sie mich gefragt haben, ob ich weitermachen möchte?" Ich begann, mich etwas unbehaglich zu fühlen. „Nein, welcher Tag war es denn?"

„Es war der 1. April! Ich dachte, es sei nur ein Aprilscherz." Wir mußten herzlich lachen über die ganze Angelegenheit, aber Professor H. hatte es tatsächlich ernst gemeint. So ermöglichte Gott es mir auf ganz außergewöhnliche Weise, meinen Abschluß als Doktor der Philosophie zu machen. Und während meine Freunde ihr Studium mit Schulden beendeten, hatte ich am Ende meiner Studienzeit sogar Geld in der Tasche, weil ich es gewagt hatte, einem Gott zu vertrauen, der sein Versprechen, mich Schritt für Schritt zu führen, hielt.

Während dieser Jahre an der Universität von Pennsylvania war es auch, daß ich zum ersten Mal mit meinem Spitznamen „Großmama", der mir noch lange anhaften sollte, genannt wurde. Da ich schon graduiert war, war ich älter als die meisten anderen Studenten in der christlichen Gruppe. Sie begannen, mich um Rat zu fragen, und sahen in mir jemanden, mit dem sie über ihre Probleme reden konnten. Manchmal traf sich die Gruppe auch in meinem Labor. Wir hatten alle ein sehr gutes Verhältnis zueinander. Ich begann zu entdecken, wie ich dem Herrn mit meinen Gaben dienen konnte.

Gelegentlich fuhr ich mit dieser Gruppe nach Keswick im Süden von New Jersey zu Studentenwochenenden und Bibelkonferenzen. Manche von den Mädchen bedienten im Speisesaal, um ihre Kosten bezahlen zu können. Eines Tages, als im Speisesaal eine Bedienung fehlte, fragte man mich, ob ich aushelfen könne. Da ich schon öfter eingesprungen war, war ich einverstanden. Dieses Mal sollte ich am Rednertisch servieren, wo all die „hohen Tiere" saßen. Diese Konferenz war ausgesprochen gut besucht, und im vollen Speisesaal herrschte ein reges Treiben.

Es ging auch alles gut, bis ich nach dem Essen den Kaffee servierte. Ich weiß nicht genau, wie es passierte, aber irgendwie schüttete ich einem der Redner heißen Kaffee den Rücken hinunter. Es war ein schlimmer Augenblick. Er war ein großer Mann und äußerst würdevoll, aber sehr nett. Obwohl ich ihn mit Kaffee übergossen hatte, war er es, der mich um Verzeihung bat und großzügig die ganze Schuld für das Mißgeschick auf sich nahm. Ich war sehr verwirrt und verlegen und wußte nicht, was ich tun sollte. Hastig zog ich mich in die Küche zurück.

„Wer ist dieser Mann?" fragte ich, nachdem ich den anderen Serviererinnen meine Leidensgeschichte erzählt hatte. „Er hat nicht einmal zugelassen, daß ich ihm das Hemd wasche!"

„Na ja", zog mich eines der Mädchen auf, „er denkt vielleicht, wenn du nicht einmal mit einer Tasse Kaffee umgehen kannst, kannst du auch kein Hemd waschen!"

„Aber wer ist er?" beharrte ich. „Kennt ihn jemand von euch?" „Er ist lediglich der Missionsdirektor der CIM", meldete sich eines der anderen Mädchen und kostete meine mißliche Lage voll aus.

„CIM?“ fragte ich. „Habe ich noch nie gehört.“

„CIM ist die Abkürzung für China-Inland-Mission – ist dir das kein Begriff? Das ist die größte überkonfessionelle und internationale Mission, die in China arbeitet. Es ist eine Glaubensmission, die von einem Engländer namens Hudson Taylor gegründet wurde. Hast du denn nie seine Biographie gelesen? Das solltest du einmal tun; sie ist wirklich packend.“

Sobald sich an diesem Nachmittag die Gelegenheit bot, ging ich zum Bücherzimmer hinüber. Es schien eine Unmenge von Büchern über die China-Inland-Mission zu geben – und ich habe wohl alle gekauft. Dann begann ich, mich durch den ganzen Stapel hindurchzulesen und wurde reich gesegnet, vor allem durch das Buch „Das geistliche Geheimnis Hudson Taylors“ (Reihe: TELOS-Wege zum Leben; erschienen im Verlag der Liebenzeller Mission), das mir im Lauf der Jahre immer wertvoller geworden ist. Noch bevor ich es zu Ende gelesen hatte, verstand ich besser als je zuvor, was es bedeutet, „aus dem Glauben zu leben“. Schon bald wurde ich ein Spender bei der CIM und dann auch ein Gebetspartner. Eine verschüttete Tasse Kaffee und ein sehr freundlicher Christ – dies war Gottes außergewöhnliche Art, mich mit der CIM bekanntzumachen.

In meinem eigenen Leben machte ich die Entdekkung, daß aus dem Glauben zu leben mehr bedeutet, als Gott die Finanzen oder die Führung anzuvertrauen; es heißt auch, ihm zu vertrauen, wenn alles nicht so gut geht. Während ich für meine Promotion arbeitete, befiel mich eine sehr seltsame Krankheit. Meine Knochen sonderten Kalzium ab, das sich im Gewebe ablagerte. Sowohl die Krankheit als auch die Behandlung waren äußerst schmerzhaft.

Schließlich sagten mir dann die Ärzte, daß es wenig oder gar keine Aussicht auf Heilung gebe und daß ich, falls ich am Leben bliebe, vermutlich für immer behindert sein würde! Für eine sechsundzwanzigjährige junge Frau waren dies keine sehr heiteren Aussichten.

Ich hatte geplant, den Sommer in Cape Cod zu verbringen und in den berühmten meeresbiologischen Laboratorien in Woods Hole Forschungsarbeiten zu betreiben. Es war ein Privileg, dort arbeiten zu können, und da ich es für ratsam hielt, eine Beschäftigung zu haben, entschloß ich mich, trotz nachlassender Gesundheit zu fahren.

In diesem Sommer in Cape Cod hinterfragte Gott meine Hingabe an ihn. Er gebrauchte dazu einen Abschnitt aus 1. Korinther 6: „Wisset ihr nicht, daß euer Leib ein Tempel des heiligen Geistes ist, der in euch ist, welchen ihr habt von Gott, und seid nicht euer eigen? Denn ihr seid teuer erkauft; darum so preiset Gott an eurem Leibe." Und er forderte mich weiter heraus mit Philipper 1, 21: „Denn Christus ist mein Leben, und Sterben ist mein Gewinn." Ich war gezwungen, mich zu fragen, ob ich das wirklich glaubte. War ich bereit, Gottes Willen anzunehmen, wenn dieser bedeutete, daß ich sterben sollte?

Nach meiner Rückkehr von Cape Cod besuchte ich einen befreundeten Pfarrer und seine Frau. Seine Mutter war ebenfalls da. Sie alle wußten, daß ich bei einem Spezialisten gewesen war, und fragten mich, was er gesagt hatte. Ich erzählte ihnen, daß er mir ganz offen erklärt hatte, daß die Ärzte nichts mehr für mich tun konnten. Nach einer Weile sagte die Mutter des Pfarrers: „Nun, Pauline, ich bin sicher, daß du bereit bist zu sterben – aber hast du je daran gedacht, Gott zu sagen, daß du *gerne* bereit bist zu sterben, wenn das sein Wille ist?"

Auf dem ganzen Heimweg dachte ich über ihre Frage nach. Als ich in meinem Zimmer war, kniete ich neben meinem Bett nieder und sagte schlicht: „Herr, ich bin gerne bereit zu sterben, wenn das dein Wille ist." Ein tiefer Friede zog in meinem Herzen ein. Es war, als hätte der Herr mich gefragt: „Kann ich das Leben, das ich bereits erkauft habe, nicht haben?“

Die meisten wichtigen Entscheidungen in meinem Leben wurden in der Abgeschiedenheit meines Zimmers getroffen oder wenn ich draußen irgendwo allein mit Gott war und mich in sein Wort vertiefte. Ich kann mich nicht erinnern, je eine wichtige Entscheidung in einer Versammlung getroffen zu haben. Ich sage dies nicht, um solche Entscheidungen herabzusetzen, sondern um zu zeigen, daß der Herr jeden von uns mit seinen persönlichen Eigenheiten kennt. Er wußte, daß ich zu den Leuten gehöre, die am ehesten angesprochen werden, wenn man individuell und sachlich mit ihnen umgeht. Oft hat der Herr in meiner täglichen Stillen Zeit zu mir gesprochen. So war es auch, als er mich – einige Tage, nachdem ich ihm meine Bereitwilligkeit zu sterben erklärt hatte – mit Psalm 27, 14 beeindruckte: „Harre des Herrn! Sei getrost und unverzagt und harre des Herrn!“

Ein paar Tage später sprach er zu mir durch Psalm 118, 17 und 18 und schien damit anzudeuten, was er vorhatte: „Ich werde nicht sterben, sondern leben und des Herrn Werke verkündigen. Der Herr züchtigt mich schwer; aber er gibt mich dem Tode nicht preis.“ Ich glaubte, daß dieses Wort für mich war, und ich dankte Gott dafür. Am selben Tag las ich Jesaja 30, 21: „Deine Ohren werden hinter dir das Wort hören: ‚Dies ist der Weg; den geht! Sonst weder zur Rechten noch zur Linken!‘“

Indem ich meine Zukunft in Gottes Hand legte und auf seine Zusagen vertraute, setzte ich mein Studium sowie meine ärztliche Behandlung fort. Einen Großteil der Vorbereitungen für meine Doktorarbeit, die Abschlußprüfung und die mündliche Dissertation machte ich, während ich Heilbäder nahm. Nachdem ich einen Spezialtisch als Aufsatz an der Badewanne hatte anbringen lassen, konnte ich ganz gut weiterarbeiten, obwohl viele meiner Bücher ein nasses Ende fanden!

Wie der Herr versprochen hatte, führte er mich

Schritt für Schritt, und ich erlangte meinen Doktortitel. Gott hatte mir nicht nur den Weg gezeigt, sondern mir auch seine Treue offenbart, als ich ihm vertraut hatte, und er hatte begonnen, ein neues Leben für mich zu schaffen – ein Leben zu seiner Ehre.

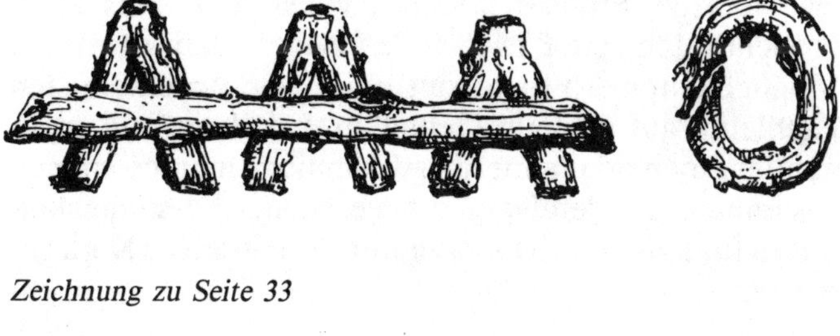

Zeichnung zu Seite 33

4. Kapitel

Unbequeme Fragen

Am Ende des Zweiten Weltkriegs unterrichtete ich schon das dritte Jahr am Smith-College in Northampton im Bundesstaat Massachusetts. Ich war in Urlaub gefahren, und wieder war es draußen in den Dünen von Cape Cod, daß der Herr zu mir sprach. Ich begann zu ahnen, daß er vorhatte, mich aus meiner Behaglichkeit aufzurütteln.

Sollte ich einen neuen Vertrag unterschreiben, in dem ich mich verpflichten würde, weitere fünf Jahre an diesem College zu bleiben? Diese Frage stellte ich mir. Der Herr jedoch sagte: „Was willst du? Ist das dein Ziel – das Leben, das du führen möchtest? Willst du lediglich beim allgemeinen Konkurrenzkampf mitmischen? Denkst du nur an diese Dinge? Was willst du aus deinem Leben machen?“ Durch diese Art von Fragen, die mir kamen, während ich allein am Meer entlangging, wollte der Herr mir zeigen, daß zweitrangige Dinge mich zu sehr im Griff hatten. Ohne daß ich es bemerkt hatte – ja, es hatte sich ganz allmählich eingeschlichen –, drehte sich inzwischen mein ganzes Leben um die Wissenschaft. Ich liebte sie. Die Naturwissenschaft war mir praktisch zu einem Götzen geworden. Man konnte fast sagen, daß ich sie zum Frühstück, Mittagessen und Abendbrot brauchte. Ich genoß es in vollen Zügen, daß sie mir die Möglichkeiten eröffnete, mit einigen der bedeutendsten Fachleute auf meinem Gebiet zu verkehren und sogar auf der einen oder anderen Abhandlung meinen Namen zusammen mit den Namen angesehener Persönlichkeiten zu finden. Der Erfolg war mir so langsam zu Kopf gestiegen.

An diesem Morgen war meine Schriftlesung im Alten Testament Jeremia, Kapitel 45: „Siehe, was ich gebaut habe, das reiße ich ein, und was ich gepflanzt habe, das reiße ich aus... Und du begehrst für dich große Dinge? Begehre es nicht!" Ja, ich hatte für mich große Dinge begehrt. Der alte Stolz war zurückgekehrt. Es gefiel mir nicht, was ich da an mir selbst entdeckte, und weil es zu unbequem war, in Jeremia weiterzulesen, wandte ich mich der Tageslese in meinem Bibellesekalender zu. Das war jedoch auch nicht besser. Hier wurde wiederum die Frage gestellt: „Welchen Dingen gehört deine Liebe?"

Ich wäre nicht überrascht gewesen, wenn Gott mich gleich nach meinem Abschluß an der Universität von Pennsylvania in die Mission gerufen hätte. Damals hatte ich ein solch brennendes Interesse daran gehabt. Aber er hatte es nicht getan. Jetzt fiel mir auf, daß ich in letzter Zeit alles, was mit Mission zu tun hatte, in den Hintergrund gedrängt hatte. Natürlich hatte ich dafür einen berechtigten Grund. Schließlich waren meine Eltern schon über siebzig. „Wen liebst du?" fragte Gott mich jetzt. „Wer Vater oder Mutter mehr liebt als mich, der ist mein nicht wert... Und wer nicht sein Kreuz auf sich nimmt und folgt mir nach, der ist mein nicht wert. Wer sein Leben findet, der wird's verlieren; und wer sein Leben verliert um meinetwillen, der wird's finden." So hatte Jesus es vor zweitausend Jahren zu seinen Jüngern gesagt, und so sagte er es jetzt zu mir.

Einige Zeit schlug ich mich gründlich mit diesen Versen herum. Dann bekam ich Post von einer Freundin. Sie fragte in ihrem Brief: „Wann gehst du nach China?" Als ich das las, mußte ich lachen. „Wovon spricht sie denn überhaupt?" dachte ich. „Warum erwähnt sie China? Ich gehe nicht dorthin. Wenn es ein Land auf der Welt gibt, wo ich niemals hingehen würde, so ist es China! Wie kommt sie nur darauf, daß ich nach China gehen könnte?"

Obwohl ich lachte, hatte mich der Brief doch irritiert, und es fiel mir schwer, dieses Gefühl von mir abzuschütteln.

Ungefähr zur gleichen Zeit lenkte der Herr meine Aufmerksamkeit auf das Wort in Lukas 14, 33: „Also auch ein jeglicher unter euch, der nicht absagt allem, was er hat, kann nicht mein Jünger sein." Alle meine Freunde dachten, daß ich mit meinem Doktortitel und meiner guten Position im College alles erreicht hatte. Sie achteten mich. Ich hatte es geschafft. Wollte der Herr von mir, daß ich dies alles aufgab?

Abend für Abend, während ich durch die vertrauten Dünen wanderte und die salzige Brise mir durchs Haar wehte, legte der Herr seinen Finger auf den Widerstand meines Herzens, mit ihm überallhin, wohin er mich auch führen würde, zu gehen. Einst war ich stolz darauf gewesen, aus dem Glauben zu leben; nun erkannte ich, wie abhängig ich war von meinem guten Gehalt, dem hübschen Appartement, das ich am College hatte, und selbst von meiner persönlichen Hausgehilfin. Ich hatte es nicht bemerkt, wie die Liebe zu diesen Dingen und die gleichzeitige Abhängigkeit von ihnen sich in mein Leben eingeschlichen hatten. Die Lektionen des Glaubens, die ich an der Universität gelernt hatte, hatte ich allzu schnell vergessen.

Aber ich rechtete weiter mit dem Herrn herum. Nach China zu gehen, alles zu verlassen, um ihm zu folgen – ich hatte auf die ganze Sache meine Antworten bereit: „Du weißt doch, Herr, daß ich nie aufs Missionsfeld gehen könnte. Meine gesundheitlichen Voraussetzungen sind so schlecht; nach meiner Tuberkulose und dieser Kalziumsache würde mich doch überhaupt keine Missionsgesellschaft nehmen. Noch dazu habe ich ihre Altersgrenze bereits überschritten. Sie senden keine Leute über dreißig aus..."

„Du setzt mir Grenzen", entgegnete darauf der Herr. „Ich bin der Gott, dem nichts unmöglich ist. Die Missionsgesellschaften senden jetzt, wo der Krieg zu Ende ist, auch ältere Leute aus. Worauf wartest du noch?"

Der Krieg war zwar vorüber, nicht jedoch der Kampf in meinem Herzen. In meiner Tageslese stieß ich auf weitere störende Bibelstellen. Eine davon war Amos 7, 15: „Aber der Herr nahm mich von der Herde und sprach zu mir: Geh hin..." Was hieß das für mich? Bedeutete es, daß ich das College verlassen sollte, oder zeigte mir der Herr dadurch, daß ich nur noch der Herde folgte und sie nicht führte?

Ich bekam meine Antwort zwei Tage später durch 1. Chronik 16, 24: „Erzählet unter den Heiden seine Herrlichkeit und unter allen Völkern seine Wunder!" Hätte Gott mir eine mathematische Gleichung aufgestellt, so hätte er mir seine Absicht nicht klarer zeigen können. Und so fand ich in den Dünen von Cape Cod zu der Antwort: „Ja, Herr, du hast mir Amt und Würden gegeben; ich gebe dir alles zurück. Wenn du willst, daß ich alles aufgebe, dann bin ich gerne dazu bereit. Zeige du mir den Weg, den ich gehen soll." Als ich ihm mit diesen Worten alles übergab, hatte ich keine Ahnung, welche Folgen dies haben würde.

Als ich an diesem Tag die Dünen verließ, führte mein Weg an einem hübschen alten Häuschen vorbei, und plötzlich wurde meine ganze Aufmerksamkeit von dem verwitterten Zeichen über dem Tor angezogen. Es bestand aus einer schmalen Holzlatte, die über drei umgekehrte Vs genagelt war, und einer für sich stehenden 0.

Was bedeutete das? Und plötzlich, während ich das Zeichen musterte, vermittelte es mir eine Botschaft:

ANYWHERE-ANYTIME-ANYHOW bar NOTHING. Das hieß:

An jeden Ort – Zu jeder Zeit – Auf jede Weise – ohne Ausnahme.

‚Das ist die Bedeutung von Gehorsam', dachte ich. ‚Das ist es, was Gott von mir will.'

Einige Tage später kehrte ich nach Northampton zurück und schrieb meine Kündigung als den ersten Schritt im Gehorsam.

„Sie sollten nicht kündigen, solange Sie noch keine andere Stelle haben", protestierte einer meiner Kollegen, als er von meiner Entscheidung hörte. „Warten Sie noch etwas."

Ich konnte es nicht erklären, aber ich hatte das Gefühl, daß ich alle Brücken hinter mir abbrechen mußte.

Nicht lange nachdem ich meine Kündigung eingereicht hatte, bekam ich Besuch – von einem hohen Beamten aus China!

„Ich bin hier auf der Suche nach Dozenten für die Yenching-Universität in Peking", erklärte er. „Die Universität ist dabei, von Westchina nach Peking zurückzukehren, und wir brauchen neue Lehrkräfte. Meine Tochter hat mir erzählt, wie sehr Sie die Chinesen lieben."

„Wer? Ich? Die Chinesen lieben?" platzte ich voller Überraschung heraus.

Als ich noch klein war, wurde ich immer wieder, wenn ich meinen Teller nicht leer essen wollte, an die armen hungernden Chinesen erinnert. Diesen Vorwurf mußte ich so oft hinunterwürgen, daß ich die Chinesen schließlich haßte, obwohl ich nie einen gesehen hatte. Und dieses Vorurteil aus meiner Kindheit hatte sich bis ins Erwachsenenalter gehalten. Und nun erzählte mir jemand, wie sehr ich die Chinesen liebte! Das Lachen darüber konnte ich mir nicht verkneifen.

Er erklärte, daß seine Tochter eine von denen sei, die in mein „Offenes Haus" kamen, das ich an den Wochenenden vor allem für Studenten aus Übersee anbot, und er fuhr fort: „Meine Tochter hat uns erzählt, daß Sie die Chinesen lieben und daß Sie zu ihr und den anderen Studenten sehr gütig waren. Ich weiß, daß Sie qualifiziert sind, an der Yenching-Universität zu unterrichten, und deshalb bin ich gekommen, um Ihnen diese Stelle anzubieten. Werden Sie es sich überlegen?"

Welch ein Blitz aus heiterem Himmel! „Ich kann Ihnen heute keine Antwort geben", erwiderte ich. „Wissen Sie, ich bin Christ, und ich muß darüber beten, um sicher zu sein, daß es Gottes Führung ist. Wenn Sie in zwei oder drei Wochen wiederkommen, kann ich Ihnen meine Antwort geben."

In jenen Tagen, als ich dann darüber betete, ob ich die Stelle annehmen sollte, entdeckte ich eine neue Seite am Gebet. Wenn man es wirklich ernst meint mit dem Herrn und gehorsam sein will, kann das Gebet eine gefährliche Sache sein, weil Gott uns nicht immer auf das hinweist, was wir gerne sehen würden. Diese Erfahrung machte ich. Ja, der Herr zeigte mir, daß er mich wirklich in China haben wollte. Das wurde mir nun klar. Aber er wollte mich dort nicht als Dozentin an einem College haben. Als ich betete, zeigte er mir, daß ich, wenn ich unter solchen Bedingungen ginge, wiederum große Dinge für mich begehren würde: Karriere und Ansehen. Ich erkannte, daß der Herr wollte, daß ich für ihn nach China gehen sollte – als ganz gewöhnliche Missionarin.

Ich mußte nun meinen Eltern von der Führung des Herrn schreiben. Ich erwartete, daß sie entweder dachten, ich sei verrückt geworden, oder klagten, daß sie mich jetzt, wo sie alt waren, doch brauchten. Das war jedoch nicht der Fall. Statt dessen hatte ich von Anfang an ihren Segen. Erst nachdem ich in China angekommen war, sollte ich den Grund dafür erfahren.

Der nächste logische Schritt schien die Bewerbung bei einer Missionsgesellschaft zu sein. Die einzige, die ich bis dahin kannte, war die China-Inland-Mission. Abgesehen davon, daß ich ihre Bücher gelesen hatte und sie mit Spenden unterstützte, hatte ich auch schon einige ihrer Missionare näher kennengelernt. Nach allem, was ich über die CIM wußte, war ich zu dem Schluß gekommen, daß sie an ihre Bewerber vielfältige und hohe Ansprüche stellte. Ich war sicher, daß ich diesen Maßstäben nicht genügen würde, aber ich beschloß, dennoch zu schreiben.

Der einzige Mensch, den ich von der Zentrale in Philadelphia kannte, war der Direktor des amerikanischen Zweiges der CIM, der Mann, den ich mit Kaffee übergossen hatte! Obwohl dieses Mißgeschick kaum die beste Empfehlung für mich war, beschloß ich, an Mr. Griffin zu schreiben und ihm von meinem Interesse und der Führung des Herrn zu berichten. Ich schrieb ganz offen über meine Gesundheit, mein Alter, meine Ausbildung und all die Dinge, von denen ich annahm, daß die CIM-Leiter sie wahrscheinlich wissen wollten. An diesem Tag schrieb ich, nachdem ich den Brief abgeschickt hatte, in mein Tagebuch: „Nun ist alles in Gottes Händen."

Ungefähr zwei Wochen später bekam ich Nachricht von der CIM. Die Antwort fiel nicht so aus, wie ich es erhofft hatte. In dem Brief stand, daß man in der Zentrale meine Bewerbung sorgfältig geprüft habe, aber zu dem Ergebnis gekommen sei, daß es für mich besser wäre, hierzubleiben. Wenn ich fünf Jahre jünger wäre, so schrieb man mir, käme ich eventuell in Betracht. „Ihre gesundheitlichen Voraussetzungen sind sehr schlecht", las ich weiter. „Vielleicht könnte der Herr Sie eher als Spender und Gebetspartner gebrauchen. Schließlich ist auch das ein Dienst." Dann wurde darauf hingewiesen, daß ich nie an einer Bibelschule oder einem Bibelseminar gewesen sei. Und als letzten Punkt sagte man mir, daß ich zuviel Bildung hätte und nicht die richtige Sorte. „Es ist Ihnen vielleicht nicht bekannt", las ich, „aber wir tun keine Arbeit, bei der solche akademischen Titel gebraucht werden."

Also, dieser Brief löste etwas in mir aus, denn zu der Zeit, als ich ihn bekam, war ich todsicher, daß Gott mich nach China führte. Und so tat ich etwas, was ich selten tue: Ich setzte mich hin und schrieb sofort zurück. Meine Antwort ließ wohl kaum Zweifel daran, daß es in mir kochte. Zum ersten Punkt, daß ich fünf Jahre zu alt sei, schrieb ich: „Vor fünf Jahren hätten Sie mich nicht einmal in Betracht gezogen, denn ich war krank und stand bereits mit einem Bein im Grab. Man hat nicht angenommen, daß ich durchkommen würde, und falls ich doch überleben sollte, meinten die Ärzte, so wäre ich mit Sicherheit ein Krüppel. Noch dazu war damals Krieg, und Sie sandten keine Leute in die Mission aus, aber nun tun Sie es. Und außerdem hat der Herr mich damals nicht berufen, aber nun hat er es getan."

Dann ging ich auf den zweiten Punkt, meine Gesundheit, ein. „Meine bisherigen Voraussetzungen sind zugegebenermaßen sehr schlecht. Aber ich bin gerne bereit, auf eigene Kosten nach Philadelphia zu fahren und mich, ebenfalls auf eigene Kosten, von Ärzten und Spezialisten Ihrer Wahl untersuchen zu lassen; und ich werde das Urteil des Arztes als die Führung des Herrn betrachten, ob ich körperlich in der Lage bin, in China zu leben."

Zu dem Punkt, daß ich keine Bibelschule und kein Bibelseminar besucht hatte, schrieb ich: „Dies habe ich in meinem Bewerbungsschreiben bereits zugegeben. Aber Sie werden sich wohl auch daran erinnern, daß ich Ihnen geschrieben habe, ich hätte praktisch die ganze Bibel für mich allein durchstudiert und mir umfassende Aufzeichnungen dazu gemacht. Wenn ich zur ärztlichen Untersuchung nach Philadelphia komme, werde ich meine Notizen mitbringen, damit Sie sie durchsehen und beurteilen können, ob ich genügend Wissen habe. Ich bin auch gerne bereit, mich einer Prüfung nach Ihrer Wahl zu unterziehen."

Zum letzten Punkt, meinem Zuviel an Bildung, schlug ich die schärfsten Töne an: „Sie sind schon merkwürdige Leute", schrieb ich. „Sie predigen: ‚Gebt Gott euer Bestes', aber wenn jemand dem Herrn etwas geben möchte, wollen Sie es nicht. Ich habe nicht vor, als Universitätsdozentin nach China zu gehen." Ich erinnerte sie daran, daß ich bereits ein sehr verlockendes Angebot, in dieser Funktion nach China zu gehen, abgelehnt hatte. Ich wollte ihnen deutlich machen, daß ich mir sehr wohl im klaren war über den Willen des Herrn, ich solle auf meine Karriere verzichten und mich als ganz gewöhnliche Missionarin aussenden lassen.

Ich schrieb den Brief, las ihn noch einmal durch, verschloß ihn und schickte ihn noch am selben Abend ab – Zeit zum „Abkühlen" wollte ich mir lieber gar nicht erst lassen!

Er schlug bei den CIM-Leuten in Philadelphia ganz offensichtlich ein. Die Antwort kam fast postwendend. Sie wollten, daß ich gleich in der nächsten Woche nach Philadelphia fuhr, da ein Dr. Paul Adolph von der CIM zur ärztlichen Untersuchung von Bewerbern dort sein sollte und ich noch in die Gruppe aufgenommen werden könnte.

Nie zuvor und nie danach in meinem Leben habe ich eine so gründliche medizinische Untersuchung wie diese erlebt. Dann fragte er mich, ob es möglich wäre, die Röntgenaufnahmen der Knochen und Gelenke zu bekommen, die von der Störung im Kalziumhaushalt betroffen waren, an der ich während meiner Studienzeit gelitten hatte.

„Ich denke schon", entgegnete ich. „Das war in Philadelphia, und ich glaube, daß der Arzt seine Praxis noch an der gleichen Stelle hat."

Ich fuhr zu dem Doktor hin und fragte nach den Röntgenbildern von Pauline Hamilton. Die Sekretärin runzelte die Stirn.

„Sie ist gestorben."

„Nein, sie ist nicht gestorben. Ich bin Pauline Hamilton."

„O nein, die können Sie nicht sein", beharrte die tüchtige junge Dame. „Sie ist schon vor drei oder vier Jahren gestorben." „Es ist mir ganz egal, was Sie sagen", erwiderte ich gereizt, „ich bin Pauline Hamilton."

Inzwischen hatte der Arzt in seinem Zimmer unsere

Diskussion mitbekommen, und er kam heraus, um zu sehen, was los war.

„Sie fragt nach den Röntgenbildern von Pauline Hamilton, und ich habe ihr gesagt, daß sie gestorben ist. Aber sie besteht darauf, daß sie Pauline Hamilton sei."

„Die bin ich auch", sagte ich nicht wenig verärgert.

„Tatsächlich, Sie sind es!" rief der Arzt verblüfft aus, nachdem er mich erkannt hatte. „Wie kommt es, daß Sie nicht gestorben sind?"

„Ich nehme an, daß Gott für mich noch etwas zu tun hat", erwiderte ich. „Könnte ich die Röntgenbilder für ein paar Tage ausleihen? Ein anderer Arzt würde sie gerne sehen, um sie mit einigen neuen Aufnahmen zu vergleichen."

Triumphierend zog ich mit den Bildern davon. Nach einem sorgfältigen Vergleich der alten und der neuen Röntgenaufnahmen war Dr. Adolph offensichtlich erstaunt, und er konnte nichts anderes tun, als mir völlige Gesundheit zu bescheinigen.

Mit diesem Attest hatte ich nun grünes Licht, mich bei der CIM weiterzubewerben. Bis ich ins College zurückkehrte, hatte schon jeder von meiner Kündigung gehört. Jetzt mußte ich wenigstens nicht mehr sagen: „Ich weiß es nicht", wenn man mich fragte, was ich tun werde. Ich konnte sagen: „Ich gehe nach China."

Meine Kollegen dachten, ich sei verrückt geworden – vor allem, als sie erfuhren, daß ich als Missionarin gehen würde. Da unsere Schule ein Partner-College in China hatte, meinten sie, wenn man schon nach China müsse, so wäre ein Lehrauftrag am Chin-ling-Mädchencollege doch sicherlich eine ehrenvollere Aufgabe!

„Nein", erwiderte ich auf ihre Andeutungen. „Gott führt mich diesen Weg; also gehe ich ihn auch."

Eine meiner Kolleginnen hatte gehört, daß ich für ein Wochenende nach Boston fahren wollte, und sie war sich so sicher, daß ich Hilfe brauchte, daß sie bei einem dortigen Psychiater einen Termin für mich vereinbarte.

Ich muß gestehen, daß ich nie bei ihm erschienen bin. Ich war überzeugt, daß ich mehr „auf Draht“ war als sie alle miteinander!

Mein Vater wußte nichts über die China-Inland-Mission. Als ich ihm von den CIM-Richtlinien erzählte, war er etwas beunruhigt darüber, daß es eine „Glaubensmission“ war. „Du gehst dorthin ohne die geringsten Zusagen? Wahrscheinlich wirst du verhungern!“

Genau dasselbe sagte auch der chinesische Beamte, als er wiederkam, um mich nach meiner Entscheidung wegen des Lehrauftrags an der Yenching-Universität zu fragen. Als ich ihm sagte, daß ich zwar nach China gehen würde, aber als Missionarin, fragte er: „Mit welcher Gesellschaft gehen Sie?“

„Mit der China-Inland-Mission“, antwortete ich. (Die CIM wußte das natürlich noch nicht!)

„Oh, die kenne ich“, nickte er. „Sie haben wundervolle Leute, aber wissen Sie, daß sie keinerlei Zusagen machen und Sie praktisch verhungern könnten? Warum versuchen Sie es nicht bei einer anderen Gesellschaft, die ein gutes Gehalt bezahlt?“ Und er begann, mir einige aufzuzählen.

Kurz gesagt: alle dachten, ich hätte den Verstand verloren.

Obwohl mein Vater der Sache wohlwollend gegenüberstand, war er doch verwirrt. „Wenn du nicht einmal Geld beantragst, wie willst du dann deine Unterstützung bekommen?“ wollte er wissen.

„Ich weiß es nicht“, erwiderte ich, „aber ich bin sicher, daß ich Gott vertrauen kann, das ohne mein Zutun zu erledigen, wenn es sein Wille ist, daß ich gehe.“

Da mein Vater Geschäftsmann war, schien ihm dies ganz und gar nicht einleuchtend. „Wenn du in Not bist“, sagte er und versuchte, mir damit ein Sicherheitsnetz zu verschaffen, „so laß es mich wissen, und ich schicke dir Geld.“

In all meinen Jahren als Missionarin mußte ich nie von

seinem Angebot Gebrauch machen. Mein himmlischer Vater hat immer zur rechten Zeit für mich gesorgt – und zwar nicht nur so, daß ich niemals nahe am Verhungern war, sondern so, daß ich während der meisten meiner zweiunddreißig Jahre als Missionarin Diät halten mußte, da ich Übergewicht hatte!

Nachdem mein Vertrag am Smith-College abgelaufen war, verbrachte ich ein paar Wochen zu Hause und reiste dann nach New York, um einen vierwöchigen Intensivkurs am dortigen Bibelseminar zu machen. In diese vier Wochen stopfte ich Vorlesungen über Jesaja, den Hebräerbrief, Bibelkunde des Alten und des Neuen Testaments und die Briefe des Apostels Paulus. Da ich in diesem Kurs so viel wie nur möglich lernen wollte, arbeitete ich wirklich intensiv. Aber – ich muß es gestehen – das war auch alles, was ich je an Seminaren absolviert habe.

Im Herbst 1946 wurde ich zusammen mit vier anderen Bewerbern im Ausbildungsheim der CIM in Philadelphia aufgenommen. Da wir nur so wenige waren, lernten uns die CIM-Mitarbeiter auch wirklich kennen. Es war eine wunderbare Zeit, und wir hatten viel Spaß miteinander. Im November wurden wir dann als neue Missionare der China-Inland-Mission angenommen, und von da an sahen wir voll freudiger Erwartung dem großen Tag entgegen, an dem wir nach China ausreisen sollten.

Und wieder hatte der Herr mich den ganzen Weg geführt und seinen Ruf an mich dadurch bestätigt, daß er jedes Hindernis beiseite geräumt hatte. Heute jedoch frage ich mich, ob wir uns auch dann noch so auf unsere Ausreise gefreut hätten, wenn wir schon gewußt hätten, was alles vor uns lag.

5. Kapitel

Endlich in China

Die Zeit zwischen meiner Aufnahme in die China-Inland-Mission im November und der Abreise im Januar verging wie im Flug. So vieles mußte noch getan werden – ich mußte noch meine Ausrüstung für das Leben in China in den nächsten sieben Jahren zusammenbekommen, Freunde besuchen und an Verabschiedungen teilnehmen.

Eine dieser Veranstaltungen war in Boston in der Park-Street-Kirche, einer Gemeinde, die daran interessiert war, die Unterstützung eines CIM-Missionars zu übernehmen. Ich verbrachte das Wochenende dort und legte zuerst im Gebetskreis am Freitagabend Zeugnis ab. Über hundertfünfzig Menschen waren gekommen. Ich war beeindruckt.

Erstaunlicherweise beschloß die Gemeinde gleich nach meinem Wochenende dort, meine Unterstützung zu übernehmen. Dies war der Anfang einer sehr engen Verbindung, die seit vierunddreißig Jahren besteht und für mich sehr segensreich war.

Sie unterstützte mich nicht nur finanziell, sondern, was noch wichtiger ist, auch mit ihrem Gebet.

Als mein Vater von dieser Entwicklung der Dinge hörte, war er ergriffen. Warum zeigte diese Gemeinde, die so weit weg war und in der man seine Tochter kaum kannte, solches Interesse und solche Anteilnahme, daß sie versprach, sie während ihrer Zeit in China zu unterstützen? Mein Vater, der Geschäftsmann, begann zu erkennen, auf welch wundervolle Weise Gott uns versorgt als Antwort auf unser Gebet. Ich bin sicher, ihm war danach wohler bei dem Gedanken, daß ich mich von der

China-Inland-Mission aussenden ließ – vielleicht mußte seine Tochter schließlich doch nicht verhungern!

In diesem Jahr war die erste Studentenmissionskonferenz in Toronto. Einer der Hauptredner war Dr. Harold Ockenga, Pfarrer an der Bostoner Park-Street-Kirche. Ich war eingeladen, daran teilzunehmen und von Gottes Führung in meinem Leben zu erzählen.

Welche Freude war es, vor dieser großen Versammlung von Studenten zu stehen – es müssen fast zweitausend gewesen sein –, die sich alle für die Mission interessierten!

Ich hatte meine Rede gerade beendet, als ich ein Telegramm bekam: „Sofort nach Philadelphia zurückkehren. Abreise nach China vorbereiten." Das war es! Die Überfahrt war gebucht, und es war Zeit zu gehen. Ich fuhr sofort nach der Abendveranstaltung mit dem Nachtzug nach Philadelphia zurück.

Unter den Leuten, die tapfer genug waren, in dem Schneesturm, der an diesem Abend herrschte, zu meinem Abschied an den Bahnhof von Toronto zu kommen, war auch ein Indianer in mittleren Jahren, der ebenfalls zuvor bei dem Treffen gesprochen hatte. In seinem Zeugnis hatte er von seiner langen Suche nach Wahrheit berichtet. Er hatte alle möglichen Religionen ausprobiert, hörte dann eines Tages einen Mann das Evangelium verkünden und fühlte sich angesprochen. Als er am nächsten Tag den Prediger aufsuchen wollte, so erzählte er, war dieser zu beschäftigt, mit ihm zu reden. In jener Nacht im Schnee, als er mir zum Abschied die Hand schüttelte, sagte er etwas, das ich nie vergessen habe: „Dr. Hamilton, denken Sie stets daran: Der Mensch kommt vor der Arbeit, denn *der Mensch ist Ihre Arbeit.*" Dieser Rat hat mir die ganzen Jahre hindurch geholfen, meinen Kurs einzuhalten.

Nach meiner Rückkehr nach Philadelphia verbrachte ich die wenige mir noch verbleibende Zeit im CIM-Büro oder in meinem nahegelegenen Zuhause. Welch ein Durcheinander das Packen und die allerletzten Vorbereitungen doch waren! Nette Menschen schenkten mir alle möglichen nützlichen Dinge für meine Ausrüstung. Als ich eines Tages voll überschwenglicher Freude über ein Extrageschenk, das mir der Herr gemacht hatte, ins Missionsheim zurückkehrte, sagte eine Missionarin im Ruhestand voller Weisheit zu mir: „Pauline, feiere in Festzeiten und faste in Fastenzeiten. Es wird beides geben – Zeiten des Feierns und Zeiten des Fastens." Auch diese Worte sollten mir später eine große Hilfe sein, und sie haben sich in der Tat als wahr erwiesen.

Als es soweit war, daß ich mich von meiner Familie verabschieden mußte, war mir vollkommen bewußt, wie unwahrscheinlich ein Wiedersehen mit meinen Eltern sein würde, da beide schon über siebzig waren und die Einsatzzeiten der CIM damals sieben oder acht Jahre betrugen. Der Abschied war schwer.

Unser Schiff, die „Morning Light", lief genau zwei Tage vor meinem zweiunddreißigsten Geburtstag in Gulfport (Mississippi) aus. Meine Reisegefährtin war Hazel Waller, die ebenfalls als neue Missionarin nach China ging. Die Reise ging durch den Panamakanal, die mexikanische Küste hinauf nach Kalifornien mit einem kurzen Aufenthalt in Los Angeles, dann hinüber nach Yokohama in Japan und von dort schließlich zu unserem Bestimmungsort Schanghai.

Welch erregendes Gefühl war es, zu sehen, wie sich das trübe Wasser des Yangtze mit dem klaren Salzwasser des Meeres vermischte. Endlich in China!

Schanghai, dessen Silhouette sich am Horizont abzeichnete, war von einer geheimnisvollen Atmosphäre umgeben. Als ich auf dem Deck stand, war ich sicherlich nicht der einzige Passagier, der über diese große Stadt und das Land, zu dem sie gehörte, nachsann. Ich versuchte, mir vorzustellen, was die kommenden Jahre wohl brächten. Würde es mir wirklich gelingen, zu den

Menschen hier eine Beziehung herzustellen? Würde ich mich irgendwann mit ihren Bräuchen vertraut fühlen? Könnte ich wirklich die chinesische Sprache lernen?

Obwohl man uns gesagt hatte, daß man uns abholen werde, wartete niemand auf uns, als wir am Hafendamm, wo sich der Zoll befand, ankamen. Wie sollten wir es ohne Hilfe schaffen, durch den Zoll zu kommen? Hazel und ich begannen, etwas unruhig zu werden. Aber da uns wohl kaum etwas anderes übrigblieb, beschlossen wir, die Sache allein zu erledigen, und nahmen all unseren Mut zusammen. Da die einzigen chinesischen Worte, die wir konnten, „ich will es nicht" waren und da die Zollbeamten auch nicht viel mehr Englisch konnten, winkten sie uns einfach hindurch. Mit der Verständigung war es zu aussichtslos.

Schließlich trafen die CIM-Leute dann doch noch ein, und wir wurden nicht gerade feierlich zur Zentrale gebracht, indem wir in einem großen offenen Lastwagen auf unseren Koffern und anderen Gepäckstücken saßen. Es machte uns nichts aus, so auf dem „Präsentierteller" zu sitzen, denn auf diese Weise erlebten wir Schanghai aus erster Hand! Welch eine Erfahrung, in diesem Land anzukommen, das uns zwar völlig fremd war, von dem wir jedoch ein tiefes, überwältigendes Gefühl hatten, daß Gott uns gerade hier haben wollte! Wir waren endlich in China.

Da wir im Missionsheim gerade ankamen, als die Mitarbeiter und anderen Bewohner ihren Gebetskreis beendet hatten, kamen sie alle heraus, um uns zu begrüßen. Als ich schließlich müde nach oben ging zu dem Zimmer, das Hazel und ich mit drei anderen teilen sollten, fühlte ich mich nicht wie eine Fremde in einem fremden Land, sondern viel eher wie ein willkommenes Mitglied einer großen Familie.

Als weitere Zeichen dieses Familiengeists fand ich in unserem spärlich möblierten Zimmer einige Willkommenskärtchen und Grüße sowie Geschenke für mich vor. Aber natürlich galt zunächst einmal mein hauptsächliches Interesse der Post von zu Hause; es war schon so lange her, daß wir Briefe bekommen hatten! Ich freute mich, als ich gleich einige Briefe für mich vorfand, aber über die Post von meiner Mutter war ich besonders froh. Und es stellte sich heraus, daß dies in der Tat ein ganz besonderer Brief war, denn als ich ihn las, erfuhr ich von einem Geheimnis, das sie mir mein ganzes Leben verschwiegen hatte.

Ihr Brief begann so: „Es war der glücklichste Tag meines Lebens, als ich dich nach China abreisen sah." Ich war etwas schockiert. Ich wußte zwar, daß ich ein ziemlich schwieriges Kind gewesen war und meinen Eltern oft wehgetan und ihnen viele Sorgen bereitet hatte, aber ich hatte nicht gedacht, daß ich so schlimm war! Ich las weiter: „Jetzt kann ich dir etwas erzählen, das ich dir vorher nie sagen konnte. Du bist das jüngste von unseren fünf Kindern und, wie du immer sagtest, das „überzählige Kind" der Familie. Du hattest zwei Brüder und zwei Schwestern und meintest immer, daß du nicht erwünscht warst. Du glaubtest auch, daß es uns egal war, ob du ein Junge oder ein Mädchen warst, und daß wir dir deshalb einen „neutralen" Namen gegeben haben. Das stimmt vielleicht auch teilweise, aber es ist nicht die ganze Wahrheit. Als ich dich erwartete, sagte ich zum Herrn: ‚Wenn dieses Kind gesund ist – egal ob es ein Junge oder ein Mädchen ist – gebe ich es dir für China.'"

Ich mußte aufhören zu lesen; Tränen ließen die Worte vor meinen Augen verschwimmen. Ich konnte es kaum glauben, was ich da las. Die ganzen zweiunddreißig Jahre lang hatte meine Mutter dieses Geheimnis für sich behalten. Nun begann ich den Kampf, der von meiner Geburt an in meinem Herzen getobt zu haben schien, zu verstehen.

„Dein Name hat dir nie gefallen", schrieb meine Mutter weiter. Da hatte sie wahrhaftig recht! „Wenn ich ein Junge gewesen wäre", hatte ich mich immer beschwert,

„hättet ihr mich Paul genannt. Aber ich war ein Mädchen, und deshalb habt ihr einfach -ine hinten angehängt. Klingt wie Margarine!“ Mutter gab mir nun ihre Erklärung dafür: „Wir nannten dich Pauline, weil du ein Mädchen warst. Wärst du ein Junge gewesen, so hättest du Paul geheißen, denn mein Kind sollte den Namen des größten Missionars aller Zeiten tragen. Schon lange vor deiner Geburt gab ich dich dem Herrn hin für China, damit du die Arbeit tust, die ein anderer hätte tun sollen. Ich bin oft verzweifelt“, bekannte sie, „denn ich dachte, der Herr habe mein Gebet, das ich ohne das Wissen deines Vaters gesprochen hatte, vielleicht nicht angenommen. In den Jahren dann, in denen du dich so weit vom Herrn entfernt hattest, erzählte ich deinem Vater von dem Bund, den ich für dich geschlossen hatte, und wir erneuerten ihn gemeinsam. Als du uns heute verlassen hast, wußte ich, daß Gott unser Angebot gehört und angenommen hat. Ich wollte dich jetzt wissen lassen, was ich all die Jahre in meinem Herzen behalten habe.“ Wie meine Mutter im Gebet ausgeharrt hatte!

Ich dachte daran, wie ich es in meinen früheren widerspenstigen Jahren gehaßt hatte, wenn die Tür zum Schlafzimmer meiner Eltern geschlossen war. Ich wußte in meinem Herzen, daß sie drinnen für mich beteten. Das machte mich schrecklich wütend! Wie dankbar war ich jetzt für meine Mutter und für diesen Brief! Sie hatte ausgeharrt, und ich war in China. Ich ging in dieser ersten Nacht in Schanghai mit einem Gefühl tiefster Ergriffenheit zu Bett.

Ich sah meine Mutter nie wieder. Etwas mehr als ein Jahr später erlitt sie einen Herzschlag, und der Herr holte seine treue Dienerin zu sich heim.

6. Kapitel

Erste Eindrücke

Obwohl Hazel und ich nur ein paar Tage zu Gesprächen und um neu zu packen in Schanghai sein sollten, begann das Ganze für mich mit einem Paukenschlag. An meinem ersten Morgen wurde ich von einer meiner früheren Studentinnen am Smith-College zur Stadtbesichtigung abgeholt. Hui-ling kam in der familieneigenen Trischa an, die ich insgeheim als „besseres Dreirad" bezeichnete. Wir saßen hinten über den beiden Rädern und unter einem Verdeck, während ein vor uns sitzender Fahrer kraftvoll in die Pedale trat. Durch das Verkehrsgewühl Schanghais rasten wir mit einer nervenaufreibenden Bedenkenlosigkeit (so schien es mir wenigstens!). Während Hui-ling fröhlich plaudernd neben mir saß und mir die Sehenswürdigkeiten zeigte, starrte ich ungläubig und voller Anspannung auf das Durcheinander überall um uns herum: Rikschas, Trischas, Fahrräder und dahinrasende Motorräder wetteiferten um das Vorfahrtsrecht. Die Lastautos und Personenwagen fuhren vor allem mit der Hupe und verursachten einen Lärm, der das allgemeine Chaos noch verstärkte. Und überall waren Menschen, die bedenklich zwischen den Fahrzeugen und vollgestopften Bussen und Straßenbahnen hin- und hereilten oder auf dem Trittbrett mitfuhren. Ich hatte wirklich Angst.

Ich weiß noch, daß ich inbrünstig betete: „Oh, Herr, ich möchte nicht an meinem ersten Tag in China in diesem Chaos sterben!"

Schließlich jedoch bog unsere Dreiradrikscha von der Hauptverkehrsstraße in eine kleine Allee ab, die zu einer noch kleineren Gasse führte. Hier war Hui-ling zu

Hause. Dienstboten schwirrten um uns herum und führten uns in die große Eingangshalle, deren Wände von der Decke bis zum Boden mit kunstvollen Bilderrollen behängt waren. Nun kam Hui-lings Mutter herein, eine reizende und anmutige Dame, die glücklicherweise sehr gut Englisch sprach. Nach einiger Zeit wurden wir dann zum Essen gebeten.

Obwohl dies mein erstes chinesisches Festmahl war, wußte ich genug über die chinesischen Anstandsregeln, um nicht den Fehler zu machen, mich einfach irgendwo am Tisch hinplumpsen zu lassen. Ich wußte, daß der Sitzplatz, der am weitesten von der Tür entfernt war, als der „Hochsitz“ gilt und dem Oberhaupt der Familie oder dem Ehrengast vorbehalten ist. Dieser Brauch rührte noch von früheren Zeiten her, in denen feindliche Krieger oder Räuber in das Haus eindringen konnten und der Platz, der mit Blickrichtung zur Tür und am weitesten von ihr entfernt lag, als der sicherste galt. Hui-ling hatte mir erzählt, daß ihr Großvater dasein würde, und ich wußte, daß der Hochsitz ihm zustand.

Nun begann das Festmahl! Zuerst wurden Platten mit Vorspeisen serviert, die sehr dünn geschnittene kalte Zunge, Kutteln, kalte Leberscheiben und in Stücke geschnittene, geschwärzte „hundertjährige Eier“ enthielten. In Wirklichkeit verdanken die Eier ihre ungewöhnliche Farbe und interessante Beschaffenheit nicht ihrem Alter, sondern einem speziellen chemischen Verfahren. Auf mich wirkten sie jedenfalls äußerst unappetitlich, und ich muß gestehen, daß ich an diesem Tag viel Mut aufbringen mußte, um eines davon zu probieren. Es schmeckte jedoch wirklich ganz gut, und inzwischen esse ich sie sehr gerne! Als nächstes wurde etwas Glitschiges serviert, das vermutlich Seetang war. Ich fand es schwer zu schlucken, aber ich schaffte es!

Nach den Vorspeisen wurden die Hauptgerichte in solcher Hülle und Fülle hereingebracht, daß ich nicht mehr weiß, was alles nacheinander kam. Es gab Huhn –

das ganze Huhn mit Kopf und Beinen... Ich fragte mich sogar, ob es wohl noch die Eingeweide enthielt. Aber dann stellte ich fest, daß es mit einer köstlichen, klebrigen Reismischung gefüllt war. Außerdem gab es Wasserschnecken, die in einer fettreichen braunen Soße angerichtet waren – ich erkannte sie nur aufgrund meiner früheren meeresbiologischen Studien! Aber die Tatsache, daß ich sie identifiziert hatte, machte es auch nicht leichter, sie zu essen. Sie sahen wirklich alles andere als appetitlich aus, und ich wußte, wie gummiartig sie waren. Als ich jedoch erst einmal meine Vorbehalte überwunden hatte, fand ich sie recht schmackhaft.

Aber dann wurde auch noch ein großer Fischkopf mitten auf den Tisch gestellt, so daß er mir direkt ins Gesicht sah. Es war für mich ein merkwürdiges Gefühl, ihn anzustaunen, wie er mich in seinem körperlosen Zustand anstarrte! Ich wußte sehr gut, daß dies eine wohlhabende Familie war; deshalb konnte ich nicht verstehen, warum sie es nötig hatte, Fischköpfe zu servieren! Später erfuhr ich dann, daß dieses Gericht in Schanghai als besondere Delikatesse gilt und daß die Tatsache, daß der Fisch mir zugewandt war, zum Ausdruck brachte, die Familie wolle mir Glück und Segen für meinen Aufenthalt in China wünschen. Gewiß hatte ich noch eine Menge zu lernen!

Was ich schon wußte über das Leben in einem fremden Kulturbereich, war, daß man alles essen soll, was einem aufgetischt wird. Bald schon lernte ich, daß der zweite Teil dieser Lektion war, es langsam zu essen. Zuerst hatte ich, wenn mir etwas serviert wurde, bei dem mir leicht übel wurde, beschlossen, es so schnell wie möglich hinunterzuschlucken. Aber dieser Schuß ging nach hinten los. In ihrem unermüdlichen Bemühen, ihren Gast zu ehren, häuften meine großzügigen Gastgeber sogleich mehr von dieser Delikatesse, die mir ja so offensichtlich schmeckte, auf meinen Teller!

Trotz alledem genoß ich das Festmahl wirklich. Die

Familie meiner früheren Studentin war ausgesprochen nett und freundlich. Sie brachten mich sogar in ihrem Auto nach Hause zurück.

Es war dann jedoch noch ein Haar in der Suppe an diesem ansonsten so schönen Tag. Als ich frühmorgens das Haus verlassen hatte, hatten diejenigen, die von meinen Plänen wußten, vergessen, mich wegen der Ausgangsregeln des Missionsheims zu warnen. So kam es, daß ich spät in der Nacht, nachdem ich Hui-ling und ihrer Familie fröhlich zum Abschied gewinkt hatte, das große Tor zum Heimgelände fest verschlossen vorfand. Mir blieb keine andere Wahl, als nach dem Pförtner zu klingeln. Als er schließlich auftauchte, sah er mich aus verschlafenen Augen an, die stumm fragten: „Wer sind Sie? Habe ich Sie schon einmal gesehen? Warum kommen Sie so spät?“ Es schien eine Ewigkeit zu dauern, aber schließlich schloß er das Tor doch auf und ließ mich herein. In gedämpfter Stimmung begann ich, über das dunkle Gelände zu gehen. Ich sah, daß beide Gebäude in völliger Dunkelheit lagen, aber zu meiner großen Erleichterung fand ich die Haupttür zum Wohnblock unverschlossen vor. Ich stieg hinauf in den dritten Stock. Dort angekommen, wollte ich die Tür zum Gang, der zu den Schlafräumen führte, öffnen – sie war verschlossen! Mir sank der Mut! Was sollte ich jetzt tun? Ich stieg weiter in alle fünf Stockwerke, und in jedem versuchte ich vorsichtig, die Tür zu öffnen. Alle waren fest verschlossen. Was ich damals nicht wußte, war, daß ich vor meinem Weggehen meinen Namen auf die Tafel hätte schreiben sollen, damit man wußte, daß ich spät zurückkehren würde. Noch ein neuer Brauch, an den man sich gewöhnen mußte!

Ich fühlte schon Panik in mir hochsteigen, da sah ich plötzlich eine Glocke. Ich weiß nicht, wie lange ich davorstand und mir hin und her überlegte, ob es sich schicke, zu dieser Stunde zu klingeln. Aber ich hatte keine andere Wahl. Ich konnte im Spätwinter schließlich nicht die ganze Nacht im Treppenhaus schlafen!

Schließlich drückte ich auf den kleinen Knopf. Auf mein Klingeln hin erschien wenig später eine kleine alte Dame, deren Haar zu einem langen Zopf geflochten war und die einen verblichenen Bademantel trug. Sie war alles andere als froh – ich hatte sie offensichtlich aus tiefstem Schlaf gerissen. Als sie mir die Tür öffnete, entschuldigte ich mich wortreich. Daraufhin stauchte sie mich nicht minder wortreich zusammen. ‚Junge, Junge!' dachte ich. ‚Ich fange ja gleich gut an. Mit einem solchen Tempo gleich am ersten Tag alles falsch zu machen!'

Während ihr Schelten mir noch in den Ohren klang, machte ich mich auf zu meinem Zimmer. Aber ach – jetzt wußte ich meine Zimmernummer nicht mehr genau! Schnell sandte ich einen Hilferuf an den Herrn und setzte meine Suche fort. Als ich beim Badezimmer anlangte, streifte mich der Gedanke, ob ich am Ende in der Badewanne schlafen sollte! Aber von dort aus gelang es mir dann, die Orientierung wiederzufinden, ich riet, welches meine Zimmernummer sein könnte, hastete zu der entsprechenden Tür, öffnete sie und stolperte erleichtert hinein.

Ich lernte jedoch schnell. Am nächsten Abend kehrte ich, nachdem ich wiederum mit Freunden ausgegangen war, zu einer anständigen Zeit zurück und hatte auch nicht vergessen, mich auf der guten alten Tafel einzutragen. Ich hatte einen weiteren Schritt auf dem Weg gemacht, mich in den Lebensstil der Gemeinschaft einzufügen.

Bald schon waren die Gespräche mit den Missionsdirektoren beendet und unsere Sachen neu gepackt. Die Zeit zur Weiterreise war gekommen. Hazel und ich sollten mit dem Dampfer den Yangtze hinauffahren zur CIM-Sprachschule in Anking in der Provinz Anhwei. Wir reisten zweiter Klasse, und es sollte für uns ein Kabinenplatz reserviert sein. Als wir mit unserem ganzen Gepäck am Hafen ankamen, mußten wir jedoch die

Entdeckung machen, daß unsere Kabine bereits voll war – mit Männern! So verhielt es sich also mit Reservierungen! Noch dazu begannen wir, nachdem wir uns das Schiff angesehen hatten, ernsthaft zu bezweifeln, ob wir überhaupt unser Ziel erreichen würden. Hazel und ich kamen zu dem Schluß, daß es wohl schon bessere Tage gesehen hatte und ganz bestimmt nicht dazu geeignet war, daß wir darüber in unseren Briefen nach Hause berichteten; es war eben ein Dampfer aus der Vorkriegszeit, der längst reparaturbedürftig war. Zum Trost hatten wir jedoch eine Begleiterin. Eine deutsche Missionarin sollte mit uns die inzwischen anderweitig belegte Kabine teilen.

In dieser Sache kam uns dann der Geschäftsführer der CIM-Zentrale, Mr. Wilhelm, zur Hilfe. Er setzte sich für uns ein, und nach langem Feilschen mit den Männern in unserer Kabine brachte er sie schließlich dazu, auszuziehen. An ihrer Stelle jedoch quartierten sich zwei Chinesinnen, jede mit einem Kind, bei uns ein. Also waren wir in der Kabine fünf Erwachsene und noch dazu zwei schreiende Babies.

Die Fahrt dauerte viereinhalb lange Tage. Das Schiff war vollkommen überfüllt, und die sanitären Einrichtungen waren gleich null. Obwohl der Dampfer für siebenhundert Passagiere gebaut war, drängten sich auf ihm vermutlich dreimal so viele Reisende. Überall waren Menschen. Die Gänge waren so voll, daß es uns fast unmöglich war, unsere Kabinentür zu öffnen. In der Kabine selbst waren die Kojen so dicht nebeneinander, daß man nur vom Fußende aus hineinkriechen konnte. Wir hatten kaum Platz genug, auf andere Gedanken, geschweige denn in andere Kleider zu kommen!

In der ersten Nacht waren wir sehr müde, und wir zogen uns früh zurück, da wir uns nach Schlaf sehnten. Aber bei dem Tumult, der auf den überfüllten Gängen herrschte, war es unmöglich zu schlafen. Später dann, als es draußen ruhiger geworden war, waren es die Ratten, die uns störten. In der ersten Nacht kamen sie in die Kabine und verschwanden blitzschnell, wenn Licht angemacht wurde. In der folgenden Nacht kamen sie herein, obwohl wir das Licht brennen ließen, und mit jedem Tag wurden sie dreister. Zweifellos hatten sie es auf all die Leckerbissen auf dem Boden der Kabine abgesehen, die die Mütter, die ständig zu essen oder ihre Babies zu füttern schienen, fallen gelassen hatten.

Die Ratten waren jedoch nicht unsere Hauptsorge. Eines Nachts wachte ich plötzlich auf. Es herrschte ein fürchterlicher Lärm, Menschen schrien und weinten voller Panik. Da wir nicht chinesisch konnten, schien das Chaos für uns nur um so schlimmer zu sein. Ich konnte mir nicht vorstellen, was passiert war. Unsere Begleiterin war sehr besorgt und versuchte, die Tür zu öffnen, um sich zu erkundigen, aber diese ließ sich wegen der Menge draußen nicht bewegen. Sie konnte jedoch die Schreie verstehen. „Das Schiff sinkt!" kreischten die Menschen in den höchsten Tönen. „Das Schiff sinkt!" Schnell gab sie die erschreckende Nachricht an uns weiter. Wir alle wußten, daß wir überhaupt nichts tun konnten. Selbst wenn es uns gelingen würde, die Tür aufzudrücken, gab es keinen sicheren Platz, an den wir gehen konnten, und wir wären von der Menge niedergetrampelt worden. Also taten wir das einzig Vernünftige, was wir tun konnten: wir befahlen uns dem Herrn an und warteten. Schließlich schliefen wir vor Erschöpfung ein, und zu unserem Erstaunen waren wir alle noch unversehrt, als das Morgenlicht in die Kabine einfiel.

Irgendwie gelang es dem Schiff, sich weiter auf dem Yangtze dahinzuschleppen. Jedesmal, wenn wir in einem Hafen hielten, strömten die Passagiere zu der Seite, an der die Leute ausstiegen, wodurch sich der Dampfer bedrohlich schräg legte.

Die Nächte wurden unerträglich. Es schien so, als ob in jedem Hafen weitere Ratten hinzukamen.

Hazel und ich haben diese ersten eindrucksvollen Erfahrungen nicht nur überstanden, sondern sie waren auch eine gute Einführung für das Reisen im China der Nachkriegszeit. Dennoch war unsere Erleichterung groß, als wir endlich in der Ferne die Pagode von Anking erblickten und wußten, daß wir fast am Ziel waren. Wie wohltuend würde es sein, von diesem Schiff herunterzukommen und zur Sprachschule gebracht zu werden! Wir entspannten uns bei dem Gedanken, freundliche CIM-Gesichter in der Menge im Hafen zu entdecken, die nur darauf warteten, uns weiterzuhelfen. Aber wieder war niemand da, um uns abzuholen; unser Schiff war sonntags, gerade während der Gottesdienstzeit, angekommen! Wie verlassen begannen wir uns zu fühlen, als wir unsere Sachen zusammenpackten, um von Bord zu gehen!

Da zuviel Treibsand im Wasser war und das Schiff deshalb nicht im Hafen anlegen konnte, mußten wir in kleinen Barkassen und Sampans an Land gehen. Mit Sack und Pack mußten wir das Schiff über eine ausgesprochen enge Rampe, die bedenklich schwankte, verlassen. Für die ganz Mutigen waren auch ein paar Strickleitern da. Ich ging zuerst vom Schiff, während Hazel an Bord blieb, um das Gepäck zu bewachen. Wenn uns nicht ein sehr freundlicher deutscher Herr mit unseren Koffern und den Waren, die wir für die Sprachschule mitbringen sollten, geholfen hätte, wären wir nicht zurechtgekommen. Während Hazel die Sachen auf dem Schiff im Auge behielt, begannen unser deutscher Freund und ein paar Chinesen, unsere Gepäckstücke zu mir in den Hafen herabzulassen. Ich hielt stand, während ich von Kulis belagert wurde, die schreiend vor meinem Gesicht herumfuchtelten und offensichtlich unsere Sachen tragen wollten. Ich sagte nur dauernd das einzige, was ich überhaupt sagen konnte: „Pu yao! Pu yao!“ („Ich will es nicht! Ich will es nicht!“) Ich nehme an, daß die ganze Sache für sie ein Riesenspaß war. Das war es jedenfalls für uns, wenn wir später daran zurückdachten.

Nach einiger Zeit fiel mir dann ein pockennarbiger Kuli auf, der besonders hartnäckig war. Er hörte nicht auf, wie wild mit einem Stück Papier vor meinem Gesicht herumzufuchteln. Schließlich dämmerte es mir, daß er vielleicht etwas mit uns zu tun haben könnte. Ich nahm den Zettel und las ihn. In dem Schreiben wurde erklärt, warum niemand da war, um uns abzuholen.

Sie kämen gleich nach dem Gottesdienst; inzwischen sollten wir die Dinge einfach diesem Herrn, Mr. Ma, überlassen. Für mich sah er wie ein absoluter Bösewicht aus! Aber tatsächlich stellte es sich heraus, daß Mr. Ma ein wundervoller Christ war, der in der Sprachschule mithalf. Zu meiner Erleichterung nahm er die Dinge schnell in die Hand. Fasziniert beobachtete ich das Schauspiel, wie er gutmütig mit den Trägern feilschte und den Handel schließlich zur Zufriedenheit aller abschloß.

Nach vielem Gedränge und Geschiebe konnte Hazel dann schließlich auch das Schiff verlassen. Um diese Zeit ungefähr traf Miss McQueen von der Sprachschule ein. Sie war eine ganz reizende, zierliche Schottin, die ein langes chinesisches Kleid trug, und ihre heitere Gelassenheit inmitten dieses Lärms war in der Tat beeindruckend. Welch eine Hilfe war es doch, jemanden hierzuhaben, der sich mit diesen Leuten verständigen konnte – auch wenn es mir so vorkam, als ob ich aus ihrem Chinesisch einen leichten schottischen Akzent heraushörte!

Man besorgte Rikschas für uns, und bald waren wir unterwegs. Die Fahrt durch die Stadt war äußerst interessant. Als ich in New York studierte, hatte ich gedacht, daß sich dort viele Menschen auf den Straßen tummeln. Aber New York war kein Vergleich mit Anking an diesem Sonntagmorgen. Es waren buchstäblich überall Menschen, die Lasten an Bambusstangen oder Babies auf dem Rücken trugen. Manche lenkten mutig ihre Fahrräder durch das Gewühl, andere wiederum schoben große Schubkarren, auf die riesige Lasten aufgetürmt waren. Schwerfällige Ochsenkarren und unzählige Rikschas machten das Durcheinander nur noch schlimmer. Voller Geschicklichkeit jedoch schlängelte sich der Läufer mit unserer Rikscha durch den Verkehr.

Als wir von der belebten Straße abbogen und durch das Tor in das ruhige Gelände der Sprachschule der China-Inland-Mission einfuhren, wurde mir bewußt, daß dies der Beginn eines neuen Abschnitts in meinem Leben war – einer Zeit neuer Prüfungen und harter Arbeit.

7. Kapitel

Bewährungsprobe

Als ich mein Zimmer in einem Gebäude namens EBENEZER bezog, hatte ich keine Ahnung, wie bedeutsam dieser Name mit seiner Zusage „Bis hierher hat uns der Herr geholfen..." werden würde, nachdem ich damit begonnen hatte, chinesisch zu lernen. Zum übrigen Gelände gehörten Büros, Wohnungen für Mitarbeiter und daneben der Speisesaal und einige Klassenzimmer. Alles schien durch Torwege miteinander verbunden zu sein, die auf Höfe führten, und überall waren Mauern – nichts als Mauern. Ich begann, mich eingeengt zu fühlen.

Der Unterricht begann schon gleich am Tag nach unserer Ankunft. Noch dazu sollten wir Anfänger gemeinsam mit denen unterrichtet werden, die die Sprache bereits seit sechs Wochen lernten. Es war eine demütigende Erfahrung. Am ersten Tag wußte ich nicht mehr, wo oben oder unten war – weder bei mir selbst noch bei der chinesischen Fibel! Nach früheren Erfahrungen beim Französisch- und Deutschlernen wußte ich bereits, daß ich kein Sprachgenie war. Aber ich entdeckte schnell, daß Chinesisch völlig anders war als alles, was ich bisher angepackt hatte. Meiner Veranlagung und meiner Ausbildung entsprechend versuchte ich, wissenschaftlich an das Ganze heranzugehen – und kam zu dem Schluß, daß Chinesisch ganz und gar unwissenschaftlich war!

Meine Schwierigkeiten hingen auch mit einer Haltung zusammen, auf die ich sowohl bei den anderen Schülern als auch bei den Lehrern stieß. „Aber Pauline", pflegten sie voller Erstaunen zu sagen, „wir verstehen gar nicht, warum du Chinesisch schwierig findest. Du bist doch Dr. phil.!“ Mehr als einmal bekam ich dies zu hören. Sie dachten natürlich nicht daran, daß ich meinen Doktortitel für naturwissenschaftliche Studien bekommen hatte. Sie gingen ganz einfach davon aus, daß ich aufgrund dieses Titels in der Lage sein müßte, mit Volldampf loszulegen. Der Volldampf war auch durchaus vorhanden – ich spürte, wie er sich in mir anstaute, und noch dazu hätte ich sie alle am liebsten angeschrien. Warum konnten sie mich nicht verstehen? Ich mußte meine Gefühle unterdrücken; man hätte mich zur psychiatrischen Behandlung nach Hause geschickt, wenn ich so geschrien hätte, wie es mir zumute war. Verzweifelt rief ich immer wieder den Herrn um Hilfe an.

Es war keine sehr angenehme Situation, und ich fühlte mich den Anforderungen von Tag zu Tag weniger gewachsen – ein Gefühl, das tief in mir saß und das ich so noch nie erfahren hatte. Ich wagte kaum, mir den Fortschritt anzusehen, den andere machten, oder mich mit ihnen zu vergleichen, damit ich nicht in Versuchung kam, aufzugeben. Ich betete um die nötige Bereitschaft, mich weiter durch diesen dunklen Tunnel zu mühen und das Ganze als eine der Gelegenheiten zu sehen, mehr von Gottes Gnade zu erfahren.

Aber nach einigen Wochen konnte ich kaum noch beten. Ich war am Ende. Der Satan nutzte meine aufgewühlte und depressive Stimmung sofort aus und ließ alle möglichen Zweifel aufkommen. „Bist du nicht tatsächlich ein bißchen zu alt, Pauline, um diese schwierige Sprache zu lernen? Du warst nie ein Sprachgenie! Was tust du denn überhaupt hier?“ ‚Vielleicht habe ich wirklich einen Fehler gemacht‘, begann ich zu grübeln. ‚Wahrscheinlich hätte ich doch einfach daheim bleiben und auf andere Art helfen sollen.‘

Wie groß war die Versuchung, solchen Zweifeln nachzugeben! Eines Nachts schließlich breitete ich in meiner Verzweiflung all meine Bedenken vor dem Herrn aus.

Ich begann, seine Zusagen für mich in Anspruch zu nehmen. Als erstes die in Jakobus 1,5 versprochene Weisheit: „Wenn aber jemandem unter euch Weisheit mangelt, der bitte Gott, der da gern gibt jedermann und allen mit Güte begegnet, so wird ihm gegeben werden." Als nächstes wandte ich mich Psalm 46,2 zu: „Gott ist unsre Zuversicht und Stärke, eine Hilfe in den großen Nöten, die uns getroffen haben." Dann rief ich mir 1. Petrus 5,7 ins Gedächtnis zurück: „Alle eure Sorgen (oder Ängste oder Sprachlektionen!) werfet auf ihn; denn er sorget für euch." Welche Ermutigung diese Verse mir in dieser Stunde brachten!

Dennoch, da ich solch eine Prüfung nicht erwartet hatte, waren es doch recht schwere Tage. Man stelle sich nur vor, was für eine Herabsetzung es für mich, nachdem ich gerade noch Dozentin an einem College gewesen war, bedeutete, wenn die Sprachlehrerin mich falsche Sätze zehnmal richtig schreiben ließ – wie ein kleines Schulmädchen! Wie das meinen Stolz verletzte! Dann machte sie die Sache noch schlimmer, indem sie zu sagen pflegte: „Was würden Ihre College-Studenten jetzt wohl von Ihnen denken, wie Sie hier sitzen und Ihre Sätze schreiben!"

Wahrscheinlich brauchte ich die Erniedrigung, denn als ich erst einmal all diese unerfreulichen Geduldsproben aus einer geistlichen Perspektive sehen konnte, begann ich, Fortschritte zu machen. Schließlich hat der Herr versprochen, uns das Land zu geben, damit wir es für ihn besitzen. China war ein Teil des Landes und die Sprache ein äußerst wichtiges Werkzeug oder eine Waffe, das Land dem Griff Satans zu entreißen.

Nach einiger Zeit wurden die Klassen geteilt. Hazel und einige meiner anderen Freunde stiegen in die Oberstufe auf, während ich in der ursprünglichen Klasse weitermachte. Dann wurde während der Vorbereitung für den Umzug der Schule in die Berge, wo sie den Sommer über bleiben sollte, entschieden, daß einige Schüler zusätzlichen Unterricht bekommen sollten, damit sie die erste große Sprachprüfung ablegen konnten, bevor sie gegen Ende des Sommers neue Aufgaben übernahmen. Ich war einfach „platt“, als ich von meiner Klasse ausgewählt wurde, für dieses Ziel zu arbeiten. Eine Freundin von mir, die ebenfalls ausersehen worden war, sprach mir völlig aus dem Herzen, als sie sagte: „Ich weiß, daß der Herr alles zu tun vermag, aber sieh nur, womit er arbeiten muß!“ Dennoch erwies mir der Herr in meiner Not von neuem seine Treue, und ich bestand glatt.

Damit nicht der Eindruck entsteht, daß das Leben an der Sprachschule nur aus Lernen bestand, sage ich lieber noch dazu, daß die Erfüllung unserer alltäglichen Pflichten ebenfalls ziemlich viel Zeit verschlang. Wir lernten, die Hausarbeit so zu tun, wie unsere Großmütter sie verrichtet hatten, wie zum Beispiel Bodenscheuern auf den Knien. Es gab keinen Schrubber, und auch der Besen war ein Graus und eine Plage – einfach ein Grasbündel mit einem nur ungefähr dreißig Zentimeter langen Stiel, wodurch man gezwungen war, in völlig gebückter Haltung zu kehren. Vielleicht sollte man so den Schmutz besser sehen!

Es war uns gesagt worden, daß wir in der Sprachschule elektrischen Strom hätten. Das war ein bißchen übertrieben. Wenn Strom da war, dann nur abends gegen achtzehn Uhr und so schwach, daß er den Faden in der Glühbirne gerade blaßrot erleuchtete. Zum Lesen mußten wir Öllampen benutzen. Und was das Wasser betraf – das einzige, was lief, waren die Männer, die es von draußen hereintrugen. Jeder von uns mußte sich mit nur einer Schüssel warmen Wassers am Abend begnügen. Das war hart. Solche Dinge ließen Anking als sehr weit entfernt von Philadelphia erscheinen!

Samstags lernten wir, abgesehen davon, daß Hausputztag war, mehr über die chinesische Kultur. An einem dieser Samstage machten wir einen Ausflug zu der berühmten Pagode von Anking, die ich einige Wochen zuvor, als unser Schiff sich der Stadt näherte, am Horizont erblickt hatte. Die Pagode war ein achteckiges Gebäude und sieben Stockwerke hoch, wobei sie von Stock zu Stock schmaler wurde, so daß der Turm sich nach oben zu der geradezu zierlich aussehenden Spitze hin verjüngte. Durch die geschwungenen Dächer und fremdartigen Schnitzereien, die überall zu finden waren, wirkte der Baustil auch bei näherem Hinsehen typisch orientalisch. Wir erfuhren, daß diese Schnitzereien religiöse Lehren vermittelten. Die Pagode hatte eine religiöse Bedeutung, und um sie herum waren einige Tempel. Hier in diesem schönen, jedoch dem Götzendienst geweihten Gebäude sollte ich etwas von der Realität jener geistlichen Welt erfahren, auf die die Schnitzereien hinwiesen.

Natürlich wollten wir alle bis zur Spitze hinaufsteigen. Die Treppe wand sich empor, aber zu unserer Überraschung führte sie nicht direkt hinauf. Statt dessen mußten wir in jedem Stock ein ganzes Stück herumgehen, bis wir schließlich den nächsten Treppenabschnitt fanden, der im Dunkel verborgen lag. Wir erfuhren, daß dies eine List war, um böse Geister zu täuschen und in die Irre zu führen. Um ein Haar wären wir selbst in die Irre geführt worden! In jedem Stockwerk der Pagode und zwischen den einzelnen Treppenaufgängen konnten wir einen schmalen Gang betreten, der um das ganze Bauwerk herum führte. Dadurch hatten wir eine wunderbare Aussicht auf die Stadt und die Landschaft der Umgebung.

Nachdem wir oben angekommen waren, machten wir uns alle frohgemut wieder an den Abstieg. Es war Zeit, auch noch einen Blick in die Tempel zu werfen. Im ersten waren ungefähr dreißig Priester aller Altersstufen, vom Schuljungen bis zum Greis, alle in düstere graue oder braune Gewänder gehüllt. Sie waren zum Nachmittagssingen der buddhistischen Sutras versammelt und standen alle stocksteif da; lediglich ihre Lippen bewegten sich. Als ein Gong ertönte, falteten sie alle ehrfürchtig die Hände und fuhren mit ihrem eintönigen Gesang fort. Plötzlich, als eine Glocke läutete, begannen die Priester immer lauter und schneller zu singen. Diese Gesänge und Gebete, die ungefähr zwei Stunden dauerten, konzentrierten sich auf einige abscheuliche Götterstatuen, vor denen zahlreiche Kerzen brannten. Außerdem standen vor den Götzen große Urnen voll brennender Räucherstäbchen. Die Luft war erfüllt von dem Rauch der Kerzen und dem schweren Duft des brennenden Weihrauchs. Während die Priester sangen, wiegten sie sich hin und her und warfen sich von Zeit zu Zeit vor den Göttern nieder.

Es war recht interessant, dieses Ritual zu beobachten; aber plötzlich fiel mir auf, daß ich mich beinahe unmerklich mit den Priestern hin- und herwiegte, während der Singsang immer weiterging und die eigenartige Monotonie durch nichts unterbrochen wurde. Plötzlich spürte ich eine Kraft, die mich zwingen wollte, mich vor den Göttern niederzuwerfen, und voller Schrecken erkannte ich, daß ich so schnell wie möglich aus diesem Tempel hinaus mußte. Ich wagte es nicht, auch nur einen Augenblick länger in dieser Atmosphäre zu bleiben, so stark war diese unsichtbare Macht über mir. Als ich hinauskam, stellte ich fest, daß einige der anderen diesen Angriff ebenfalls erlebt und wie ich die Flucht ergriffen hatten. Von diesem Tag an konnte ich eine ganze Zeit lang nicht mehr gut schlafen; der Singsang war eine quälende Erinnerung. Die Mächte der Finsternis waren keine Einbildung, sondern wir waren hier wirklich von ihnen umgeben; ich hatte ihre Gegenwart persönlich erfahren. Ich erkannte ganz nüchtern, daß wir mitten im Herrschaftsgebiet des Satans lebten. Dieser Ausflug hatte mir wirklich die Augen geöffnet und in erschreckender Weise klargemacht, wie sehr wir alle den Schutz des Herrn brauchten, nachdem wir mit ihm gemeinsam in den Kampf gegen das Böse getreten waren. Ich hatte ernsthaft gelobt, ihm hier zu dienen, und es würde nicht ohne Kampf abgehen.

Zum Glück wußten die Mitarbeiter der Sprachschule, daß man zur Arbeit auch den nötigen Ausgleich braucht, und so hatten Freizeitaktivitäten ihren festen Platz in unserem Tagesablauf. Nachmittags um sechzehn Uhr konnte man zwischen Volleyball und Spazierengehen wählen, wobei letzteres nicht nur der Bewegung diente. Oft gingen wir auf der Stadtmauer entlang, und von diesem Aussichtspunkt konnten wir so manchen direkten Blick auf das örtliche Leben werfen. Von der Mauer aus konnten wir die Bauernhöfe außerhalb der Stadt sehen – niedrige, mit Stroh gedeckte Häuser aus sonnengetrockneten Lehmziegeln, in denen mehrere Generationen wohnten. Jeder Sohn brachte mit seiner Heirat seine Frau ins Haus, und es wurde ein neuer Raum angebaut. Natürlich waren überall Kinder, und sie beäugten uns neugierig und etwas furchtsam.

Einer unserer Lieblingsplätze war der Friedhof außerhalb der Stadtmauer. Wir liebten die leuchtenden Blüten, die dort wild wuchsen, denn Blumengärten gab es sonst kaum. Ganz anders als die Friedhöfe, die ich aus dem Westen gewohnt war, hatten diese wirklich riesige Grabhügel und Namenstafeln anstelle von Grabsteinen. Bei einigen der Gräber jüngeren Datums waren auch noch Speiseopfer und Räucherstäbchen vor der Namenstafel zu finden. Eine ganze Reihe von Särgen, die zunächst mit losem Stroh und darüber mit einer Strohmatte als Schutz vor der Witterung bedeckt waren, standen noch da, um begraben zu werden. Wie ich erfuhr, warteten die Familien der Verstorbenen auf einen glücksverheißenden oder günstigen Tag für das Begräbnis und versuchten so, Unheil durch böse Geister abzuwenden.

Als das Wetter wärmer wurde, begannen wir auch einige andere Bewohner kennenzulernen – kleine Wesen von seltsamer Gestalt und unangenehmem Verhalten. Sie waren bei uns Damen alles andere als willkommen! Da waren zum Beispiel die großen rotköpfigen Hundertfüßer. Als Naturwissenschaftlerin war mir kleines Getier nicht fremd, aber ich hatte in meinem ganzen Leben noch nie so große Hundertfüßer gesehen!

Wir lernten es, unsere Schuhe auszuschütteln, bevor wir sie anzogen, oder nachts unsere Betten zu durchwühlen und das Bettzeug auszuschütteln aus Furcht, daß ein Skorpion ein Nickerchen darin machen könnte. Wir schliefen unter Moskitonetzen nicht nur zum Schutz gegen Moskitos und die Krankheit, die sie übertrugen, sondern vor allem zur Abwehr dieses anderen Getiers. Im Laufe der Zeit verdiente ich mir zu meinen anderen Würden auch noch den Status des „offiziellen Insektenvernichters in den Mädchenschlafräumen“ hinzu!

Als die Sommerhitze uns im Flachland dann wirklich zu schaffen machte, siedelte die gesamte Sprachschule in die Berge von Zentralchina über. Die Reise den Yangtze hinauf zu der Stadt Chiuchiang in der Nachbarprovinz Kiangsi dauerte vierzehneinhalb Stunden. Gegen neun Uhr abends kamen wir schließlich in Chiuchiang am Fuße des Berges an. Am nächsten Tag wollten wir hinaufsteigen nach Kuling. Wir waren guter Dinge; wieder hatte der Herr uns, trotz des überfüllten Schiffs, sicher an einen neuen Heimatort gebracht. Die Nacht verbrachten wir in einem unbewohnten Haus, das einer anderen Missionsgesellschaft gehörte; unsere eigenen Gebäude in der Stadt waren im Krieg zerstört worden. Wir stapelten unsere Habseligkeiten auf den Boden und legten uns auch gleich zum Schlafen nieder; nach der langen Reise im vollgestopften Schiff fühlte sich selbst der bloße, harte Fußboden gut an.

Nur wenig später, wie es uns vorkam, mußten wir uns schon wieder aufmachen, um zum Frühstück zu gehen, das in einem nahegelegenen Lebensmittelladen für uns zubereitet werden sollte. Man hatte uns gesagt, daß wir pünktlich um sieben Uhr dort sein sollten, aber als wir ankamen, war unser Frühstück noch längst nicht fertig. Tatsächlich mußten wir zuerst einmal den Koch aus dem Bett jagen – er lag in tiefem Schlaf auf einem der Tische! Wir fanden das damals reichlich komisch, aber solche Dinge erlebten wir später auf unseren Reisen in China immer wieder; die Menschen schien es ausgesprochen wenig zu kümmern, wo sie schliefen oder aßen.

Nach dem Frühstück machten wir uns auf den Weg zu dem Bus, der uns zum Fuß des Bergs bringen sollte. Die nächste Überraschung erlebten wir, als wir den sogenannten „Bus" erblickten. Unser Gepäck wurde bereits von Männern in ein Fahrzeug verladen, das wie ein klappriger alter Lastwagen mit einem einzigen Fenster an jeder Seite aussah. Nun wurden weitere Gepäckstücke im Innenraum ausgebreitet, auf denen wir Platz nehmen konnten, denn Sitze hatte der Bus nicht. Wir kletterten hinein, dann wurde die hintere Tür geschlossen und von außen verriegelt. In unserer Fuhre waren wir ungefähr zu zwölft – drinnen eingepfercht und auf zusammengerolltem Bettzeug sitzend, besahen wir uns die Welt durch die verriegelten Fenster und fragten uns, während wir die Straße entlangholperten, wohin man wohl wirklich mit uns fuhr. Je mehr es holperte, desto mehr rutschte das Gepäck herum, und um so mehr lachten wir.

Als wir schließlich bei einer staubigen Haltestelle unterhalb des Berges ankamen, wartete dort Mr. Marvin Dunn von der Sprachschule auf uns. Er hatte wirklich alle Hände voll zu tun, bis er unsere „Bergtour" organisiert hatte – wir brauchten Kulis für unser Gepäck und Sänften für uns. Es war ein solch steiler Aufstieg, daß es die einzige sichere Methode war, in der Sänfte getragen zu werden. Immer zwei Personen sollten sich eine Sänfte teilen: einer ging zu Fuß, während der andere getragen wurde, und nach einer Pause wurde dann gewechselt, so daß jeder die halbe Strecke zu gehen hatte. Auf diese Weise boten wir uns wenigstens gegenseitig moralische Unterstützung. Trotzdem kam es mir irgendwie fraglich vor, ob es, wenn es so ausgesprochen schwierig war, selbst aufzusteigen, tatsächlich sicherer sein konnte, in einer Sänfte von Trägern hochtransportiert zu werden, die doch gleichzeitig auf den Weg achten und Passagiere befördern mußten. Als wir den Aufstieg begannen, getragen auf den Schultern von vier Männern, lernte ich es sehr schnell zu schätzen, daß dies eine weitere Geschicklichkeit der Chinesen war. Manchmal schwebte die Sänfte geradezu über einem Abgrund, und ich hielt die Luft an und wischte mir den Schweiß von der Stirn, doch dann wurde sie von diesen Männern mit sicherem Tritt und ausgezeichnetem Gleichgewichtssinn geschickt und sorgfältig wieder zurückgeschwenkt.

Nach einiger Zeit begannen wir, uns etwas zu entspannen und die Aussicht zu genießen. Ich hatte immer gedacht, chinesische Landschaftsmaler seien in ihrer Darstellung der Berge impressionistisch; jetzt erkannte ich, daß ihre Bilder, ganz im Gegenteil, sogar sehr realistisch waren: die Berge Zentralchinas waren tatsächlich schroff und zerklüftet und in Nebelschwaden gehüllt. Die Aussicht, die sich uns bei unserem Aufstieg bot, war einfach ehrfurchtgebietend.

Nur allzu schnell waren wir oben angekommen und aus dem Märchenabenteuer in die Realität zurückversetzt, als wir unsere neue Sprachschule und Heimat erblickten. Wir waren angenehm überrascht, daß das Heim so hübsch war: ein großes, weitläufiges Steingebäude, an dessen Vorderseite sich riesige Veranden über die volle Länge des ersten und des zweiten Stocks erstreckten. Das Fenster meines Zimmers ging direkt auf die Veranda, und ich hatte eine wunderbare Aussicht! Gleich neben dem Haus wuchsen einige stattliche Pinien, unter denen ein einladender Fußpfad verlief. Ein kleines Stück hinter dem Weg floß ein Bach – er war nicht sehr groß, aber er sprudelte lebhaft rauschend über die ausgewaschenen Felsen und bildete hier und da einen kleinen Wasserfall. Wie dankbar waren wir nach all den Monaten in der trockenen, braunen Ebene von Anking für die belebende Umgebung von Kuling! Hier lebten wir in den Wolken in einer Höhe von ungefähr tausendfünfhundert Metern oder mehr.

Ohne Frage war nun auch das Lernen leichter. Wir hatten eher Gelegenheit, chinesisch zu sprechen. Die sehr freundlichen Leute aus verschiedenen Teilen des Landes, die hier oben ihren Urlaub verbrachten, sprachen alle den Mandarindialekt, den wir lernten. Ich begann zu glauben, daß endlich die Zeit der Prüfungen vorüber war. Ich würde es schaffen.

Wir alle wußten, daß wir gegen Ende unseres Aufenthalts in Kuling verschiedenen Teilen Chinas zugewiesen wurden, um dort unter Anleitung eines erfahrenen CIM-Mitarbeiters in einer Gemeinde zu arbeiten. So lag knisternde Spannung in der Luft, als der Tag näherkam, an dem Generaldirektor Bischof Houghton zu Unterredungen aus Schanghai heraufkommen sollte. Er wollte diese wichtigen Einteilungen persönlich vornehmen und sie mit uns durchsprechen. Als dann einer nach dem anderen seinen Einsatzort zugewiesen bekommen hatte, nahmen wir Fähnchen mit unseren Namen darauf und steckten sie auf der großen Chinakarte an die entsprechenden Orte, damit man sehen konnte, wohin wir gehen würden.

Es war nur natürlich, daß die Frage, die jeden am meisten beschäftigte, war: „Wohin werde ich geschickt?“ Meine Hoffnung war, vielleicht einige Zeit auf dem Lande zu verbringen, wo ich wirklich die Sprache praktizieren und die Gebräuche kennenlernen konnte. Ich fand, daß es ideal wäre, ungefähr zwei Jahre so – in engem Kontakt mit der Bevölkerung – zu verbringen.

Dann brannte ich geradezu darauf, anschließend in die Studentenarbeit mit jungen Chinesen, zu denen ich mich so hingezogen fühlte, einzusteigen. Ich wußte, daß es wichtig war, gute Sprachkenntnisse zu haben, und ich hoffte wirklich, es zu schaffen, obwohl es ein hartes Stück Arbeit sein würde.

Schließlich kam der Tag, an dem ich meinen Einsatzort erfahren sollte. Ich erinnere mich noch daran, daß ich mit einigen Engländerinnen zusammen zu der Unterredung mit Bischof Houghton ging. Es war ein gutes Gespräch, und wir kamen alle fröhlich und aufgeregt schnatternd heraus. Unser Einsatzort sollte Loho in der Provinz Honan in Zentralchina sein. Ein paar von unseren Lehrern kannten den Ort und erzählten uns von ihm. Je mehr ich an Loho dachte, um so größer wurde meine Vorfreude. Der Gedanke, in ein paar Wochen tatsächlich ins „echte China" zu gehen, an einen Ort, an dem nicht eine Menge anderer Ausländer um einen herum waren, war aufregend. Loho zog mich völlig in seinen Bann – ich packte für Loho, betete für Loho, träumte von Loho. Aber meine Hoffnungen und Erwartungen waren von kurzer Dauer.

Plötzlich änderte sich das ganze Bild. Ein Telegramm kam von der Zentrale in Schanghai mit der erschütternden Nachricht, daß wegen der wachsenden kommunistischen Aktivitäten in Honan die Einsätze in diesem Gebiet gestrichen wurden! Wir wußten, daß es zu jener Zeit nicht gut aussah im Land. Die Inflation wurde immer schlimmer. Eine Flasche Coca Cola, zum Beispiel, kostete zehntausend Dollars, eine Packung Kaugummis vierzehntausend Dollars. Ich konnte froh sein, daß ich keine mochte! Der Wechselkurs lag bei einem US-Dollar zu ungefähr dreißigtausend chinesischen Dollars. Die Geldscheine, die wir mit uns herumtrugen, waren wirklich „schnöder Mammon" – große Bündel, die fast nichts wert waren.

Nach einigen Tagen voller Spannung bekamen die anderen ihre neuen Einsatzorte zugeteilt. Aber es kam kein Wort, wohin ich gehen sollte. Ich wurde so langsam nervös. Als die anderen alle ihre Zuweisungen bekommen hatten und sich auf den Weg machten und noch immer kein Bescheid für mich gekommen war, telegraphierten die Sprachschulleiter nach Schanghai, um herauszufinden, ob man mich übersehen hatte. Die Antwort darauf sorgte eher für noch mehr Unklarheit: „Hamilton komme nach Schanghai wegen anderweitiger Aufgabe." Diese Nachricht kam am Samstagabend, und man sagte mir, ich solle gleich am nächsten Tag mit der Gruppe, die nach Schanghai fuhr, abreisen. Es war, milde ausgedrückt, ein fürchterliches Durcheinander, bis ich alles beisammen hatte. Ich hatte bereits begonnen, meine Sachen wieder auszupacken, da es bis dahin ja nicht so ausgesehen hatte, als hätte es besondere Eile mit meiner Abreise. Einige meiner Koffer waren bereits auf dem Weg nach Honan. Einer davon kam irgendwann wieder zurück, ein anderer jedoch nie. Auf diese Weise lernte ich es beizeiten, den Verlust meiner Sachen hinzunehmen. Ich konnte ohne diesen Koffer leben. Ich hoffe, daß jemand anders sich an seinem Inhalt erfreuen konnte – ich habe nicht mehr die leiseste Ahnung, was darin war!

Die Bootsfahrt nach Schanghai war wunderschön, das Schiff war ausgesprochen angenehm – der krasse Gegensatz zu dem Schiff, mit dem wir nach Anking gefahren waren. Ich ruhte aus, aß gut und fühlte mich insgesamt recht wohl, als wir am späten Mittwochabend in Schanghai ankamen.

Als erstes am Donnerstagmorgen wurde ich dann zu meinem Gespräch mit Bischof Houghton bestellt. Das war für mich eine Erleichterung, denn ich glaube nicht, daß ich die Spannung noch viel länger ausgehalten hätte. Dennoch war ich ganz und gar nicht auf das vorbereitet, was ich hören sollte.

Als ich sein Büro betrat, erhob sich Bischof Houghton, ein ziemlich großer, schlanker Herr, und begrüßte mich herzlich. „Nun, Pauline", sagte er, „heute werde ich eine Bombe platzen lassen!" Ich hörte ungläubig zu.

Er bat mich, mir zu überlegen, ob ich an der CIM-Schule für Missionarskinder, genannt Chefoo, unterrichten könnte. Man brauche dort dringend jemand für die naturwissenschaftlichen Fächer.

Es haute mich fast um! Er beobachtete aufmerksam meine Reaktion, und dann tat er – so weise – genau das, was ich befürchtete: Er überließ mir die Entscheidung. Es wäre so viel leichter gewesen, wenn er ganz einfach gesagt hätte: „Ich teile Sie für die Chefoo-Schule ein." Statt dessen jedoch begann er, ohne ein Blatt vor den Mund zu nehmen, auszuführen, was es mich kosten würde, falls ich mich entschied, nach Chefoo zu gehen. Auf jeden Fall würde sich das Erlernen der Sprache dadurch verzögern. Dann bot er mir ganz offen und ehrlich, was ich sehr zu schätzen wußte, zwei andere Möglichkeiten an. Er versuchte nicht, mich zu drängen oder die Sache für mich zu entscheiden. Gegen Ende unseres Gesprächs sagte er dann: „Nehmen Sie diesen Tag zum Beten, fasten Sie, wenn Sie es für nötig halten, und kommen Sie heute nachmittag um fünf mit Ihrer Antwort!"

Das Fasten hätte er gar nicht erwähnen müssen: der Appetit war mir plötzlich völlig vergangen! Das war dann wirklich ein Tag, an dem ich mein Herz erforschte und nach der Führung des Herrn für mich fragte angesichts der äußerst enttäuschenden Tatsache, daß meine Pläne völlig über den Haufen geworfen worden waren. Chefoo war der letzte Ort, an den ich gehen wollte. Aber gerade so gegen halb fünf an diesem Nachmittag war ich sicher, wie meine Antwort auszusehen hatte. Nachdem ich Bischof Houghton gesagt hatte, daß ich nach Chefoo gehen würde, hatten wir noch ein langes Gespräch darüber, und er machte eine Bemerkung, die mich wirklich erschreckte: „Es wird eine tägliche Glaubensprüfung für Sie sein, dessen bin ich mir sicher", sagte er und sah mir ernst in die Augen. Dann jedoch fügte er, als wolle er den Schlag etwas abschwächen, hinzu: „Aber Sie werden nur vorübergehend dort sein, höchstens drei oder vier Monate, bis jemand kommt und die Stelle besetzt." Ich bin sicher, daß er das ganz ehrlich meinte und mir diesen Strohhalm in gutem Glauben gab, denn ich klammerte mich in den folgenden Monaten Tag und Nacht an diese Hoffnung.

Aber jetzt war die Gegenwart ganz real: die Schule sollte am kommenden Montag beginnen. Ich wußte nicht, wie ich mich darauf noch vorbereiten sollte. Wieder einmal mußte ich einfach auf mein früheres Gelöbnis zurückkommen, daß ich dem Herrn so folgte, wie er mir den Weg Schritt für Schritt zeigte, und ihm vertraute, daß er mir seine Treue erwies, so wie er es bisher stets getan hatte.

8. Kapitel

Fehl am Platz?

Alles ging auf einmal sehr schnell, nachdem ich offiziell für die Chefoo-Schule eingeteilt war. Diese befand sich vorübergehend auf dem ohnehin bereits überfüllten Missionsgelände in Schanghai. Am Samstagmorgen war eine Lehrerkonferenz, bei der ich meine Aufgabe zugewiesen bekam: ich sollte von der fünften Klasse an in allen naturwissenschaftlichen Fächern unterrichten; meine jüngsten Schüler würden also neun oder zehn Jahre alt sein. Das machte zusammen sieben Klassen, was genug zu sein schien, um mir Dummheiten auszutreiben. Aber noch beängstigender als die viele Arbeit war für mich der schreckliche Gedanke, Kinder unterrichten zu müssen. Studenten gerne – es war eine schöne Zeit für mich gewesen, als ich Dozentin am College und an der Universität war. Aber ich hatte noch nie in meinem Leben ein Kind unterrichtet! ‚Ich kann nicht mehr, als es einmal versuchen', dachte ich.

„Wo bekomme ich meine Lehrbücher?" fragte ich den Direktor. „Ich muß mich für den Unterricht am Montag wirklich noch etwas vorbereiten, und ich sollte die Bücher einmal durchsehen."

Seine Antwort war äußerst beunruhigend: „Es gibt leider keine Bücher. Wir haben auch kein anderes Unterrichtsmaterial. Wir haben keine Labors. Wir haben gar nichts!" antwortete er bedauernd. „Alles, was wir hatten, wurde im Krieg von den Japanern zerstört. Die Bücher verbrannten zusammen mit den Schulen. Wir haben nichts..."

Ich hatte das Gefühl, vor einem unüberwindlichen Hindernis zu stehen, denn diese Kinder brauchten ja nicht nur ein bißchen „schulische Unterhaltung“, sondern sie sollten auf die Prüfungen für Oxford und Cambridge vorbereitet werden. Ich schrie zum Herrn: „In was für eine Sache hast du mich da nur hineingebracht?“ Ich beklagte mich: „Dafür bin ich nicht nach China gekommen!“ Man kann es sich vielleicht vorstellen, daß ich nahe daran war, zu Bischof Houghton zurückzugehen und ihm zu sagen: „Es tut mir leid, ich kann es einfach nicht.“ Aber etwas in meinem Innern ließ mich fühlen, daß das auch nicht richtig wäre. Es war, als sage mein Herz: „Hier ist eine Herausforderung – versuche es!“

So ruhig ich konnte, begann ich die Situation zu überdenken. Das einzige naturwissenschaftliche Unterrichtsmaterial, das ich hatte, war ein Mikroskop. Es war mein eigenes Forschungsmikroskop, das ich lieber nach China hatte mitnehmen wollen, als es zu Hause zu verkaufen. Wie dankbar war ich nun, daß ich geführt worden war, es mitzubringen! Aber wie konnte ich Fächer wie Chemie und Physik unterrichten? Es schien einfach unmöglich zu sein.

Heute frage ich mich oft, was ich in diesen ersten Wochen eigentlich gelehrt und wie ich das gemacht habe. Ich wußte nicht einmal, wie ich eine gewisse Disziplin aufrechterhalten konnte. Und der Unterricht bereitete mir nicht einmal die größte Mühe. Wir hatten noch zusätzliche Aufgaben mit den Kindern – wie zum Beispiel das Zusammensein mit ihnen während ihrer Freizeit oder Rückenwaschen und Schleifchen ins Haar binden!

Ich hatte keine Ahnung, was zu diesen Prüfungen für Oxford und Cambridge, auf die ich die Kinder vorbereiten sollte, gehörte, aber durch ein wunderbares Zusammentreffen befand sich gleich neben dem Missionsgelände eine sehr gute wissenschaftliche Bibliothek. Ich konnte dort alte Prüfungsabschriften finden und mir daraus eine Art Lehrplan erarbeiten. So hatte ich allmählich das Gefühl, ein bißchen voranzukommen. Die meiste Zeit jedoch glich ich eher einem Zauberer, der Tricks aus dem Ärmel zog, als einem Lehrer.

Dennoch, trotz aller Schwierigkeiten, kamen später einige der Eltern zu mir, um mir ihren Dank für das, was ihre Kinder lernten, auszudrücken. Ich hatte eine weitere Hürde überwunden. Während der Winterferien, solange die Kinder bei ihren Eltern waren, sollte die Schule nach Kuling in der Provinz Kiangsi umziehen, wo ich in der Sprachschule einen so wunderbaren Sommer verbracht hatte. Bis dahin würde ich bereits unterwegs zu meinem neuen Einsatzort sein, rechnete ich mir erleichtert aus. Die Ferien sollten in diesem Jahr wegen des Umzugs etwas länger dauern. In einem meiner Briefe nach Hause erwähnte ich die langen Ferien, und meine Mutter schrieb daraufhin: „Es ist wunderbar, daß Du so lange Ferien vor Dir hast; Du könntest nach Hause fliegen, um Urlaub zu machen, und rechtzeitig zum Schulbeginn wieder zurück sein. Ich werde Dir das Geld für den Hin- und Rückflug schicken!“ Bei meiner Gemütsverfassung löste dieser Brief eine wirklich verzweifelte Reaktion aus: ‚Hin- und Rückflug – nein danke! Ich brauche keinen Rückflug – mir reicht das Hinflugticket!‘ Weinend begann ich, meine Taschen zu packen.

Während ich noch gegen diese sehr greifbare Versuchung, nach Hause zu gehen, ankämpfte, bekam ich unerwartet Besuch von Miss Broomhall, einer Kollegin. Sie war Engländerin und unterrichtete seit vielen Jahren in Chefoo, wo sie sogar selbst einmal zur Schule gegangen war. Nun kam sie, um ein wenig mit mir zu reden. Ich hatte keine Ahnung, was auf mich zukam, als ich sie bat, sich zu setzen. Sie liebte Chefoo, und sie konnte jemanden wie mich, der diese Liebe nicht teilte, überhaupt nicht verstehen. Ich mußte nicht lange warten, bis ich erfuhr, was sie auf dem Herzen hatte. Auf strenge, geschäftsmäßige Art begann sie ohne Umschweife, mir viele unangenehme Dinge, die sie an mir und meiner

Einstellung beobachtet hatte, aufzuzeigen. So wie sie mir diese Eindrücke beschrieb, zeichnete sie wirklich das Bild einer wenig liebenswerten Person: „Wir hörten, was für ein wundervoller Mensch Sie seien", fuhr sie fort, „aber ich kann es nicht sehen." Sie nahm kein Blatt vor den Mund, sondern zählte einfach meine Fehler nacheinander auf, bis ich mir immer mehr wie ein schmutziger alter Lappen vorkam, mit dem man den Boden aufwischt. Zum Schluß sagte sie noch voller Nachdruck: „Ich weiß, daß Sie nicht mit der Schule nach Kuling gehen möchten; Sie wollen nicht mit uns hinaufziehen, und Sie wollen nicht die Kinder unterrichten."

Dann fragte sie, ob ich dazu irgend etwas sagen wolle. Und ob! Ganze Bände füllte es, und ich brannte geradezu darauf, es jemand zu erzählen.

„Ist Ihnen klar, daß ich seit vier Monaten an dieser Schule bin und sich bis jetzt noch niemand die Zeit genommen hat, mir das Schulsystem verständlich zu machen? Keiner hat mir erklärt, wie diese Oxford- und Cambridge-Prüfungen überhaupt aussehen!" Ich konnte ihr vom Gesicht ablesen, daß sie meine Situation überhaupt nicht verstanden hatte. Nun brach alles, was sich in mir angestaut hatte, aus mir heraus. „Wußten Sie, daß ich sämtliche naturwissenschaftlichen Fächer zu unterrichten habe und diese Jungen und Mädchen auf ihre Prüfungen vorbereiten soll? Ich habe für keines der Fächer auch nur ein einziges Lehrbuch; weiß eigentlich jemand, was ich durchmache, wenn ich versuche, Unterrichtsmaterial für diese Fächer aufzutreiben?"

Ich hielt den Atem an. Meine Kehle wurde trocken, und meine Gefühle überwältigten mich fast. „Da ist Chemie, Physik, Biologie, allgemeine Naturwissenschaften und so weiter – und obendrein die Tatsache, daß ich kein Material für praktische Arbeit habe und auch kein Labor oder ähnliches. Und haben Sie eine Ahnung, welche Disziplinschwierigkeiten ich habe?"

Miss Broomhall schien aufrichtig überrascht zu sein,

die Situation von meinem Standpunkt aus zu hören, und jetzt war ihr Gesicht voll ehrlicher Besorgnis. Ich schloß, indem ich müde hinzufügte: „Das einzige Fach, in dem ich nach einem Lehrbuch unterrichte, ist der Religionsunterricht. Da dies alles Missionarskinder sind, gibt es natürlich Bibeln! Aber gerade noch gefehlt hat mir, daß ich den Kindern sogar das Nähen beibringen soll!“ Vom Handarbeitsunterricht wurde ich dann gleich am nächsten Tag befreit. Dafür sorgte sie.

Es schien uns beiden nun ein Licht aufzugehen. Die gegenseitigen Mißverständnisse waren aus einem Mangel an Verständigung entstanden und aus fehlendem Einfühlungsvermögen für die Situation und die speziellen Schwierigkeiten des anderen. Ich hatte nicht gewußt, daß nach der Unterbrechung der Arbeit durch den Zweiten Weltkrieg alle anderen Lehrer auch nur wenige Tage vor mir eingetroffen waren. Die ganze Schule war im Umbruch begriffen, und es war verständlich, daß jeder unter Druck war. Der Teufel war nur allzu bereit gewesen, diese Gelegenheit auszunutzen.

Es begann mir gutzutun, daß jemand Anteil an meinen Problemen nahm, aber dennoch war es sehr schwer zu ertragen, so meine Fehler gesagt zu bekommen – eine bittere Pille für meinen Stolz. Ich war sehr entmutigt und begann zu befürchten, daß ich nie eine gute Missionarin werden würde. Da ich deprimiert und auch körperlich erschöpft war, dachte ich natürlich weiter über den Brief meiner Mutter und ihren Vorschlag, nach Hause zu kommen, nach. Als ich eines Tages von der Schule zu meiner Unterkunft ging, traf ich auf dem Missionsgelände eine alte Freundin, die ein Seminar außerhalb von Schanghai leitete. „Pauline“, rief sie, „du siehst ja furchtbar erschöpft und abgespannt aus. Kannst du nicht übers Wochenende zu mir kommen?“ Sie lebte an einem reizenden Ort draußen auf dem Lande, und ich genoß meine Besuche dort immer in vollen Zügen.

Schnell fragte ich ein paar andere Lehrer, ob wir unseren Dienst tauschen könnten, und bald war alles geregelt.

Draußen auf dem Lande wurde ich dann wirklich verwöhnt: Frühstück im Bett, viel Gelegenheit zu entspannen, gute Musik zu hören, auszuruhen und das Leben ohne irgendwelche Pflichten zu genießen. Welch himmlisches Vergnügen! Und nirgendwo Kinder! Die Zeit verging wie im Flug. Der Sonntag begann als ein schöner Tag, und ich brach zu einem Spaziergang auf den kleinen Dämmen zwischen den Reisfeldern auf. Plötzlich hielt ich an. ‚Ich sollte lieber umkehren und den Brief an Mutter schreiben', dachte ich. Als ich mich umdrehte, erblickte ich einen Bauern, der sein Feld pflügte, und auf einmal kam mir das Wort des Herrn in den Sinn: „Wer seine Hand an den Pflug legt und sieht zurück, der ist nicht geschickt zum Reich Gottes." Ich war wie vom Blitz getroffen. Dieser Schlag ging mir durch und durch, und ich rannte schnell zum Haus zurück. Sofort griff ich zu Papier und Füllfederhalter und schrieb meiner Mutter, daß ich in den Ferien nicht nach Hause käme. Ich gestand ihr, wenn ich hier wegginge, hätte ich nur ein Hinflugticket gewollt; aber eben draußen auf den Feldern habe der Herr zu mir gesprochen und mich daran erinnert, meine Hand am Pflug zu lassen. Als Mutter meinen Brief beantwortete, wurde deutlich, daß sie keine Ahnung gehabt hatte, welche innere Zerrissenheit ich durchgemacht hatte. Sie entschuldigte sich, daß sie mir die Heimreise vorgeschlagen und mir damit eine Versuchung in den Weg gelegt hatte.

Ich war nur ganz knapp entronnen, aber der Herr hatte mir geholfen, dieser Versuchung zu widerstehen und auf sein Geheiß in China zu bleiben, was immer geschehen möge. Während ich weiter dort im Seminar ausruhte, erinnerte er mich von neuem an mein Gelöbnis, das ich ihm bei meinem Spaziergang in den Dünen von Cape Cod gegeben hatte; er schenkte mir von neuem die feste Gewißheit seiner Nähe und seiner Zusage, mich nicht zu verlassen, sondern mich Schritt für Schritt zu führen. Ich wußte, daß ich nicht umkehren konnte.

Die Tage, die folgten, wurden, was die Arbeit und die Pflichten anbetraf, nicht viel leichter, aber wenigstens war nun gegenseitiges Verständnis vorhanden. Miss Broomhall wurde eine sehr enge Freundin und Vertraute. Ich bewunderte sie sehr, weil sie die Konfrontation mit mir gewagt hatte und so mutig und aufrichtig gewesen war, zu kommen und mir zu sagen, was ihr an mir aufgefallen war, das nicht in Ordnung war. Ich kann ehrlich sagen: Wenn ich einen wahren Freund auf der Welt habe, dann ist sie es. Als ich Jahre später in Hongkong schwer erkrankte, war sie es, die sich um mich kümmerte und während dieser Monate im Krankenhaus wie ein Familienmitglied für mich war.

Allmählich begann die gesamte Atmosphäre an der Schule besser zu werden, und persönliche Meinungsverschiedenheiten verschwanden, da wir uns sehr bemühten, sie zu bereinigen und auszubügeln, bevor Mißverständnisse entstanden. Ich hatte mich bis dahin immer für einen so toleranten Menschen gehalten, aber jetzt erkannte ich plötzlich, wie engherzig ich doch war. Ich verstand nicht von Natur aus die Menschen anderer Nationalitäten und Kulturen. Aber der Herr ließ es mich lernen. Schließlich kamen auch die Kinder aus vielen verschiedenen Nationalitäten und Kulturen. Ich erkannte, daß ein Teil meiner Disziplinschwierigkeiten vielleicht an meinem mangelnden Verständnis für die Herkunft meiner Schüler lag. Als ich mich dann neu bemühte, sie besser zu verstehen, indem ich mit ihnen über ihre Heimatländer und ihre Familien sprach, merkte ich, daß ich damit eine Möglichkeit gefunden hatte, auf ihre Bedürfnisse einzugehen.

„Was ich tue, das weißt du jetzt nicht…“ – war ich dabei, ein Stück dieser Erfahrung zu machen? Er, der meine wunden Punkte am besten kannte, meine

Schwachheit, wenn ich harte Zeiten durchstehen mußte und am liebsten aufgegeben hätte – er würde mich nicht einfach von seinem Weg für mich weggehen lassen.

9. Kapitel

Höhen und Tiefen

Die Schulferien begannen, die Kinder fuhren zu ihren Eltern, und in der Schule wurden in aller Eile die Vorbereitungen für den Umzug nach Kuling getroffen. Nachdem nun die Kinder weg waren, stand mehr Zeit zur Verfügung, den Umzug zu planen; ich jedoch hatte nur meinen eigenen Auszug im Sinn. Ich rechnete nun jeden Tag damit, daß ich zum Zentralbüro bestellt wurde, um eine neue Aufgabe zugewiesen zu bekommen, so daß ich Chefoo Lebewohl sagen konnte. Eines Tages wurde ich dann zu meiner Überraschung zum Büro Mr. Wellers, eines anderen Direktors, gebeten und nicht zu Bischof Houghton, wie ich es erwartet hatte.

Mr. Weller war ein freundlicher Mann mit sanfter Stimme und einem Lächeln in den Augen. Mit einem merkwürdigen Gesichtsausdruck sah er mich über seinen Schreibtisch hinweg an. „Pauline“, begann er, „ich weiß wirklich nicht, wie ich es Ihnen sagen soll, aber die Schule ist gerade jetzt in einer sehr schwierigen Lage. Wir haben immer noch keinen Lehrer für die naturwissenschaftlichen Fächer in Aussicht.“

Darauf war ich überhaupt nicht vorbereitet gewesen, und das hatte er wohl schon geahnt. Fast flehend fuhr er fort: „Würden Sie nicht bis nach Ostern an der Schule bleiben?“

‚O nein!‘ dachte ich. Jetzt hatte ich auf den Tag hingelebt, an dem man mir meine neue Aufgabe zuteilen würde, und statt dessen wurde ich gebeten, noch weitere drei oder vier Monate in den sauren Apfel zu beißen. Nachdem ich ein paar Minuten gebraucht hatte, um meine Fassung zurückzugewinnen, sagte ich sehr zögernd, ich würde bleiben. Mir blieb nichts anderes übrig – ich konnte ja nicht eine Sache anfangen und dann mittendrin einfach davonlaufen, selbst wenn ich sie verpfuschte. So war ich nicht erzogen worden. Als Kinder hatten wir gelernt, daß wir das, was wir angefangen hatten, auch fertigmachen sollten. Wieder einmal war die Versuchung, mich dem Willen des Herrn zu entziehen, greifbar nahe gewesen, aber er hielt mich treu bei meinem Versprechen, auf seinem Weg ihm Schritt für Schritt zu folgen.

Inzwischen waren einige der Schulmitarbeiter bereits abgereist, um die Vorbereitungen an der neuen Schule in Kuling zu treffen. Der Rest von uns blieb zurück, um fertig auszuräumen; außerdem sollten wir eine Gruppe von ungefähr dreißig Kindern von Schanghai zu der Schule hinauf begleiten. Jetzt war der Umzug in vollem Gang; das Gepäck stapelte sich auf den Gängen der Schule, und es schien endlos viel zu sein, was in letzter Minute noch zu erledigen war. Als dann der eigentliche Abreisetag kam, waren die Kinder so aufgeregt, daß ich wußte, es werde eine ziemliche Expedition werden! Und als wir dann in die verschiedenen Schichten unserer wärmsten Winterkleider eingepackt waren, sahen wir sogar aus, als wären wir Teilnehmer einer Polarexpedition. Den größten Teil unserer Reise sollten wir mit dem Flugzeug zurücklegen, ohne Heizung und noch dazu in großer Höhe wegen des gebirgigen Gebiets.

Wir hatten wirklich keinen Grund zur Sorge; die Mitarbeiter in Kuling hatten wir durch ein Telegramm von unserer Ankunftszeit und allen Einzelheiten unserer Landung verständigt.

Der Flug war ziemlich unangenehm. Welch eine Erleichterung war es zu spüren, als die Räder – holterdiepolter – auf der Landebahn aufsetzten, und zu wissen, daß wir bald alle gesund und wohlbehalten das vollgestopfte Flugzeug verlassen konnten! Bald würden wir unterwegs sein und den Berg hinaufsteigen, wie ich es schon im vergangenen Sommer getan hatte.

Während wir unserem Flugzeug, das noch zu einer anderen Stadt in Westchina weiterflog, hinterherwinkten, begannen wir, nach dem Begrüßungskomitee Ausschau zu halten. Es war jedoch niemand da. Wir konnten nichts anderes tun als warten. Die Zeit schleppte sich dahin. Wir versuchten, die Kinder dazu zu bewegen, daß sie sich etwas ausruhten, aber es war unmöglich. Sie waren hungrig und konnten nur daran denken, daß sie weiterwollten. Wir konnten sie nicht zur Ruhe bringen.

Als schließlich die Dämmerung hereinbrach und wir wirklich etwas nervös wurden, traf Mr. Mayer, ein Mitarbeiter der Schule, ein. Wie willkommen er uns war! Was war geschehen? Er war geschäftlich unterwegs gewesen, als das Telegramm ankam, und jetzt war er hier – nachmittags um fünf, als die blasse Wintersonne schon unterging und Kälte und Dunkelheit sich auf unsere müde kleine Reisegesellschaft herabsenkten.

Nun lag noch der Aufstieg vor uns, und da es Winter war, standen nicht viele Sänften zur Verfügung.

Wir beschlossen, daß einige zu Fuß gehen sollten. Die Jüngeren wurden zu zweit oder dritt in die Sänften gestopft, die dann von ihren Lehrern begleitet wurden. Sie machten sich als erste auf den Weg, und ich folgte mit den Älteren. Inzwischen war es schon ziemlich dunkel. Ich mußte dauernd daran denken, wie schmal und felsig der Weg war und wie gleich daneben der jähe Abgrund gähnte.

Wir kletterten eine Weile, ruhten uns eine Weile aus und kamen nicht sehr schnell voran, müde und hungrig, wie wir nach diesem langen Tag waren. Als wir schließlich an dem kleinen Rastplatz oberhalb der tausend Stufen ankamen, erwarteten uns dort einige Mitarbeiter mit heißem Kakao, belegten Broten und Schokoladeriegeln. Ich weiß nicht, wann ich je in meinem Leben so froh war, jemanden zu erblicken!

In Kuling gewöhnte ich mich dann wirklich an das

Lehrerdasein. In den bewaldeten Bergen war es viel leichter, Unterrichtsmaterial für die naturwissenschaftlichen Fächer zu finden.

Pflanzenkunde war nun kein Problem mehr – dies war ein ergiebiges Jagdgebiet für Pflanzenexemplare –, und auch der Biologieunterricht machte Spaß, da hier alle möglichen kleinen Lebewesen zu finden waren.

Trotzdem behielt ich noch immer den Kalender im Auge und brannte förmlich darauf, meinen verlängerten Lehrauftrag zu beenden. Ostern kam und ging vorüber, aber ich hörte kein Wort, daß ich Chefoo verlassen könnte. Als ich mich niedergeschlagen fragte, was sich wohl unten in der Zentrale tat, traf Missionsdirektor Sinton bei uns ein. Ich war völlig überrascht, als mir jemand ausrichtete, daß er mich sofort sehen wolle. Er sagte ganz sachlich: „Pauline, ich fürchte, ich muß Sie um etwas Schweres bitten!“ Ich wußte sofort, was jetzt kam. „Ich weiß, daß wir Ihnen versprochen haben, daß Sie ungefähr um diese Zeit Chefoo verlassen können“, sagte er sehr freundlich, „aber wir haben überhaupt niemand in Aussicht, der diese Stelle übernehmen könnte. Würden Sie vielleicht bleiben – bis zum Ende des Schuljahres?“

Ich schluckte schwer, und irgendwie gelang mir ein schwaches „Ja“. Dann aber brachen all meine angestauten Gefühle aus mir heraus – daß ich meine Sache nicht wirklich gut mache, daß ich fand, daß die Kinder nicht das bekamen, was sie wirklich brauchten, und daß ich mehr Lektionen lernte als sie!

Mr. Sinton erwiderte sehr freundlich: „Das alles kann ich verstehen, Pauline. Wenn Sie sich einmal richtig ausweinen möchten – hier ist meine Schulter.“ Ich nahm das Angebot an. An diesem Abend war dann jemand, der spürte, daß ich nach dieser weiteren Enttäuschung niemand sehen wollte, so aufmerksam, mir mein Essen ins Zimmer bringen zu lassen.

Wie lange sollte dies noch so weitergehen? Was sollte

ich nun meinen Gebetspartnern sagen? Ich hatte schon genug zweifelnde Fragen wegen meiner Tätigkeit als Lehrerin beantwortet. Aber ich wußte, daß es meine Pflicht war zu bleiben. Ich konnte nicht einfach von der Schule weggehen.

Kurz nach Mr. Sintons Besuch mußte ich eine schwerere Prüfung als je zuvor durchmachen. Eines Tages sah ich während des Mittagessens im Speisesaal, wie jemand Direktor Houghton ein Telegramm reichte. Das kam öfter vor, und ich machte mir darüber keine weiteren Gedanken. Als wir jedoch mit dem Essen fertig waren, kam Miss Broomhall an meinen Tisch und ging mit mir zu unserem Wohntrakt zurück. Dort wollte sie dann unbedingt mit in mein Zimmer kommen. ‚Merkwürdig', dachte ich, ‚das macht sie doch sonst nicht. Was sie wohl auf dem Herzen hat?' Als sie meine Tür schloß, sagte sie: „Gerade ist ein Telegramm gekommen."

Sofort erwiderte ich: „Es ist meine Mutter, nicht wahr? Sie ist gestorben, stimmt's?"

Miss Broomhall schien verblüfft. „Woher wußten Sie das?" fragte sie. „War sie krank?"

„Nein", antwortete ich ruhig.

„Wie konnten Sie dann wissen, daß sie gestorben ist?"

Ich erklärte ihr, wie der Herr mir auf ganz besondere Weise angedeutet hatte, was in meinem Leben geschehen sollte: Es war meine tägliche Gewohnheit, jeden Morgen, wenn die Schulkinder zum Frühstück gegangen waren, für meine Familie zu beten. Dies war in Zentralchina ungefähr um halb acht Uhr morgens, in Pennsylvania der vorige Abend um halb acht. In den vergangenen drei Tagen hatte ich nicht für meine Mutter beten können, und das hatte mich wirklich beunruhigt. Ich hatte es sogar einem anderen Lehrer gegenüber erwähnt. Als ich jetzt in meinem Zimmer das Wort „Telegramm" hörte, war ich sicher, daß es wegen meiner Mutter war. Da das Telegramm mehr als drei Tage gebraucht hatte, war meine Mutter, als ich das erste Mal nicht für sie beten konnte, vermutlich bereits zu ihrem Herrn heimgegangen.

Der Herr hatte mich zart und liebevoll auf diese Sache vorbereitet, von der er wußte, daß sie für mich ein harter Schlag sein würde. Man gab mir den Rat, ungefähr eine Woche vom Unterricht und den sonstigen Pflichten freizunehmen, und noch am selben Nachmittag ging ich zu einem meiner Lieblingsplätze, von dem aus man den Poyang-See überblicken konnte. Es war Anfang Mai – eine schöne Jahreszeit in Pennsylvania. Und ich war weit weg in China. Lange stand ich da und dachte über alles nach. Meine Mutter war vor ihrem Tod fast blind, wenn nicht sogar ganz blind, gewesen. Sie hatte viele Jahre an Diabetes gelitten und war nun an einem Herzschlag gestorben. In seiner Gnade brachte Gott mich auf den sehr tröstlichen Gedanken: Im Himmel gibt es keine Blindheit. Nun kann sie sehen. Wie wunderbar für sie, wieder sehen zu können und zum ersten Mal den Herrn zu erblicken!

Jetzt ließ ich den Tränen freien Lauf, und ich weinte und weinte. Aber mitten in meinem Schluchzen schien der Herr mich zu tadeln, da diese Tränen mir selbst und nicht meiner Mutter galten.

In der Schule waren dann alle sehr nett und hilfsbereit, und dafür war ich dem Herrn sehr dankbar!

Länger setzte ich mit dem Unterricht nicht aus, da ich wußte, daß ich nur versucht wäre, mich dem Selbstmitleid hinzugeben. Die Kinder waren voller Mitgefühl und besonders brav, und mehr als ein Kind kam zu mir, drückte mir verständnisvoll die Hand und rannte davon. Als ich eines Abends die kleinen Mädchen zu Bett brachte, wollte eines davon von mir zugedeckt werden, und als ich mich über sie beugte, zog sie mich zu sich herab, küßte mich und flüsterte mir ins Ohr: „Dr. Hammie, jetzt sind wir wirklich Zwillinge. Wir sind beide klein und dick, und beide haben wir unsere Mama im Himmel."

Die nächsten Wochen waren nicht leicht. Ich hatte ernsthaft mit Schlaflosigkeit zu kämpfen, da ich natürlich auch weiterhin viel an zu Hause dachte. Der Teufel hält sich nicht zurück, wenn sich ihm solch eine Gelegenheit bietet, und als ich dalag und nachdachte, weckte er Zweifel in mir: „Wünschst du dir jetzt nicht, du hättest das Angebot deiner Mutter, nach Hause zu kommen, angenommen? Dann hättest du sie ein letztes Mal sehen können!" Ich klammerte mich an den Herrn, und so konnte ich in meinem Herzen sagen: ‚Ja, ich hätte sie noch einmal sehen können, aber es wäre nicht zu Gottes Ehre gewesen, wenn ich heimgelaufen wäre zu meiner Mama, als ich so deprimiert war. Damit hätte ich zwar getan, was mein Herz wollte, aber meine Seele hätte dabei Schaden erlitten.' Ich rief mir das Gelübde, das meine Mutter vor meiner Geburt getan und in dem sie mich Gott für China hingegeben hatte, ins Gedächtnis zurück. Dies war eine weitere Prüfung meiner eigenen Hingabe, die Gott zu einer Zeit zuließ, in der alles nicht so lief, wie ich es mir vorgestellt hatte. Dennoch habe ich selbst durch diese Prüfung hindurch auf ganz neue Art seinen barmherzigen Trost erfahren. Seither hat er meine Erfahrung oft dazu benutzt, anderen zu helfen, denn nur, wenn wir etwas selbst durchlebt haben, kann er uns wirklich gebrauchen, anderen beizustehen.

Als das Schuljahr zu Ende ging, bestellte mich der Direktor zu sich. Er wollte wissen, ob der Herr vielleicht zu mir gesprochen habe, daß ich auf Dauer an der Schule bleiben sollte – würde ich bitte wirklich darüber beten? Ich tat, was er mir geraten hatte: ich betete, und offensichtlich beteten auch etliche Mitarbeiter darum, daß ich bleiben möge. Als es dann soweit war, war ich mir ganz sicher, was ich sagen sollte:

„Mr. Houghton, ich habe vom Herrn keinen Hinweis bekommen, daß Chefoo sein Platz für mich ist. Ich kann nicht auf Dauer bleiben. Der Herr hat mich ganz deutlich zu den Chinesen gerufen."

„Gut“, erwiderte er nachdenklich, nachdem ich noch bemerkt hatte, ich hätte nicht einmal die richtige Ausbildung für Chefoo, „wenn der Herr Sie so geführt hat, habe ich dafür volles Verständnis.“ Dann fügte er noch hinzu, daß ich am Ende der Sommerferien frei wäre zu gehen.

Nachdem ich die Schule verlassen hatte, konnte ich mich in dem neuerworbenen Ferienheim Fairy Glen, mitten im schönen Kuling, gut erholen. Gegen Ende dieser Ruhezeit mußte ich dann einen Sprachtest machen, der zeigen sollte, wieviel Chinesisch, falls überhaupt, ich noch konnte. Zu meiner großen Überraschung bekam ich bestätigt, daß ich tatsächlich nicht viel verlernt hatte und daß ich nach einer gründlichen Wiederholung weitermachen konnte und nicht wieder von vorn beginnen mußte.

Dann schenkte der Herr die Bestätigung, daß sein Zeitplan immer stimmt, denn weniger als zwei Wochen, nachdem ich die Schule verlassen hatte, trafen die langersehnten Lehrbücher ein, die ganz am Anfang meiner Lehrtätigkeit in Schanghai bestellt worden waren! Gleichzeitig boten sich drei Leute an, in der Schule zu unterrichten. Eine davon erklärte mir: „Ich hatte immer das Gefühl, daß Gott mich in Chefoo haben wollte, aber ich dachte, Sie wollten dort sein.“ Wie interessant, daß ich die ganze Zeit darauf gebrannt hatte, weggehen zu können! (Natürlich sage ich gerne, daß drei Leute nötig waren, um mich zu ersetzen, aber ich weiß auch, daß es nicht ganz stimmt: sie hatten auch noch andere Dinge zu tun, als Naturwissenschaften zu unterrichten!) Der Herr hielt mich dort, bis ich das gelernt hatte, was ich nach seinem Willen lernen sollte – über mich selbst, über andere Menschen und darüber, wie wichtig es ist, offen füreinander zu sein und einander zu achten.

Wenn ich auf diese Erfahrung zurückblicke, so glaube ich, daß meine Zeit in Chefoo mich erst richtig zur Missionarin gemacht hat. In der Schule des Herrn lernt man keine überflüssigen Lektionen! Und Jahre später erkannte ich, daß aus dieser Zeit sogar eine kleine bleibende Frucht erwachsen war, als ich einen Brief von einer früheren Chefoo-Schülerin bekam, die schrieb, daß sie den Ruf des Herrn in die Mission durch etwas gehört habe, was ich eines Abends erzählt hatte, während ich ihr den Rücken wusch. Ich hatte zwar nie gerne Rücken geschrubbt, aber wenn der Herr es zu etwas gebrauchen konnte, so sollte es mir recht sein!

10. Kapitel

Lohn des Gehorsams

Der regnerische Tag paßte gut zu meiner Stimmung. Jetzt, wo ich Chefoo endgültig verließ und das Unbekannte in Nanking vor mir lag, hatte ich sehr gemischte Gefühle. Mir wurde schwer ums Herz beim Gedanken an diejenigen, die ich zurückließ. Aber ich wußte auch, daß diese guten Freunde im Gebet hinter mir stehen würden.

Unterwegs dachte ich daran, wie der Herr mir Kraft geschenkt hatte, die unerwarteten Verzögerungen durchzustehen, und was er mich während meiner über einjährigen Zeit an der Schule alles gelehrt hatte – überaus wertvolle Lektionen des Vertrauens in ihn, über meine eigene Schwachheit und über das Verständnis für die Bedürfnisse anderer. Jetzt lag der Lohn meines Gehorsams vor mir: ich war endlich auf dem Weg nach Nanking! Welche Überraschungen würden mich dort erwarten? Und welche neuen Lektionen...? Immerhin wußte ich, wo ich wohnen sollte: bei Ruth und David Adeney, einer Amerikanerin und einem Engländer, die beide bereits aktiv in der Studentenarbeit in dieser Stadt waren.

Obwohl die Schiffahrt auf dem Yangtze nach Nanking normalerweise drei Tage dauerte, brauchten wir wegen des starken Hochwassers tatsächlich nur achtzehn Stunden. Die Verwüstung, die die Überschwemmung angerichtet hatte, war überall zu sehen, und es war ein ernüchternder Anblick, der sich uns unterwegs bot: Felder, die unter Wasser standen und deren Getreide vernichtet war, Häuser, von denen nur die Spitze des Dachs aus dem Wasser ragte, und an manchen Orten nur noch die Gipfel von Bäumen. Was würde dies für die Leute während der Wintermonate bedeuten – auf jeden Fall Lebensmittelknappheit, vielleicht sogar Hungersnot und in die Höhe schnellende Preise.

Welch ein Gegensatz war doch Nanking, verglichen mit dem Gebirgsort Kuling, den wir gerade verlassen hatten! In Dreiradrikschas fuhren wir durch die riesigen, schwerbewachten Tore in den gewaltigen Stadtmauern in die noch vom Krieg gezeichnete Stadt ein. Als damalige Hauptstadt Chinas und Zentrum für die Herstellung von feinem Satin und Baumwollstoffen, Papierblumen, Keramik, Papier und Tinte war Nanking kein Ort für Leute, die an Platzangst litten. Nicht nur wuchs die Bevölkerung von über einer Million von Tag zu Tag durch die Menschen, die vor den kommunistischen Rebellen auf dem Land geflohen waren, sondern die Stadt war auch ein wahres Labyrinth von Mauern aus Backstein, Lehm, Stein oder Holz, die einen einsperrten und ausschlossen. Als wir uns unseren Weg durch die engen Straßen und schmalen Gassen bahnten, auf denen sich Armeelaster, Ochsenkarren, Rikschas, Fahrräder, Menschen und Tiere drängten, schien alles ein einziges Durcheinander zu sein.

Da Nanking auch eine Universitätsstadt war, hatte die China-Inland-Mission in dieser dichtbesiedelten Hauptstadt ein neues Zentrum für Studentenarbeit errichtet.

Gleich am nächsten Tag fuhren Mrs. Adeney und ich mit dem Zug nach Schanghai, wo sie die Geburt ihres vierten Kindes erwarten wollte und ich einige besondere Besorgungen zu machen hatte. Ich hatte den Auftrag, neues Material für die naturwissenschaftliche Abteilung der Chefoo-Schule zu kaufen – jetzt endlich war man dort in der Lage, ein richtiges Labor einzurichten.

Ich kehrte allein aus Schanghai zurück. Es war eine ganz neue Erfahrung für mich, in einen Haushalt anstelle einer Einrichtung einzuziehen – und wie es schien, war dieser Haushalt besonders reich an Überraschungen. Wir wußten nie, wer alles kommen würde, und von Anfang an hatten wir meist ein volles Haus.

Einige Tage nach meiner Ankunft in Nanking wurde mir eine reizende chinesische Christin als meine künftige Lehrerin vorgestellt. Mrs. Yu kam aus Peking – das hieß, daß ich den Dialekt nicht ändern mußte. Sie ging in dieselbc Kirche wie ich und war ein wunderbarer Mensch und zugleich eine wirkliche Lehrerin. Da Gott niemandem etwas schuldig bleibt, habe ich die Erfahrung gemacht, daß er uns stets für alles, was wir ihm geben, entschädigt. Unter ihrer ausgezeichneten Anleitung hatten wir schnell das ganze Material des Grundkurses durchgearbeitet, und wir konnten schon sehr bald mit dem Fortgeschrittenenkurs weitermachen. Ich war einfach überrascht und fühlte mich sehr ermutigt, als ich sah, wieviel ich noch wußte, nachdem ich so lange die Sprache nicht mehr weitergelernt hatte.

Nach und nach schien der Gästestrom in unser Haus nachzulassen, dann reiste Mr. Adeney nach Schanghai und ließ mich allein zurück. Da saß ich nun in einem leeren Haus mitten in Nanking, konnte nicht viel chinesisch sprechen und kannte nur eine Handvoll Leute, von denen ich nicht einmal genau wußte, wo in der großen, ausgedehnten Stadt sie wohnten. Nun begannen Gerüchte über Unruhen zu kursieren; von außerhalb der Stadt waren oft Schüsse zu hören, und draußen auf dem Lande war die Lage so, daß keine Frischwaren mehr nach Nanking hereinkamen. Ich verstand nur so viel Chinesisch, daß ich eine vage Vorstellung von dem, was über diese Dinge gesagt wurde, hatte, und ich legte in das, was ich hörte, die schlimmstmögliche Bedeutung hinein.

Ich hatte nicht damit gerechnet, sehr lange allein bleiben zu müssen, aber Mr. und Mrs. Adeney blieben etwas länger weg, als geplant. Da ich kein Geld mehr hatte, mußte ich mir aus Schanghai welches schicken lassen. Die Nachricht vom Eintreffen des Geldes kam ein paar Tage später mit der Nachmittagspost, aber als ich den Brief bekam, hatte die Bank schon geschlossen. Obwohl ich am nächsten Morgen gleich als erstes zur Bank ging, besaß das Geld, als ich es schließlich in den Händen hielt, aufgrund der Inflation praktisch keinen Wert mehr. Eigentlich war ich nun Millionärin, denn damals betrug der Umtausch für einen US-Dollar sieben Millionen chinesische Dollars. Aber ich konnte es mir nicht einmal leisten, einen Laib Brot zu kaufen, der inzwischen ungefähr fünfundvierzig Millionen Dollars kostete. Noch dazu hätte niemand mein Geld angenommen, da keiner die wertlose Landeswährung wollte.

Ich hatte zu dieser Zeit kein Mehl mehr, auch keinen Reis oder sonstige Vorräte außer einem bißchen Zukker, etwas Salz und einem winzigen Rest Öl. ‚Wenn ich nur etwas Mehl hätte, dann könnte ich vielleicht über die Runden kommen, indem ich mir ein paar Pfannkuchen oder Brötchen backe', dachte ich hoffnungsvoll, und so stieg ich eines Morgens auf mein Fahrrad und fuhr in die Stadt, um zu sehen, ob ich welches bekommen konnte. Überall, wo ich anhielt, sagte man mir, daß man kein Mehl habe. Es war entmutigend, vor allem, da ich neu in der Stadt war und wirklich nicht wußte, wo ich Mehl finden konnte. Schließlich ging ich zu einem winzigen Laden, nur eine kleine Höhle in der Mauer, und fragte resigniert, ob sie Mehl verkauften. Ich konnte es kaum ertragen, die Antwort zu hören, aber wieder hieß es: „Kein Mehl." Dieses Mal konnte ich es nicht hinnehmen. Ich hatte eine Ahnung, daß irgend etwas nicht stimmte.

„Sie haben Mehl", entgegnete ich. „Sie wollen es mir nur nicht verkaufen."

„Ja", stimmte er mir zögernd zu. „Ich habe welches, aber Sie würden es nicht wollen."

„Zeigen Sie es mir", verlangte ich ungeduldig.

Er holte das Mehl und stellte es vor mich hin. Voller Ekel schaute ich es an; es krabbelte geradezu vor kleinen schwarzen Getreidekäfern.

Nachdem ich das erste Schaudern überwunden hatte, fragte ich ihn nach dem Preis und handelte ihn nach und nach so weit herunter, daß ich ihn bezahlen konnte.

„Ich nehme es“, erklärte ich triumphierend. Der Ladenbesitzer war erstaunt.

„Aber Ihr Ausländer eßt doch kein solches Mehl“, stammelte er. Ich bestand darauf, und so gab er schließlich nach und lud mir den Mehlsack aufs Fahrrad.

Zu Hause begann ich dann, mein kostbares Mehl zu bearbeiten, indem ich es durchsiebte. Dies erwies sich als mühsame und scheinbar endlose Angelegenheit. Ich war sicher, daß ich so niemals alle Käfer herausbekommen würde, kniete schließlich erschöpft vor der Mehltüte nieder und betete: „Herr, es regnet schon seit Tagen, gib mir doch bitte nur drei Tage Sonnenschein, damit ich die Käfer aus diesem Mehl herausbekomme.“ Ich weiß nicht, ob ich wirklich daran glaubte, aber am nächsten Tag schien die Sonne so strahlend, wie man's sich nur denken kann. Eilig bereitete ich Zeitungen, Leintücher und was ich sonst noch finden konnte, vor, um das Mehl darauf auszubreiten. Ich mußte lachen, als ich mir das Mehl ansah, das ich im ganzen Garten ausgelegt hatte, und dachte daran, was für ein verrückter Anblick dies für einen eventuellen Besucher wäre. Wieder betete ich – dieses Mal mit der Bitte, der Herr möge doch die Leute fernhalten! Da meine Lehrerin nach Schanghai gefahren war, um ihre Tochter zu besuchen, wußte ich, daß sie nicht kommen werde, aber es tauchte auch sonst niemand auf, und da die Sonne mit aller Kraft schien, begannen die Käfer, aus meinem Mehl herauszukrabbeln. An diesem Abend siebte ich das Mehl noch einmal durch und las dabei noch eine Menge Tiere heraus. Es regnete die ganze Nacht in Strömen; anscheinend wurde auf diese Weise tagsüber Versäumtes nachgeholt. Aber am nächsten Tag kam dann wiederum die Sonne heraus – und die Käfer ebenfalls! Bis zum Abend des dritten sonnigen Tages hatte ich schönes sauberes

Mehl. Als es am nächsten Tag dann in Strömen regnete, wurde mir bewußt, auf welch wunderbare Weise Gott meine Gebete erhört und so für mich gesorgt hatte, wie nur er das kann. Dies war für mich eine sehr kostbare Lektion.

Ich gab Bibelunterricht in Englisch, es kamen gelegentlich Studenten zu einem Besuch bei mir vorbei, und trotz mancher Prüfungen fühlte ich mich endlich wie eine wirkliche Missionarin! Nach ungefähr drei Wochen kamen dann Ruth und David Adeney mit ihrem neugeborenen Baby und zwei anderen Missionarsehepaaren, die ebenfalls bei uns wohnen sollten, zurück. Jetzt wo ich mit drei Ehepaaren und zwei kleinen Kindern zusammen wohnte, war ich alles andere als allein!

Seltsamerweise war es für mich nun jedoch einsamer als zuvor. Da ich nicht im Haushalt mithelfen mußte, war ich frei, die Sprache weiterzulernen, aber mein Problem war die Freizeit. Sie hatten einander, und ich war allein. Ich konnte hören, wie sie sich unterhielten und lachten, aber ich hatte niemand zum Reden und Lachen – und dabei tue ich beides so gerne! Wäre ich sehr nach innen gekehrt gewesen, so hätte mich diese Situation schnell deprimieren können, aber statt dessen ließ der Herr es mich als eine Gelegenheit erkennen, mehr Zeit mit den chinesischen Studenten zu verbringen. Die Mädchen besuchten mich nach dem Unterricht. Wir machten Bootsfahrten auf dem See, kauften zusammen ein oder fuhren mit den Rädern zum nahegelegenen Park. Zu Beginn waren unsere Unterhaltungen ein Kauderwelsch aus Englisch und Chinesisch, wir lachten über die gegenseitigen Fehler und lernten eine Menge über unsere Sprache und übereinander. Die Lage um die Stadt herum hatte sich inzwischen beruhigt, und es boten sich großartige Möglichkeiten für die Studentenarbeit; die chinesischen Mitarbeiter waren freundlich, und es war eine Freude, mit ihnen zu arbeiten. So wuchs ich allmählich in die Sache hinein, und ich genoß meine Tätigkeit durch und durch.

11. Kapitel

Drohendes Unheil

Gegen Ende 1948 nahmen die kommunistischen Aktivitäten und Studentenunruhen im Raum Nanking zu. Dennoch bot sich reichlich Gelegenheit zur Arbeit unter den Studenten. Viele von ihnen besaßen kommunistische Literatur, aber niemand schien zu wissen, woher sie kam. Die Studenten waren verunsichert und besorgt und stellten uns alle möglichen Fragen, und wir taten unser Bestes, um ihnen zu helfen, die Situation zu verstehen.

Und dann kam eines Tages die Nachricht von der Botschaft der Vereinigten Staaten, daß alle Amerikaner Nanking verlassen mußten! Als erste sollten die Frauen mit Kindern ausreisen, so daß es mich glücklicherweise noch nicht betraf. Die Botschaft war nach Schanghai verlegt worden und ließ uns wissen, daß sie nicht die Verantwortung für uns übernehmen könne, wenn wir in Nanking blieben. Wir erfuhren, daß die Marine der Vereinigten Staaten zwei Landungsboote schickte, um die Leute herauszuholen, aber da es noch nicht als Notevakuierung galt, wurde mir gestattet, zusammen mit Henry und Mary Guiness, einem englischen CIM-Paar, zu bleiben, während Mrs. Adeney und ihre Kinder sowie ein anderes Paar, das ein Baby erwartete, abreisen sollten.

Am Samstagmorgen jedoch erhielten wir, während wir in aller Eile für die anderen packten, neue Nachrichten, und jetzt hieß es nachdrücklich, daß wir alle abreisen mußten. Nachdem ein englisches Schiff im Yangtze versenkt worden war, war nun der Ausnahmezustand eingetreten, und im ganzen Gebiet kam es zu verstärkten Kämpfen. Innerhalb nur weniger Stunden hatte sich die Lage völlig verändert.

Ich wollte nicht gehen. Henry und Mary Guiness fanden jedoch, daß es unklug wäre, wenn ich bliebe, und ich fügte mich schließlich zögernd ihrem Rat. Ich wollte niemanden in eine unangenehme Situation bringen, weil ich Amerikanerin war, und ich mußte auch eingestehen, daß ich für die Arbeit hier nicht unentbehrlich war. Ich begann zu packen und mich auf eine weitere ungewisse Zukunft einzustellen; gleichzeitig betete ich die ganze Zeit, daß der Herr, wenn es nicht sein Wille war, daß ich ging, mich davon abhalten sollte. Ich packte nicht alles; wir waren alle sicher, daß sich in ein paar Tagen die Lage entspannt haben werde und ich zurückkehren konnte.

Auf einem Truppenlandungsboot fuhren wir den Fluß hinunter nach Schanghai. Wir waren ein buntes Gemisch, da auch andere Menschen aus westlichen Ländern diese Gelegenheit zur Abreise nutzten. Bei ungefähr fünfzig Schlafplätzen in einer Kabine hatten wir soviel Privatsphäre wie in einem Goldfischglas!

Auf der Fahrt nach Schanghai war ich voller Fragen: ‚Ist damit alles aus?' War dies mein Abschied von China, gerade jetzt, wo ich endlich mit der Missionsarbeit begonnen hatte, nachdem ich mich mit den Studenten vertraut zu fühlen begann und sie mitsamt ihren Problemen ein wenig kennengelernt hatte? Ich hatte mit einigen der wundervollsten Menschen, die ich je kennengelernt hatte, zusammengearbeitet, und nun schien das alles aus und vorbei zu sein, und ich war wieder auf dem Weg zur Zentrale in Schanghai, um – wie es mir vorkam – die „zigste" neue Aufgabe zugeteilt zu bekommen! Ich fühlte mich enttäuscht, aber ich wußte, daß Gott von mir Gehorsam gegenüber denen, die über mir standen im Herrn, erwartete.

Eigentlich schien Schanghai sich überhaupt nicht verändert zu haben. Abgesehen von den riesigen Menschenmengen, die aus ganz China hereinströmten, schien die Stadt von den Unruhen im Landesinnern erstaunlich wenig berührt zu sein.

Es wurde schließlich entschieden, daß ich in Schanghai bleiben sollte, um unter den Studenten zu arbeiten. Obwohl ich wirklich enttäuscht war und mich ziemlich frustriert fühlte, mußte ich, da wir alle über diese Schritte gebetet hatten, doch glauben, daß Gott wußte, was er tat. Da er mich offensichtlich geführt hatte, wußte ich, daß ich ihm und seinem vollkommenen Willen für mein Leben vertrauen sollte. Bald schon begannen sich in Schanghai, wo es über dreißig Colleges und Universitäten gab, neue Möglichkeiten zu eröffnen, und bereits nach kurzer Zeit hatte ich vier Bibelklassen.

Die Studenten kamen meist zu uns, da in vielen Hochschulen Versammlungen aus Angst vor subversiven Aktivitäten verboten waren. Ich hatte jedoch auch zwei Klassen außerhalb – eine in einer Medizinischen Hochschule und die andere in einem Seminar für Kindergärtnerinnen.

Bald begann dann eine der härtesten Zeiten, die ich bis dahin durchgemacht hatte. Ein Regierungswechsel stand nun unmittelbar bevor, und ich war zu dem Schluß gekommen, daß ich zu den Studenten und meinen anderen chinesischen Freunden sagen mußte, ich würde mich, wenn der Wechsel stattfand, so verhalten, als kennte ich sie nicht, wenn wir uns auf der Straße begegneten.

„Das macht doch nichts aus“, entgegneten sie höflich. „O doch“, beharrte ich. „In meinen Augen wird nicht einmal ein Zwinkern sein, das anderen verraten könnte, daß ich euch kenne. Ich möchte euch nicht in Schwierigkeiten bringen.“ Im Laufe der Zeit merkten sie dann, daß ich recht hatte.

Der Machtwechsel vollzog sich in Schanghai am 25. Mai 1949. Niemand wußte, wie das geschehen würde und was zu erwarten war. Es kam zu einigen Kämpfen, die jedoch in unserem Stadtteil nicht schwer waren. Tatsächlich verschlief ich das Ganze und wachte am nächsten Morgen unter einer neuen Regierung auf!

Sofort wurden eine neue Währung und neue Aufenthaltsbescheinigungen eingeführt. Die Straßen standen unter starker Bewachung durch die neue Armee.

Zu Beginn war alles sehr ruhig, ja geradezu unheimlich ruhig. Es war wunderbar zu sehen, welchen Frieden die Studenten innerlich erlebten und wie Gott ihnen Ruhe und Weisheit schenkte anstelle der Furcht und Panik, die sie unmittelbar vor dem Machtwechsel ergriffen hatte.

Ich ging auch weiterhin zu den Versammlungen in dem Studentenzentrum, aber wir waren nie sicher, wer bei den Treffen war und was aufgeschrieben wurde. Wurden Fragen gestellt, so wußte man nie genau, welcher Seite der Betreffende angehörte.

Dies war für mich eine der schlimmsten Belastungen. Ich wollte daran glauben, daß die Studenten aufrichtig waren, aber wie konnte ich sicher sein? Wie konnte man wissen, ob nicht Dinge, die man jetzt sagte, zu einem späteren Zeitpunkt gegen einen verwendet werden könnten?

Es gab in dieser Zeit vieles, worüber man sich Sorgen machen konnte. Meine innere Ruhe kam davon, daß der Herr zu mir durch eine Spruchtafel sprach, die damals an meiner Wand hing. Von einem CIM-Missionar in schöner altenglischer Schrift geschrieben, standen darauf die Worte des 37. Psalms: „HOFFE – BEFIEHL DEM HERRN DEINE WEGE – SEI STILLE." Immer wieder sprachen diese Worte Bände zu mir, wenn ich mich dem Herrn inmitten all der Ereignisse um mich herum anbefahl und er mir Ruhe schenkte.

In den folgenden Monaten kamen immer weniger Studenten zu unseren Treffen, während die politischen Versammlungen an den Schulen und Hochschulen zunahmen. Da sie verpflichtet waren, an diesen Veranstaltungen und auch an Kundgebungen teilzunehmen, hatten sie immer weniger Zeit für christliche Aktivitäten oder zum Bibelstudium. Bald wurde mit einem umfassenden Umerziehungsprogramm begonnen, und die Tage der Studenten waren vom frühen Morgen bis spät in die Nacht hinein ausgefüllt. Es fand jetzt kein anderer Unterricht mehr statt, da mit aller Macht angestrebt wurde, die Studenten in den Prinzipien der neuen Regierung zu schulen. Es gab politische Tänze, die einigen von uns, die noch nie zuvor chinesische Tänze gesehen hatten, sehr merkwürdig vorkamen – Tänze, in denen die Industrie, die Landwirtschaft oder der Kapitalismus dargestellt wurden. Während der Kundgebungen wurden viele Parolen gerufen und politische Lieder gesungen. Von Tag zu Tag bis in die Nacht hinein zog sich diese Art von Umerziehung hin. Nach ungefähr sechs Monaten, als mit den Selbstüberprüfungstreffen angefangen wurde, begann der Druck wirklich groß zu werden. Die Studenten sollten ihre Lebensgeschichte aufschreiben und ihr Tun und Denken sorgfältig durchleuchten. Einige schlichen sich häufig zu uns herüber, um mir mitzuteilen, bei welchen Dingen sie mitmachen mußten. Sie sehnten sich danach, ihr Studium fortzusetzen, und konnten es nicht.

Eines Tages kam eine Studentin sehr aufgeregt zu uns, weil ihr Vater verschwunden war. Er war einige Tage zuvor zur Arbeit gegangen und war dann nicht mehr nach Hause zurückgekehrt. Mir ist nicht bekannt, daß er jemals wiederkam. Der Druck wurde immer stärker; die Menschen waren wie in einen Schraubstock eingezwängt. Nach ungefähr acht Monaten war mein Unterricht, den ich außerhalb hielt, praktisch ausgelöscht.

Als der Normalzustand mehr und mehr zu einer Erinnerung wurde, wuchs die Zahl der Missionare, die von sich aus das Land verließen. Obwohl wir hofften, daß sich noch alles zum Guten wenden würde, gab es zunächst Gerüchte und bald auch Klarheit, daß es für die Mission weder durchführbar noch ratsam war zu bleiben. Es gab immer noch Möglichkeiten; wir konnten immer noch zu einigen Versammlungen gehen. Aber der Druck auf die Menschen, die wir liebten, verstärkte sich, und wir wollten sie nicht in Schwierigkeiten oder Verlegenheit bringen.

So standen wir als Mission viel vor dem Herrn im Gebet über die Zukunft. Der größte Vorteil unseres Dortseins gerade zu dieser Zeit war vielleicht, daß wir dadurch erfuhren, in welchen Nöten unsere chinesischen Freunde waren und wie wir für sie beten konnten. Das Gebet war etwas Reales und Entscheidendes, das wir für sie in diesen Stunden tun konnten.

Der offizielle Rückzug der CIM aus China wurde am 13. Dezember 1950 bekanntgegeben. Wir hatten alle gewußt, daß es so kommen werde, aber es war dennoch ein Schock. Ich war nun seit etwas mehr als vier Jahren in China. Obwohl ich wußte, daß unsere Abreise zum Besten der Christen hier war, gehörte ich nicht zu den ersten, die das Land verließen. Ich mußte erst noch auf die offizielle Erlaubnis, die kostbare Ausreisegenehmigung, warten. Also nahm ich mir vor, verschiedene Vorhaben zu Ende zu bringen, zu denen auch das Schreiben einer Anleitung zum Bibelstudium für die tägliche Stille Zeit der Studenten gehörte. Ich hatte damit schon in Nanking zusammen mit einem ausgezeichneten jungen Christen begonnen. Nun hielt ich einen gewissen Teil meines Tages für diese Aufgabe frei.

Aber jedesmal, wenn ich mich an diese Arbeit machte, spürte ich den Widerstand des Teufels. Ich bin kein Mensch, der zu Depressionen neigt. In letzter Zeit aber war es immer wieder vorgekommen, daß ich froh und vergnügt aufgestanden war, doch wenn ich mich nach dem Frühstück an das Schreiben der Anleitung machte, spürte ich, wie sich eine dunkle Wolke über mich senkte. Dies war eine völlig neue Erfahrung und etwas, aus dem ich offenbar nicht aus eigener Kraft herauskommen konnte. Ich konnte nicht denken, ich konnte nicht beten, und ich konnte nicht schreiben. Nichts schien von Bedeutung zu sein.

Als ich eines Tages in dieser Verfassung war, kam eine Freundin in mein Zimmer und fragte mich, was denn los sei. Als ich es zu erklären versuchte, konnte ich es nicht richtig beschreiben, aber es wurde ihr klar, daß etwas ganz und gar nicht stimmte. „Los, du mußt beten!“ rief sie.

„Ich kann nicht!“

„Du mußt“, beharrte sie. „Komm, knie nieder!“

„Es ist sinnlos“, klagte ich. Für mich schien es Gott nicht mehr zu geben. Ich konnte nicht in Verbindung mit ihm treten und konnte sogar fast sagen, daß ich es auch gar nicht wollte. Es war ein fürchterlicher Zustand. Aber meine Freundin blieb hartnäckig.

„Bete jetzt!“ befahl sie.

„Ich kann nicht!“ beharrte ich. Es würde nichts herauskommen – die Worte schienen leer und sinnlos. Aber meine Freundin gab nicht auf. Sie hämmerte mir auf den Rücken, schüttelte mich und tat alles, was ihr einfiel, um mich zum Beten zu bringen.

Schließlich sagte sie verzweifelt: „Wenn du nicht beten kannst, Pauline, so rufe einfach den Namen Jesu an!“ Dies schien sinnloser als alles andere zu sein.

Wenn man nun fragt, wie ein Missionar in eine solche Verfassung kommen kann, so kann ich nur antworten, daß die Dunkelheit jener Wolke der Depression so war, als wolle der Teufel mich in jedem Bereich meines Lebens bekämpfen. Ich weiß nicht mehr, wie lange der Kampf an jenem Tag dauerte; sicher über eine halbe Stunde. Schließlich jedoch war ich fähig, den Namen Jesus auszurufen, und die Wolke begann sich sofort aufzulösen.

Von der Arbeit, mit der ich beschäftigt war, erhofften wir uns, daß sie nach unserem Weggehen für die Studenten eine Hilfe sein würde. Ich verfaßte Material, um das Lesen von Gottes Wort zu unterstützen. Dem Teufel gefiel dies nicht, und er kämpfte dagegen. Ich machte dieselbe Erfahrung danach noch einige Male, und erst wenn ich verzweifelt zum Herrn Jesus schrie und bat, daß sein Blut mich bedecken, halten und hindurchbringen möge, konnte ich den Sieg erlangen.

Die Worte der Spruchtafel „HOFFE – BEFIEHL DEM HERRN DEINE WEGE – SEI STILLE" bekamen eine neue Bedeutung. Ich erkannte, daß ich, wenn ich dem Herrn eine Sache übergeben hatte, den Frieden haben sollte, den er verspricht; wenn ich nicht stille sein konnte, dann hatte ich es ihm nicht wirklich anbefohlen und hoffte nicht auf ihn, und das ist Sünde. Und nachdem ich einmal die ganze Sache vor den Herrn gebracht hatte, bekam ich nie mehr solche Anfälle von Depression; der Herr hatte alles unter seiner Kontrolle, und die Arbeit wurde fertig, bevor ich abreisen mußte. Über dreißig Jahre später erfuhr ich, daß einige dieser Anleitungen zur Bibellese auf den Boden von Schubladen geklebt und von dort als Grundlage für den Bibelunterricht auswendig gelernt wurden.

Ausgerechnet an meinem sechsunddreißigsten Geburtstag bekam ich Bescheid, daß ich mein Ausreisevisum beantragen sollte! Das war ein Geburtstagsgeschenk! Sollte so das Ende meiner Laufbahn als Missionarin aussehen? Vier Jahre zuvor war ich sicher gewesen, daß dies eine Verpflichtung auf Lebenszeit sei – und jetzt? Und da ich wiederum einer ungewissen Zukunft entgegensah, nutzte der Teufel diese Umstände, um Zweifel und Fragen in mir zu wecken. Wie würden mich, wenn ich heimkam, die Leute auslachen, weil ich eine vielversprechende Karriere aufgegeben hatte, um nach China zu gehen! Aber Gott erinnerte mich daran, daß er allmächtig ist und alles in seinen Händen hält. Er, der mich während dieser Jahre in China sicher über manch steinigen Weg geführt hatte – konnte ich ihm nicht für die Zukunft vertrauen? Er wußte Bescheid, und der nächste Schritt, den er mit mir vorhatte, war, daß ich meine Abreise aus China vorbereiten sollte.

Es vergingen noch ungefähr vier Monate bis zu meiner eigentlichen Abreise. Meine chinesischen Freunde, denen es immer gut gelang, mir ihre Liebe und ihre Dankbarkeit für die Hilfe und Gemeinschaft zu zeigen, fanden irgendwie heraus, daß ich wegging, und sie kamen mit Geschenken. Eine der rührendsten Gaben war ein Paket mit Eiern, das mir eine liebe alte Frau aus dem Landesinnern brachte, die als Flüchtling nach Schanghai gekommen war. Dreißig frische Eier schenkte sie mir, weil sie dachte, das gäbe es in Amerika nicht! Zu dieser Zeit waren Eier schrecklich teuer, und sie hatte viel geopfert, um sie zu kaufen, und noch mehr riskiert, um sie mir zu bringen. Dennoch wurden die kostbaren Eier bei einer bevorstehenden Reise um die halbe Welt ein bißchen zu einem Problem für mich! Ich wollte sie nicht weggeben – ich fühlte mich wie David, nachdem er das Wasser aus dem Brunnen von Bethlehem bekommen hatte. Schließlich beschloß ich, sie hartzukochen, da wir auf dem letzten Abschnitt unserer Reise, von Kanton bis zur Grenze, keinen Speisewagen im Zug haben würden. Wir waren fünfzehn Leute, die zusammen reisten, und so konnte jeder von uns wenigstens zwei Eier haben!

Wir waren alle traurig, aber außerdem wurde uns etwas angstvoll zumute. Unterwegs mußte es Überprüfungen geben. Würden wir auf Schwierigkeiten stoßen?

Die erste Kontrolle war noch in Schanghai, dann folgten drei in Kanton und eine letzte an der Grenze nach Hongkong.

Jedesmal wurden die Amerikaner aufgefordert, sich zu erkennen zu geben, und jedesmal war meine Hand die einzige, die sich hob. Immer wenn mein Gepäck durchsucht wurde, fragte man mich wegen dieser Eier! Es war stets dieselbe Frage: „Sind diese Eier hartgekocht?“ Jedesmal bestätigte ich es dem Kontrolleur. In jeder der drei Überprüfungen in Kanton wurde mir dieselbe Frage vom selben Kontrolleur gestellt; vielleicht war es seine Absicht, mich zu schikanieren, aber ich war zu nah an der Grenze, um mich zu ärgern.

Den Schlußakt in der Eierepisode spielte derselbe Mann. Nachdem ich ihm ein drittes Mal versichert hatte, daß die Eier hartgekocht seien, nahm er eines davon, brach es auf, schälte es und zerlegte es dann sorgfältig. Er fand natürlich nichts, dennoch zerbrach und untersuchte er auch die restlichen neunundzwanzig Eier. Ich begann, das Ganze lustig zu finden! Er war solch ein junger Bursche; vielleicht war er sechzehn oder siebzehn, obwohl er viel jünger aussah, und er strotzte von Autoritätsbewußtsein in einer Uniform, die ihm ein paar Nummern zu groß war.

Nachdem er schließlich mit den Eiern fertig war, wandte er sich mir zu und sagte: „Sie haben amerikanische Dollars im Haar!" Ich versicherte ihm schnell, daß dies wirklich nicht der Fall sei; er überhörte meine Bemerkung jedoch und begann sofort, man langes, dichtes Haar, das ich eng um den Kopf gerollt trug, durcheinanderzubringen. Vermutlich sollte ich durch diese Behandlung mein Gesicht verlieren, denn in China gilt es als Schande, wenn ein Mann in der Öffentlichkeit einer Frau das Haar löst. Während er mein Haar ordentlich durchwühlte, hatte ich die Geistesgegenwart, mir ins Gedächtnis zu rufen, daß ich ja aus dem Westen kam und dies mir wirklich nichts ausmachte. Er fand natürlich nichts – außer einer Menge Haarnadeln!

Als dieser unangenehme Zeitgenosse dann endlich von mir abließ, stand mir noch die letzte Überprüfung an der Grenze nach Hongkong bevor. Sie verlief ganz anders. Mein Kontrolleur, ein älterer Mann, fragte nicht unfreundlich: „Warum verlassen Sie China? Sie schreiben unsere Worte, sprechen unsere Sprache, essen unsere Speisen – warum gehen Sie?"

Er erwartete wohl, daß ich sagte: „Man läßt uns ja nicht länger hierbleiben, und wenn wir bleiben, dürften wir nichts tun." Aber irgendwie hatte ich genug Erfahrung, um nicht so ins Fettnäpfchen zu treten und möglicherweise nach Schanghai zurückgeschickt zu werden. Statt dessen sagte ich einfach: „Ich bin nun schon fast fünf Jahre in China, und es wird Zeit heimzugehen. Mein Vater wird im Juli achtzig Jahre alt, und wenn ich jetzt fahre, werde ich rechtzeitig zu seiner Geburtstagsfeier zu Hause sein."

Der achtzigste Geburtstag ist in China in der Tat ein sehr großes Fest, und so erwiderte mein Kontrolleur: „Ja, Sie sollten wirklich zum Geburtstag Ihres Vaters heimfahren. Grüßen Sie ihn von mir, und beeilen Sie sich zurückzukommen!"

Sehr erleichtert antwortete ich: „Ich werde ihn gerne grüßen, und ich hoffe, daß ich bald wieder hier sein werde!" Noch während ich dies sagte, fragte ich mich, wohin Gott mich wohl schicken werde, damit ich meine Arbeit mit den Chinesen fortführen konnte. Auch eine eher ernüchternde Frage stellte sich mir: Würde ich wirklich mit meinem Vater seinen achtzigsten Geburtstag feiern können? In Schanghai hatte ich die Nachricht bekommen, daß er schwerkrank und sein Herz in sehr schlechter Verfassung sei. Da man damals davon ausging, daß er nur noch drei Monate zu leben habe, hatte ich jetzt keine Ahnung, ob er überhaupt noch am Leben war. In solchen Zeiten findet man nur Frieden und Ruhe bei Gott.

Als wir schließlich in Freiheit gelangt waren, begannen wir erst richtig die quälende Sorge um die, die wir zurückgelassen hatten, zu spüren. Ich dachte dabei besonders an die Studenten aus meiner Bibelklasse in Schanghai. Bei unserer letzten Unterrichtsstunde hatte ich sie, im Bewußtsein, daß unser Abschied bevorstand, gefragt: „Welche Botschaft soll ich von euch an die Beter in Amerika weitergeben?"

Ein Mädchen erwiderte sofort: „Bitten Sie sie zu beten, daß wir wissen mögen, daß wir Überwinder sind und daß, der in uns ist, größer ist, als der in der Welt ist."

Dies ist der Geist, in dem sie der Zukunft entgegensahen!

So war es uns klar, daß – obwohl wir sie verließen – unser nächster Schritt sein mußte, treu für die Zurückbleibenden zu beten, daß sie wirklich von der Kraft Gottes, in den sie ihre Hoffnung setzten, gehalten wurden.

12. Kapitel

Neubeginn

Hongkong – für Touristen ein Einkaufsparadies und das Tor zum Fernen Osten – war nun zu einem sicheren Zufluchtsort für ganze Scharen heimatloser Flüchtlinge geworden.

Gleich nach meiner Ankunft erkundigte ich mich, ob Post von zu Hause gekommen war, und zu meiner Überraschung und Erleichterung waren Briefe von Vater dabei. Er lebte noch! Welch freudige Nachricht!

Es war nun an der Zeit für ein weiteres Gespräch mit Missionsdirektor Sinton! Er machte mir freundlicherweise den Vorschlag, angesichts der Tatsache, daß mein Vater allein war und es ihm nicht gut ging, zu einem Urlaub heimzureisen; nach ein paar Monaten könne ich dann in den Fernen Osten zurückkehren. Er versicherte mir auch, Arbeit werde für mich da sein, sobald ich zurückkehren wollte und konnte. Nachdem ich als Missionarin solch einen schweren Start gehabt hatte, tat es mir gut zu hören, daß ich nicht als Niete galt und mich darauf freuen konnte zurückzukehren.

Und so befand ich mich nach nur zehn oder elf Tagen Aufenthalt in Hongkong bereits auf der Heimreise. Als ich in New York ankam, waren meine beiden Schwestern aus Pennsylvania gekommen, um mich abzuholen. Ich war daheim! Wir riefen Vater von New York aus an, um ihm zu helfen, sich mit der Tatsache vertraut zu machen, daß ich nun wirklich wieder im Lande war. Wir waren wohl alle ein wenig in Sorge, wie sich der Schock des Wiedersehens auf sein Herz auswirken würde.

Als wir dann jedoch daheim ankamen, ging ich ganz ungezwungen ins Haus, sagte „Hallo, Papa“ und küßte ihn.

Er sagte schlicht: „Hallo, Hon“, und das war alles.

Vielleicht war ich diejenige, die schockiert war. Vater sah nun so alt und gebrechlich aus. Es war offensichtlich, daß Mutter ihm fehlte. Auch ich mußte mich erst daran gewöhnen, daß sie nicht mehr da war, aber sehr bald schon fühlten wir uns, als hätte ich nur eine kurze Reise nach Philadelphia hinter mir, und wir knüpften einfach da wieder an, wo wir aufgehört hatten. Wie ich dem Herrn dankte, daß er diese wichtige Beziehung so gnädig für uns in die Hand genommen hatte!

Während dieser Monate machten Vater und ich viele gemeinsame Ausfahrten. Wir besuchten die Lieblingsplätze seiner Kindheit, und er erinnerte sich oft an Dinge, die vor vielen Jahren geschehen waren. Er sprach natürlich auch sehr oft von meiner Mutter, obwohl seit ihrem Tod nun schon fast vier Jahre vergangen waren; ich bin sicher, daß es ihm guttat, frei über sie reden zu können. Zunächst fragte er nicht viel über mein Leben in China. Nach vier Monaten jedoch begann er, Fragen zu stellen, die deutlich machten, daß er meine Briefe praktisch auswendig kannte! Wir genossen die gemeinsame Zeit aufrichtig und sprachen über alles, was uns wichtig war, und ich lernte meinen Vater auf eine ganz neue Weise kennen.

Aber die Tage vergingen allzu schnell, und ich wußte, daß ich an die Zukunft denken sollte. Wir sprachen nicht darüber, doch als könne er meine Gedanken lesen, stellte Vater mir Ende Oktober eines Tages während einer Fahrt die Frage: „Du hast das Gefühl, daß du zurückgehen solltest, nicht wahr?“

Ich konnte es nicht leugnen und warf ihm einen raschen Blick zu, um seine Miene zu sehen. „Ja, Vater, dieses Gefühl habe ich“, sagte ich nur.

„Ich auch“, sagte er voller Überzeugung und fügte dann hinzu: „Weißt du, als ich sehr krank war, habe ich den Herrn gebeten, daß ich dich noch einmal sehen darf.

Er hat mir diesen Wunsch erfüllt, und um mehr bitte ich nicht. Ich liebe dich nicht mehr, als ich den Herrn liebe, und ich möchte nicht, daß du mich mehr liebst als ihn. Ich finde, du solltest zurückgehen, wenn sich dieser Weg für dich auftut."

Ich wußte, daß es nicht leicht für ihn sein konnte, so zu reden, und ich war für seine Haltung dankbarer, als es sich mit Worten ausdrücken läßt. Wie leicht hätte er sagen können: „Ich bin jetzt ein alter Mann, und ich brauche dich. Ich finde, du solltest zu Hause bleiben."

Obwohl mein Vater meiner Rückkehr aufs Missionsfeld so zustimmte, betete ich viel darüber, und an meinem Geburtstag im Januar 1952 wartete ich ganz besonders auf eine Antwort des Herrn. Da ich nun schon seit ungefähr acht Monaten zu Hause war, spürte ich, daß es Zeit war zurückzugehen. Ich wußte wirklich nicht genug über die neuen Missionsgebiete, um eine Vorliebe für einen bestimmten neuen Arbeitsplatz zu hegen, aber der Herr wußte ja Bescheid. Ich betete also, daß er mir seine Führung klar zeigen möge.

Zu meiner großen Überraschung rief am Tag nach meinem Geburtstag Mr. Griffin, unser Missionsdirektor in den Vereinigten Staaten, aus Philadelphia an und fragte, ob ich bereit wäre, im März nach Hongkong zu reisen! Es war eine sehr schnelle Antwort auf mein Gebet! Ich fragte voll verständlicher Neugier: „Und wohin soll ich gehen?"

„Wir wissen es noch nicht genau", erwiderte er. „Es liegt eine Einladung für Sie vor, an eine Bibelschule in Taiwan zu gehen, aber das ist noch nichts Endgültiges. Deshalb fahren Sie zunächst einmal nach Hongkong. Wir müssen langsam vorgehen und völlige Klarheit haben, daß wir das Richtige tun, wegen möglicher Folgen für diejenigen, die sich als Ihre Bürgen hergaben." Ich wußte, was er meinte. Jeder von uns hatte, um sein Ausreisevisum zu bekommen, zwei Chinesen benötigt, die die Gewähr, daß wir keinerlei Schulden hatten, und die

Verantwortung für das, was wir sagen würden, übernahmen. Überflüssig zu erwähnen, daß letzteres uns sehr vorsichtig machte, damit wir nichts sagten, was den Kommunisten mißfallen könnte.

Meine Familie nahm die Nachricht von Mr. Griffin als die Führung des Herrn an, und am nächsten Tag fuhr ich zur Besprechung der Einzelheiten zur CIM-Zentrale in Philadelphia. Da meine Reise auf der „Queen Mary" für den 13. März gebucht war, hatte ich jetzt gerade noch sechs Wochen Zeit, um fertig zu werden. Der Herr ließ diese geschäftigen Tage zu einem besonderen Segen für Vater und mich werden, und wir fühlten uns einander mehr verbunden als je zuvor.

Als ich nach Hongkong kam, schienen alle neugierig zu sein, warum ich da war. „Was wirst du hier tun?" wurde ich ständig gefragt. Ich konnte nur zur Antwort geben, daß ich auf weitere Anweisungen wartete. Es dauerte einige Wochen, bis ich dann „grünes Licht" bekam, nach Taiwan zu gehen.

Die CIM baute dort nicht eine neue Arbeit auf, da es auf der Insel bereits eine Kirche gab, sondern es wurden auf Ersuchen Mitarbeiter hingesandt, um die bereits vorhandenen Gruppen zu unterstützen. Meine Einladung kam von Andrew Gih, einem chinesischen Evangelisten, den ich in Schanghai kennengelernt hatte. Er hatte vor kurzem in Taiwan mit einer Bibelschule begonnen, und ich sollte zu den Lehrern gehören.

Meine Einführung in mein neues Arbeitsgebiet war in der Tat sehr angenehm. Die Schiffsreise von Hongkong nach Taiwan durch die Formosastraße ging schnell, und als die „S. S. Yung Sheng" (Dampfer des Ewigen Lebens) in den Hafen der im Norden des Landes gelegenen Stadt Kilung einfuhr, war ich begeistert von den grünen Bergen, die ich sehen konnte.

Später, während der Bahnfahrt in den Süden zusammen mit meiner Freundin und Missionarsgefährtin Ruth Nowack, fuhren wir dann durch diese Berge. Wie grün alles war – ganz anders, als ich es vom staubigen Landesinnern Chinas gewöhnt war. Ich war sicher, daß mir Taiwan gefallen würde.

Am Bahnhof von Taitschung wurde ich von den Studenten der Bibelschule, dem Pfarrer und vielen Gemeindegliedern empfangen. Ihr herzliches Willkommen gab mir das Gefühl, daß ich wirklich erwünscht war.

Die Kirche war eine unabhängige, den Mandarindialekt sprechende Gemeinschaft von Menschen, die alle vom chinesischen Festland geflohen waren. Die „Gnadenkirche" hatte mit ungefähr zehn Christen begonnen, die sich im Haus eines gläubigen Luftwaffengenerals und seiner Frau trafen. Inzwischen umfaßte die Gemeinde etwa zweihundert Glieder und war gerade in ein neues Kirchengebäude gezogen. Kein Wunder, daß sie sich dazu geführt sah, sich Gnadenkirche zu nennen, und damit dem die Ehre gab, dessen Gnade sie ins Leben gerufen hatte! Ich war begeistert davon, mich dieser Gruppe anzuschließen.

Ein völlig neuer Abschnitt in meinem Leben begann Gestalt anzunehmen. Weniger als ein Jahr nach meiner Abreise aus China war ich wieder unter Chinesen. Wieder hatte der Herr mich so geführt, wie er es mir einst versprochen hatte – Schritt für Schritt.

Aber mein Neubeginn sollte nicht leicht sein. Ich fand schnell heraus, daß ich, da einer der Lehrer krank war, gleich am nächsten Tag mit dem Unterricht beginnen sollte! Mir stockte vor Schreck der Atem, als ich dies erfuhr, und ich bat um ein paar Tage Zeit, um mich erst etwas zurechtzufinden. Dennoch hielt ich nach ungefähr drei Tagen Unterricht über das Alte Testament – ungeachtet dessen, ob ich die Zeit fand, die notwendigen Dinge zu regeln, mein Chinesisch aufzufrischen oder Lehrpläne auszuarbeiten.

Ich war überwältigt, als ich erfuhr, was ich alles in chinesischer Sprache unterrichten sollte: Glaubenslehre, Überblick über das Alte Testament und das Neue Testament, den Hebräerbrief und einige Briefe des Paulus! Ich hatte angenommen, daß ich anhand der Bibel Englisch unterrichten sollte. Als ich das jedoch andeutete, erklärten mir die Mitarbeiter, daß man leicht Chinesen, die Englisch unterrichteten, bekäme; schwer zu finden seien jedoch chinesisch sprechende Bibellehrer!

Da ich auf diese Weise kaum in der Lage war, meinen Schülern mehr als ein oder zwei Schritte voraus zu sein, war ich etwas verdrossen, als ich nach kurzer Zeit bemerkte, daß ich nicht nur in der Schule unterrichten, sondern auch ein ordentliches Stück Arbeit in der Kirche mitübernehmen sollte, wie zum Beispiel die Mithilfe in der Jugend- und in der Frauenarbeit. Und Arbeit war dies tatsächlich, wie ich bald feststellen sollte!

Der Dienst unter den Jugendlichen war ein ziemlich neues Unternehmen und wurde von einer reizenden Chinesin geleitet. Als sie und ich begannen, miteinander zu arbeiten und Pläne zu schmieden, kam uns der Gedanke, eine Jugendkonferenz zu veranstalten. Nachdem wir viel darüber gebetet hatten und die Gewißheit hatten, daß es richtig war, begannen wir zu planen und unser Vorhaben bekanntzumachen. Sofort stießen wir auf Widerstand. Einige ältere Gemeindeglieder konnten keinen Sinn in einer solchen Konferenz sehen, da sie glaubten, wir wollten unter den Jugendlichen Ehen stiften. Ganz besonders ein älterer Herr war so entschieden dagegen, daß er nicht mehr zum Gottesdienst kommen wollte, wenn wir uns nicht seiner Meinung fügten. Alles, was wir tun konnten, war, für ihn zu beten, während wir in der Gewißheit, der Herr wollte, daß wir die Konferenz veranstalteten, mit unseren Vorbereitungen fortfuhren.

Bald war alles fertig und bereit – jedenfalls dachten wir das! Wir hatten Zusagen, was die Redner, den Veranstaltungsort und die Fahrt bei unserem Abschlußausflug zum Sonne-Mond-See betraf. Plötzlich jedoch, nur wenige Tage vor Beginn der Konferenz, bekamen wir die schlimme Nachricht, daß unser Hauptredner nicht kommen konnte. Von diesem Rückschlag erschüttert, waren wir mehr als je zuvor auf den Herrn zurückgeworfen, und es kamen uns sogar Bedenken, ob wir überhaupt weitermachen sollten. Als wir jedoch um Gottes klare Führung beteten, ließ er uns erkennen, daß wir nur deshalb auf solchen Widerstand stießen, weil er reichen Segen für uns bereithielt. Der Teufel wollte dieses Treffen verhindern. Nun kamen wir zu dem festen Entschluß, die Konferenz wie geplant stattfinden zu lassen, selbst wenn wir die ganzen Versammlungen selbst halten mußten. Aber unsere Probleme bestanden immer noch, und nun gab es auch noch Schwierigkeiten wegen des Veranstaltungsorts. Ein Schlag folgte dem anderen!

Eine Lösung unseres Rednerproblems zeichnete sich ab, als wir unerwartet von zwei Amerikanern hörten, die Versammlungen halten wollten. Nachdem sie in Japan das Evangelium verkündigt hatten, waren sie gerade in Taiwan angekommen. Obwohl wir so gut wie nichts über sie wußten, ergriff das Komitee die Gelegenheit und lud sie ein. Als sie sofort zusagten, meinten wir, daß dies tatsächlich Gottes Wahl sein mußte. Vielleicht waren wir etwas voreilig.

Die Konferenz begann planmäßig, und der Widerstand war sofort spürbar. Die Teilnehmer fühlten sich von dem, was gesagt wurde, einfach nicht angesprochen. Die Redner konnten nicht Chinesisch und brauchten Dolmetscher, und – was noch schlimmer war – sie benutzten Beispiele, die sich auf das Leben in Taiwan überhaupt nicht anwenden ließen! Wir fühlten uns elend; obwohl während der Versammlungen ständig einige von uns im Gebetsraum den Herrn darum baten, die Barrieren niederzureißen und uns seinen Segen zu schenken, geschah nichts. Kein Segen kam. Statt dessen hörten wir zunehmend Murren: „Wir haben es euch ja gesagt. Gott will so etwas nicht."

So kam der letzte Tag der Konferenz, für den wir unseren Ausflug zum Sonne-Mond-See geplant hatten. Zu diesem beliebten Ferienziel in den Bergen brauchten wir mit dem Bus vier Stunden, und wir mußten um sechs Uhr morgens abfahren.

Oben wollten wir dann mit dem Schiff über den See fahren, um ein Ureinwohnerdorf zu besuchen, und zum Abschluß noch einige Spiele machen, bevor wir zum Zeugnisabend nach Taitschung zurückkehrten. Selbstverständlich sollte dieser Ausflug für die meisten der jungen Leute der Höhepunkt der Konferenz sein! Wir hatten ihn besonders als Belohnung für diejenigen, die an der ganzen Veranstaltung teilnahmen, vorgesehen, um solche, die nur den hübschen Ausflug mitmachen wollten, fernzuhalten. Selbst die Planung dieses Unternehmens war voller Probleme gewesen. Unsere Transportvereinbarungen waren ins Wasser gefallen, und der Pfarrer war schon nahe daran, bekanntzugeben, daß die Fahrt ausfiele, als uns drei Armeelaster für den Ausflug angeboten wurden, was eine wirkliche Gebetserhörung war!

Eine fröhlichere und ausgelassenere Gruppe junger Leute als die, die an diesem Morgen aufbrach, hätte man wohl kaum finden können. Das Wetter war wunderschön. Irgendwie jedoch empfanden wir Leiter und Redner eine seltsame Last und fühlten etwas Schweres wie eine dunkle Wolke über uns hängen.

Wir hatten jedoch vor der Abfahrt noch eine Gebetsgemeinschaft, in der wir die ganze Gruppe der Obhut des Herrn anbefahlen.

Die meisten von uns hatten diese Fahrt noch nie gemacht, und die in der heißen Augustsonne schimmernden Berge waren viel höher, als ich gedacht hatte. Die Laster waren erfüllt von Schwatzen und Lachen. Wenn wir durch Dörfer fuhren, ließ unser Singen, das in den Bergen widerhallte, neugierige Menschen am Straßenrand zusammenlaufen.

Wir hatten inzwischen fast zwei Drittel unseres Wegs

zurückgelegt; die enge Straße wurde steiler, war ungepflastert und oft ziemlich ausgefahren. Es gab keine Leitplanke, und gleich neben dem Straßenrand begann der Abgrund, nahezu dreißig Meter tief, bis zu einem darunterliegenden felsigen Flußbett. Plötzlich tauchte völlig aus dem Nichts ein alter Mann auf, um direkt vor dem ersten Lastwagen die Straße zu überqueren! Krampfhaft riß der Fahrer das Lenkrad herum, um ihm auszuweichen. Der Alte jedoch geriet in Panik und begann, vor- und zurückzutaumeln wie ein aufgescheuchtes Huhn. Kaum war der Fahrer ihm wie durch ein Wunder ausgewichen, schon lief er wieder direkt vor den Wagen. Vor und zurück – so taumelte er in Zickzacklinien über die Straße und war so verwirrt, daß er nicht wußte, was er tun sollte.

Schließlich verlor der Fahrer die Herrschaft über den Laster, und er fuhr auf den Straßenrand zu. Vom zweiten Wagen aus sahen wir entsetzt zu, wie er sich dem Abgrund näherte. Den sechsunddreißig Mädchen, der Frau eines chinesischen Diplomaten und dem Fahrer stand der sichere Tod bevor. Als das Führerhaus des Lasters sich in das Nichts über dem Abgrund hineinbohrte und die Hinterräder sich zu heben begannen, um den Wagen mitsamt den Fahrgästen auf die darunterliegenden Felsen zu stürzen, gab es plötzlich ein scharfes, durchdringendes Geräusch, und mit einem fürchterlichen Ruck nach hinten kam der Laster zum Stillstand! Wir starrten ihn voller Schrecken an, so schockiert, daß wir nicht einmal schreien konnten, und rechneten jeden Moment damit, das ohrenbetäubende Krachen, wie er auf den Felsen aufschlug und mitsamt den Fahrgästen zerschmettert wurde, zu hören. Aber nein! Als hätte sich eine mächtige Hand ausgestreckt, um ihn zu halten, stand der Wagen einfach still und thronte bedenklich auf dem Rand des Felsens.

Nachdrücklich mahnten wir die Mädchen im Laster, sich äußerst vorsichtig nach hinten zu begeben, um das

Fahrzeug im Gleichgewicht zu halten, während einer der anderen Wagen festgebunden wurde, um es in Sicherheit zu ziehen. Die nächsten Augenblicke waren spannungsgeladen, aber schließlich war die Gefahr gebannt. Die Mädchen durften aussteigen; viele von ihnen weinten hemmungslos, und alle zitterten wie Espenlaub. Einige standen mit gesenktem Kopf da und dankten Gott für ihre Rettung.

Plötzlich entdeckten wir, was den Laster davon abgehalten hatte, in den Abgrund zu stürzen. Aus einer Felsspalte wuchs ein kleiner Baum, nicht dicker als eine geballte Faust, aber gerade groß genug, um den Sturz ins Verderben aufzuhalten. Es war der einzige Baum an diesem Teil des Felsens. Zuerst fühlten wir uns alle wie betäubt, als wir über das Wunder, das unsere jungen Leute gerettet hatte, nachdachten, aber dann schlossen wir uns spontan zusammen, um dem Herrn für diesen Baum und für seine Gnade zu danken. Er erinnerte uns an einen anderen Baum, die Brücke zwischen Leben und Tod für die, die verloren sind, das Kreuz, an dem Gottes Sohn an seinem Leib unsere Sünden trug, so daß wir, der Sünde gestorben, der Gerechtigkeit leben können. Zum Abschluß hatten wir noch eine wunderbare Lob- und Dankversammlung – direkt auf der Straße.

Es war eine ganz andere, ernstere Reisegruppe, die nun wieder in die Lastwagen stieg. Da wir auf der Rückfahrt die Kirche angerufen und von unserem knappen Entrinnen berichtet hatten, wurden wir von einer beachtlichen Menge Eltern und Gemeindeglieder erwartet. Unter ihnen waren auch einige, die nun noch geringschätziger sagten: „Haben wir euch nicht gesagt, eure Konferenz werde nichts Gutes bringen? Haben wir euch nicht gewarnt?“

Da erwiderten wir mit Nachdruck: „Der Teufel wollte heute zerstören, aber Gott hat diese Beinahe-Tragödie dazu benutzt, die Gleichgültigkeit und Kälte vieler Herzen zu durchbrechen. Er wurde in dieser ganzen Sache verherrlicht. Jeder, der bei dem Ausflug dabei war, hat jetzt auf eine ganz neue Weise die Wirklichkeit Gottes und seine liebende Fürsorge erfahren."

Bei der Zeugnisversammlung an diesem Abend übergaben aufgrund dieser Erfahrung all die Mädchen, die nicht schon gläubig waren, ihr Leben an Jesus; einige der Jungen, deren Herz sehr verhärtet gewesen war, bekehrten sich zum Herrn, und viele junge Leute stellten ihm ihr Leben für den Dienst zur Verfügung.

Als ich in dieser Nacht zu Bett ging, schlug ich noch meine Tageslese auf. Sie handelte vom Lob: „Ich freue mich im Herrn, und meine Seele ist fröhlich in meinem Gott. Ich will den Herrn loben allezeit; sein Lob soll immerdar in meinem Munde sein. Meine Seele soll sich rühmen des Herrn, daß es die Elenden hören und sich freuen. Preiset mit mir den Herrn und laßt uns miteinander seinen Namen erhöhen!" Es war ein anstrengender Tag gewesen, und ich war unsäglich müde, aber ich war voller Freude. Viele junge Leute hatten zum Glauben gefunden. Gott hatte den Sieg errungen, und ihm gebührte alles Lob.

Dieser Vorfall war der eigentliche Beginn der Jugendarbeit in der Gemeinde. Die Jugendlichen beschlossen nun, sich Gnaden-Jugendgruppe zu nennen – nicht weil sie zur Gnadenkirche gehörten, sondern wegen des Geschehens auf der Gebirgsstraße und Gottes gnädiger Errettung. Die Erweckung unter den jungen Leuten erregte in der Kirche einiges Aufsehen, und der eine Mann, der uns am heftigsten entgegengetreten war, kam bald zurück und bekannte öffentlich, daß er ein Hindernis für Gottes Wirken gewesen sei. Die Jugendgruppe besteht nun seit siebenundzwanzig Jahren und hat auch weiterhin Gottes Segen erfahren; viele der jungen Leute gingen in den Dienst für den Herrn.

Aber dies sollte nicht das Ende der Hindernisse sein.

13. Kapitel

Eine Rückflugkarte

Es war kurz vor Beginn des neuen Schuljahrs an der Bibelschule. Dieses Mal fühlte ich mich besser vorbereitet, da ich während des Sommers in der Lage gewesen war, einiges auszuarbeiten, und außerdem hatte ich auch das Gefühl, daß ich endlich begann, die Sprache wirklich zu beherrschen. Irgendwie fehlte mir jedoch einfach mein üblicher Schwung, obwohl mir meine Arbeit Freude machte und ich sowohl bei der kirchlichen Jugendgruppe als auch bei den Studenten Ermutigendes sah. Ich hatte in diesem Jahr zwei Operationen gehabt, und ich brauchte wohl, wie ich dachte, wegen der Hitze etwas länger, bis ich mich erholt hatte. Bei meiner letzten Jahresuntersuchung schien alles in Ordnung zu sein, abgesehen davon, daß ich leichtes Fieber hatte. Da der Arzt sich darüber nicht wirklich besorgt gezeigt hatte, schrieb ich es einfach dem äußerst heißen Sommerwetter zu.

Dann jedoch, gleich nach den ersten Unterrichtsstunden des neuen Schuljahrs, bekam ich einen Brief von Mr. Gordon Dunn, unserem Superintendenten in Taiwan. Darin stand, daß der Arzt mich noch einmal untersuchen wolle, und mir zuvor sechs Wochen völlige Ruhe verordne. Was war nur nicht in Ordnung? Ich empfand nichts als Empörung und Ärger angesichts dieses Schlags, denn ich war sicher, daß es keinen Grund zu ernsthafter Besorgnis gab. Ich war gut vorbereitet und brannte darauf, meine Arbeit weiterzuführen. Aber offensichtlich hatte Gott anderes vor.

So sehr ich mir auch wünschte, nicht im Bett bleiben zu müssen, konnte ich doch nichts anderes tun, als den

Anordnungen zu folgen. Meine Temperatur war nicht hoch, aber sie verlief nach einem bestimmten Schema wie eine Tuberkulosekurve. Der Arzt begann, von einer Fahrt nach Hongkong zu reden, um dort weitere Untersuchungen machen zu lassen. Ich wollte nicht nach Hongkong; ich war in diesem Jahr bereits zweimal zu Operationen dort gewesen. Die jungen Leute hatten mich deswegen aufgezogen: „Wenn man erst mal alles aus Ihnen herausgenommen hat, werden Sie ein normales Leben führen können!“ Zum Glück hatte ich Sinn für Humor! Aber nun war mir nicht zum Lachen zumute. Ich wollte nur mit meiner Arbeit weitermachen.

Schließlich mußte ich die ganze Sache dem Herrn überlassen, und ich betete, daß er mir, falls ich nach Hongkong gehen sollte, das Geld für die Rückfahrkarte aus einer unerwarteten Quelle zukommen lassen möge. Für den Fall, daß ich gehen und nicht zurückkehren sollte, betete ich, daß er mir das Geld für eine einfache Fahrkarte geben möge, und falls ich gar nicht fahren sollte, daß kein Geld eingehen werde! Ich erzählte niemandem von meinem Gebet, aber als ich an diesem Tag, dem 6. November, meine Tageslese aufschlug, bestätigte Gott mir, daß es richtig gewesen war, alles ihm zu überlassen: „Führe mich in deiner Wahrheit und leite mich“, las ich. „Ich will dich unterweisen und dir den Weg zeigen, den du gehen sollst; ich will dich mit meinen Augen leiten.“

Mit der Zeit nahm ich meine Arbeit wieder auf, und meine Temperatur schien zu sinken. Dann bekam ich zu meiner Überraschung am 12. Dezember einen Brief aus Amerika, der mindestens sechs Wochen unterwegs gewesen war. Im Umschlag war lediglich ein Scheck ohne Brief oder Absender, nur der Name einer Kirche in Trenton, in der ich einmal gesprochen hatte. Der Scheck war für 48,95 Dollars ausgestellt. ‚Welch merkwürdige Summe?‘ dachte ich. ‚Warum haben sie es nicht auf neunundvierzig oder fünfzig Dollars aufgerundet, wie die meisten Leute das tun?‘ Das Datum auf dem Scheck war der 6. November! Gleich am nächsten Tag besuchte mich der Doktor: „Nach Rücksprache mit einigen anderen Ärzten meine ich, Sie sollten so bald wie möglich nach Hongkong fahren.“ Als ich den Scheck in die Landeswährung umwechselte, reichte das Geld genau für eine Rückflugkarte nach Hongkong und die Rikschafahrt zum Flugplatz!

Und so war ich, ehe ich mich's versah, wieder in Hongkong. Im Krankenhaus unterzog ich mich einer Reihe äußerst gründlicher Untersuchungen. Alle waren ohne Befund. Und die Röntgenbilder waren in Ordnung. Es war mir ein Rätsel, was ich in Hongkong sollte.

Dann gab es eines Tages im Krankenhaus fette Würste zum Abendessen. Wenig später wurde mir ausgesprochen übel, und ich mußte mich übergeben. Die Krankenschwester rief nach dem Arzt, der gleich angerannt kam.

„Was ist geschehen?“ fragte er.

„Ich habe mir einfach mit diesen Würsten den Magen verdorben. Denken Sie, daß mein Problem mit der Galle zu tun haben könnte?“

Am nächsten Tag schien nach einer Reihe von Gallenuntersuchungen das Rätsel gelöst zu sein. Normalerweise aß ich fettfrei, da ich mit einer Missionarin, die an Sprue litt, zusammen lebte. Die Würste mit ihrem hohen Fettgehalt hatten nun jedoch den Schuldigen entlarvt. Obwohl die Ärzte mich nach den vorangegangenen beiden Eingriffen lieber nicht so bald wieder operiert hätten, entschieden sie, daß es notwendig sei, und operierten mich am 25. Januar.

Ich erholte mich gut, und als ungefähr zwei Wochen später an einem Sonntagnachmittag Freunde zu Besuch kamen, ging es mir ausgezeichnet. Sie gingen in der Gewißheit, daß ich nun bald entlassen werden konnte. Aber das Abendessen verursachte einen fürchterlichen Rückfall. Wieder mußte ich mich übergeben, aber dieses Mal konnte ich nicht mehr aufhören. Innerhalb weniger Stunden erlitt ich einen völligen Flüssigkeitsverlust, und mein ganzer Körper tat so weh, daß ich es nicht aushalten konnte, wenn jemand auch nur mein Bett berührte. Trotz Spritzen war der Schmerz unerträglich. Als die Untersuchungen zeigten, daß meine roten Blutkörperchen zerfielen, bekam ich Bluttransfusionen. Gegen zwei Uhr nachts fiel ich ins Koma.

Natürlich wußte keiner meiner Freunde in Hongkong von meinem Zustand. Sie gingen davon aus, daß es mir ausgezeichnet ging.

Irgendwann in den frühen Morgenstunden hörte ich durch den Nebel meiner Bewußtlosigkeit hindurch, wie der Arzt zu einer Schwester sagte, man solle meine Familie in Amerika verständigen, daß ich im Sterben liege. Den Morgen werde ich nicht mehr erleben, hörte ich ihn sagen, es gebe absolut nichts mehr, was man noch für mich tun könne.

Ich konnte verstehen, was sie sagten; mein Verstand war ziemlich wach. ‚Nein!' wollte ich schreien. ‚Tun Sie das nicht! Ein solches Telegramm könnte Vater mit seinem schwachen Herzen umbringen!' Aber ich konnte dem Arzt nicht einmal zu erkennen geben, daß ich mitbekam, was um mich herum vorging.

Dann kam mir ein wunderbarer Gedanke: ‚Ich kann nicht sterben – ich habe eine Rückflugkarte!' Der Herr hatte mir diese zukommen lassen, und das hieß ganz gewiß, daß er vorhatte, mich nach Taiwan zurückkehren zu lassen. Ich bemühte mich, meine ganze Kraft zusammenzunehmen, um etwas zu sagen. Offensichtlich bemerkte der Arzt meine Anstrengungen, er beugte sich herab, um meine Lippen zu befeuchten und kam dann näher, um zu hören, was, wie er wohl dachte, meine letzten Worte sein würden. „Sie können Feierabend machen", sagte ich ihm, „denn ich werde nicht sterben."

Er war davon nicht überzeugt.

Aber ich erholte mich. Nicht daß die Ärzte in der

Lage gewesen wären, irgend etwas für mich zu tun – sie wußten, daß die Dinge nicht mehr in ihrer Hand lagen. Obwohl ich noch drei Tage lang brechen mußte, trat eine Besserung ein.

Als das Erbrechen dann aufhörte, setzte ein Schluckauf ein und dauerte tagelang. Warme Traubenzuckerlösung half mir dagegen und war auch das einzige, was ich bei mir behalten konnte. Ich lebte von warmer Glukose und den Zusagen Gottes – aber ich lebte. Wie das sein konnte, wußten die Ärzte nicht; eigentlich hätte ich sterben müssen.

Eines Tages dann begann sich durch ein paar Briefe, die ich aus Taiwan bekam, kurz nachdem es anfing mir besser zu gehen, das Geheimnis zu lösen. Einer war von meiner Missionarsfreundin Ruth Nowack, der andere von Mrs. Chu, meiner guten chinesischen Freundin und Mitarbeiterin. Ruth wollte mir von der merkwürdigen Erfahrung berichten, die sie in der Nacht des 5. Februar, jener Nacht, in der ich an der Schwelle des Todes gestanden hatte, gemacht hatte. Gegen zwei Uhr nachts war sie plötzlich mit dem zwingenden Gefühl aufgewacht, für mich beten zu müssen – irgend etwas war nicht in Ordnung. Der Herr drängte sie, nicht nur zu beten, sondern aufzustehen und auf den Knien zu beten.

„Ich kann doch auch im Bett beten“, rechtete sie mit dem Herrn. Immerhin kann es im Februar in Taiwan ziemlich kalt sein – eine feuchte, durchdringende Kälte, die man bis auf die Knochen spürt.

Aber es war, als würde der Herr zu ihr sagen: „Du kannst nicht im Bett beten. Du schläfst sonst wieder ein.“

„Aber Herr“, entgegnete Ruth weiter, „Pauline ist jetzt doch sicher schon aus dem Krankenhaus entlassen.“ Doch immer noch hatte sie keinen Frieden, und so stieg sie schließlich aus dem Bett, kniete nieder und befahl mich dem Herrn an. Dann ging sie wieder zurück in ihr Bett und schlief sogleich ein.

Der Brief von Mrs. Chu berichtete von einer ähnlichen Erfahrung. Und innerhalb einer Woche erhielt ich zwei weitere Briefe, von denen einer von einer Missionarsfreundin aus Tokio und der andere aus Amerika kam. Jeder berichtete, wie es ihm zu einem besonderen Anliegen geworden war, für mich zu beten, und wenn man die Zeitverschiebung berücksichtigte, stellte es sich heraus, daß diese vier Menschen alle in der Nacht des 5. Februar ernstlich für mich gebetet hatten. Welch ein Gebetskreis!

Als ich den Ärzten diese Neuigkeit berichtete, gaben sie gerne zu, daß ich meine Genesung Gott verdankte, denn sie wußten, daß sie getan hatten, was sie konnten, ohne wirklich helfen zu können. Die wunderbare Heilung war von Gott und, wie ich wußte, nach seinem vorherbestimmten Plan gekommen. Diese ganze Sache lag so offensichtlich in seinen Händen, daß ich nicht einmal die Rechnung bezahlen durfte, obwohl ich es über ein Jahr lang versuchte! „Sie am Leben und gesund zu sehen bedeutet uns mehr als das Geld“, sagten sie zu mir. „Wir wußten, daß die Sache uns aus der Hand genommen war.“

Und so verursachte meine Galle nicht eine weitere Unterbrechung meiner Arbeit, sondern diente dazu, daß Gott viel Ehre gegeben wurde.

14. Kapitel

Das Geisterhaus

Während meines Aufenthalts in Hongkong dachte ich natürlich an die Arbeit, die ich an der Bibelschule zurückgelassen hatte, und betete dafür, aber irgendwie hatte ich nicht das Gefühl, daß der Herr mich dorthin zurückführen wollte. Statt dessen wurden mir immer mehr die Universitätsstudenten zu einem Anliegen. Während meiner Bettruhe vor der Gallenoperation waren zwei Studenten aus der Gemeinde regelmäßig zur Gebetsgemeinschaft zu mir gekommen. Sie brannten darauf, an ihrer Universität auf irgendeine Weise als Zeugen wirken zu können. Während meiner Abwesenheit hatten sie mit einigen anderen Christen an ihrer Hochschule die Verbindung aufgenommen, und als ich schließlich nach Taitschung zurückkehrte, war die kleine Gruppe auf zehn angewachsen.

Nachdem ich noch im Krankenhaus erfahren hatte, daß eine Chinesin meine Bibelschulkurse übernommen hatte, war ich mehr denn je überzeugt, daß ich nicht dorthin zurückgehen sollte. Als die Bibelschule mich in einem sehr freundlichen Schreiben um meine Rückkehr bat, begann ich meine Antwort, indem ich sie daran erinnerte, daß sie das ganze Jahr recht gut ohne mich ausgekommen waren, und teilte ihnen dann mit, wie mir die Hochschulstudenten zu einem Anliegen geworden waren. Nicht nur die Bibelschule, sondern auch die Kirche war einverstanden mit meinem Wechsel in die Studentenarbeit. Als ich nach Taiwan zurückkehrte, kamen gleich die Studenten vorbei, um mich um meine Hilfe zu bitten, und somit schien der Herr dies wirklich als seinen Weg für mich zu besiegeln.

Zweimal in der Woche trafen sich die Studenten und ich zur Gebetsgemeinschaft, deren Leitung sie hatten, was sie geistlich wachsen ließ. Ihre Zahl nahm stetig zu. Schließlich kamen sie, um mich zu bitten, ob wir mit einem Bibelunterricht beginnen könnten. Genau dafür hatte ich gebetet, und ich freute mich, daß der Vorschlag von ihnen gekommen war.

Eines Tages kamen einige von ihnen mit einer anderen Frage: „Könnten Sie nicht näher zur Universität ziehen? Ihr Haus ist so weit weg", erklärten sie. „Es wäre so viel praktischer, wenn Sie auf unserer Seite der Stadt wohnen würden; es könnten dann mehr Studenten zu Ihnen kommen."

Es traf sich gerade so, daß die Missionarin, mit der ich zusammen wohnte, sich auf ihren Heimaturlaub vorbereitete und ich mich sowieso nach einer neuen Unterkunft umsehen mußte. Als unser Superintendent den Vorschlag befürwortete, begann die ernsthafte Suche nach einem Haus.

Es dauerte nicht allzu lange, bis wir genau das Richtige gefunden hatten: ein kleines Haus innerhalb einer Reihe von Häusern japanischen Stils, ungefähr fünf Minuten Fußweg von der Universität entfernt und mit sehr niedriger Miete. Der Vermieter versprach, es zu reparieren, da es in sehr schlechtem Zustand war. Wir wunderten uns damals zwar, warum die Miete so niedrig und er so bereitwillig war, das Haus auszubessern, aber wir stellten keine Fragen, da uns das Ganze einfach ideal erschien. Es hatte sogar Papierschiebetüren, so daß man aus zwei Räumen einen großen Saal für Versammlungen machen konnte.

Bald schon kamen die Studenten in mein neues Zuhause, und immer mehr nahmen an den Gebetstreffen und am Bibelunterricht teil, da sie ihre Freunde mitbrachten. Viele kamen auch zu mir in die Seelsorge. Ich war so glücklich, wieder unter Studenten zu arbeiten – es war fast wie ein Heimkommen nach Nanking oder Schanghai.

Jedenfalls beinahe. Als ich in mein Haus einzog, waren die Nachbarn bestürzt. „Wollen Sie in diesem Haus wohnen?“ wollte die Frau von nebenan wissen.

„Ja“, antwortete ich verwirrt, „warum?“ Ich fragte mich, ob man in dieser Gegend vielleicht etwas gegen Ausländer hatte oder zumindest mißtrauisch gegenüber Menschen aus dem Westen war.

„In diesem Haus spukt es“, erwiderte sie ganz unerwartet, und in ihren Augen stand wirkliche Angst. Sie konnte es nicht glauben, daß jemand es wagen wollte, in ein Haus zu ziehen, in dem böse Geister wohnten. ‚Deshalb war also die Miete so niedrig!‘ dachte ich.

Mein Haus war tatsächlich in einer Gegend der Stadt, in der die Anbetung der Mächte der Finsternis weitverbreitet war. Überall gab es Tempel. Manchmal spürte ich geradezu das Böse, das von dieser Gegend ausging, vor allem während religiöser Feste.

Ein paar Tage später rief meine Nachbarin über den Gartenzaun: „Haben Sie schon Geister gesehen?“

„Nein“, erwiderte ich ruhig.

„Haben Sie nicht eine Menge seltsamer Töne und unerklärlicher Geräusche gehört?“ bohrte sie weiter.

„Ja, die gibt es“, bestätigte ich, „aber das ist nur das Kratzen und Scharren der Ratten auf dem Speicher. Ich werde mir ein gutes Rattengift besorgen, und mit dem Spuk wird es ein schnelles Ende haben. Wissen Sie, ich bin Christ, und Gott hat uns gesagt, daß, der in uns ist, größer ist, als der in der Welt ist. Ich habe keine Angst.“

Ich freute mich über diese Gelegenheit, ihr von meinem Glauben an Gott zu erzählen. Diese armen Menschen hatten solche Angst vor bösen Geistern, daß sie jeden Tag in Furcht lebten und unter dem Zwang, auf Schritt und Tritt die Dämonen gnädig zu stimmen, damit kein Unheil über sie kam.

Aber später mußte ich mir selbst eingestehen, daß in meinem Haus tatsächlich merkwürdige Dinge vorzugehen schienen. Zunächst war es ärgerlich, als kleine Gegenstände von einer Stelle an eine andere gerieten. Ich dachte wohl, daß ich vielleicht vergeßlich würde, da ich so viel um die Ohren hatte. Aber eine befriedigende Antwort auf diese seltsamen Vorgänge gab es nie.

Ich hatte jedoch auch keine Zeit, viel darüber nachzudenken. Bald schon zeigte es sich klar, daß Gott Gebet erhörte. Den Studenten wurden ihre ungläubigen Kommilitonen immer mehr zu einem Anliegen, und einer von ihnen schlug vor, auf eine besondere Evangelisation hinzubeten. Die anderen waren zwar etwas skeptisch, ob Nichtchristen kommen würden, aber sie waren doch aufgeschlossen genug, um darüber zu beten. Und während wir in den folgenden Monaten weiterbeteten, wuchsen die Studenten spürbar im Herrn und wirkten an der Universität als mutige Zeugen. Schließlich spürten wir, daß die Zeit gekommen war, unsere Evangelisation zu planen. Da eine solche Veranstaltung nicht an der Universität stattfinden konnte, mieteten wir eine Halle, die nicht allzu weit von der Hochschule entfernt lag. Der Redner, den wir für die dreitägige Evangelisation eingeladen hatten, war ein Arzt aus Taipeh, der bei den Studenten sehr angesehen und beliebt war. Wir machten unsere Pläne unter viel Gebet, und der Bibelunterricht wurde zu einer Schulung über persönliche Evangelisation. All die persönliche Arbeit bei den Versammlungen wollten die christlichen Studenten selbst übernehmen.

Am ersten Tag der Evangelisation fragten wir uns, ob wohl überhaupt jemand kommen werde. Die Veranstaltung sollte um 7.30 Uhr beginnen, und um 7.15 Uhr hatte sich erst eine Handvoll Leute eingefunden. Um 7.20 Uhr ungefähr begannen dann ganz plötzlich die Studenten in die kleine Halle zu strömen, bis sie beinahe aus allen Nähten platzte. Einige mußten sogar draußen stehen.

Wir waren außer uns vor Freude über das, was der Herr tat. Während des ganzen Treffens waren in einem kleinen Nebenraum die gläubigen Studenten abwechselnd zur Gebetsgemeinschaft versammelt. Das Evangelium wurde sehr klar verkündigt – einfach genug für die vielen, die keine Vorstellung hatten, was es damit auf sich hatte, und zugleich tief genug, um solche mit einigen Vorkenntnissen herauszufordern. Unsere Freude wuchs noch mehr, als bei einem Aufruf am Ende des Abends eine ganze Anzahl ihren Wunsch zum Ausdruck brachte, den Herrn Jesus als ihren persönlichen Heiland anzunehmen. Für einige von ihnen hatten wir ganz besonders und ernstlich gebetet! Die gläubigen Studenten machten sich mit ganzem Einsatz an die persönliche Arbeit, und an allen drei Abenden erlebten wir, wie der Heilige Geist in den Herzen der Menschen wirkte.

Selbst an der Universität wurde diese Wirkung spürbar. Es kamen tatsächlich so viele Studenten zu den Treffen, daß der Dekan für Studentenangelegenheiten selbst vorbeikam, um zu sehen, was da vor sich ging. Er war von dem, was er sah und hörte, sehr beeindruckt.

Insgesamt kamen während der Evangelisation dreißig Studenten zum Glauben. Wir beschlossen, daß die Anfänger im Glauben jeweils von demjenigen, der sie eingeladen hatte, betreut werden sollten: daß sie gemeinsam in der Bibel lasen, sich austauschten, wie man Stille Zeit haben konnte, und miteinander zur Kirche gingen. Dies kam sowohl den Betreuenden als auch den Betreuten zugute.

Der Teufel jedoch sieht nicht untätig zu, wenn Christen ihrem Herrn voller Eifer dienen, und einige seiner finsteren Pläne sollten bald aufgedeckt werden.

Eines Tages, als ich mich auf das Treffen der Gemeindejugend vorbereitete, begann meine Hündin Cinderella sich sehr merkwürdig zu benehmen, lief hin und her und sprang an mir hoch. Als sie so lange damit weitermachte, bis ich wirklich ärgerlich wurde, rief ich: „Cindy, hör doch auf! Was ist nur in dich gefahren? Ich habe jetzt keine Zeit, um mit dir zu spielen." Aber mit lautem Winseln und gekränktem Ausdruck fuhr Cindy fort, hin- und herzurennen – nun beinahe wahnsinnig. Glücklicherweise kam mir durch dieses Verhalten ein neuer Gedanke: ‚Vielleicht will sie meine Aufmerksamkeit auf etwas lenken.' Mein Ärger verwandelte sich in Neugier, und ich ließ sie mich führen.

Als wir zur Hintertür kamen, sah ich hinaus, und da, nur ungefähr einen Meter von meinem Haus entfernt, verschlang ein prasselndes Feuer alles, was ihm in den Weg kam! Als ich ein sehr schwaches, aber panisches Kollern hörte, wurde mir plötzlich klar, was geschehen war. Offensichtlich hatten die Truthähne meines Nachbarn den Heizofen in ihrem Stall umgestoßen und damit das Feuer ausgelöst. Ich rannte los und alarmierte die Feuerwehr, die glücklicherweise schnell eintraf. Wie durch ein Wunder herrschte kein Wind, sonst hätte die ganze Reihe von Holzhäusern, meines eingeschlossen, in Flammen aufgehen können. Als die Feuerwehrleute die Flammen gelöscht hatten, dankte ich dem Herrn und machte mich dann sofort auf den Weg, um für Cinderella, meine treue vierbeinige Helferin und Beschützerin, ein Stück Leber als besonderen Leckerbissen zu kaufen.

Ich war über diesen Vorfall nicht erschrocken, obwohl es sich ganz offensichtlich um einen Angriff des Feindes handelte. Dennoch war es beunruhigend, sich zu fragen, was wohl als nächstes passieren würde.

Schon bald nach meinem Einzug hatte ich mit einem Treffen für die Frauen aus der Nachbarschaft begonnen. Ich war überrascht, wie viele gleich von Anfang an kamen. Es war zwar so, daß jeden Donnerstagnachmittag Frauen der Gnadenkirche von Tür zu Tür gingen und meine Nachbarinnen einluden. Dennoch argwöhnte ich, daß einige nur kamen, um einen Blick auf das Haus der Ausländerin werfen zu können – und später erfuhr ich, daß einige sehen wollten, wie es der Fremden in ihrem

Geisterhaus erging!

Trotzdem hatte der Herr diese Donnerstagstreffen bis jetzt wirklich gesegnet. Einige der Frauen hatten zum Glauben an Jesus gefunden. Wie aufregend war es zu sehen, wie diese meine Nachbarinnen vom Heidentum zum Herrn fanden, mitzuerleben, wie sich ihr Leben veränderte, und sie erzählen zu hören, wie Gott auf ihre Gebete antwortete, nachdem sie es gelernt hatten, ihre Anliegen und Nöte vor ihn zu bringen!

Eine dieser Frauen habe ich in besonders lebhafter Erinnerung. Sie fiel mir zum ersten Mal auf, als ich an ihrer kleinen behelfsmäßigen Hütte vorbeiging. Diese Frau war ziemlich klein und sah unterernährt aus. Obwohl sie erst Mitte bis Ende Dreißig sein mußte, wirkte sie so verhärmt und abgezehrt, daß sie viel älter schien. Sie hatte diesen leeren, hoffnungslosen Blick, den man oft bei denen findet, die sich dem Götzendienst hingeben – Augen so leer und so voller Finsternis, das man sie kaum wieder vergißt. ‚Welch eine traurige, bemitleidenswerte Frau!‘ dachte ich.

Sie schien in einer besonders seltsamen Lage zu sein. Bei schönem Wetter saß ihr Mann stets vor dem Haus. Er schien jedoch an den Stuhl gebunden zu sein! Er starrte ausdruckslos vor sich hin und reagierte auf keinerlei Gruß; es war, als sähe er niemanden. Ich fragte mich, ob er wohl blind war, aber bei näherem Hinsehen erkannte ich, daß er tatsächlich mit Ketten und Lederriemen an den Stuhl gebunden war. Ich fragte mich, warum wohl. Es wimmelte bei ihnen von Kindern, aber ich war nicht sicher, wem sie gehörten.

Wir begannen, bei unseren Donnerstagstreffen für dieses traurige Haus zu beten, und nach einiger Zeit hatten wir die Frau überredet, doch auch zu kommen. Die Wahrheit des Evangeliums begann zu ihr durchzudringen, und sein Licht leuchtete in ihr verfinstertes Herz hinein. Zugleich erwachte Hoffnung, wo zuvor nur Verzweiflung gewesen war. Mit der Zeit begann sie, trotz vieler Schikanen und Schläge, regelmäßig zu kommen. Und eines Tages traf sie die Entscheidung, daß sie nicht länger mit Gaben für die Götter zu den Tempeln gehen und auch in ihrem Haus nicht mehr die täglichen Opfer darbringen werde. Schließlich bekannte sie offen ihren Glauben an Jesus.

Nun wurden die Dinge für sie schlimmer als je zuvor. Dennoch blieb sie standhaft, und die Freude des Herrn gab ihr Kraft. Sie verstand nicht allzu viel und konnte auch nicht lesen, aber sie wußte, daß Gott sie liebte und sie erlöst hatte, und sie wußte, wie man betet. Als sie dem Herrn ihr Herz ausschüttete und ihm von den Sorgen ihres Lebens erzählte, offenbarte sie viel von ihren Leiden – und von ihrem Sieg.

Diesen Sieg des Herrn konnte der Teufel nicht unangefochten lassen. Eines Tages, als ich ganz allein in meinem kleinen Haus war, hörte ich, wie mein Tor plötzlich aufkrachte, gefolgt von einem Lärm, als würde eine ganze Menschenmenge in meinen kleinen Hof eindringen. Ich sprang auf, um aus dem Fenster zu schauen, und da sah ich, wie sich ein erregter Menschenknäuel durch mein Tor schob, angeführt von dem Mann, der sonst an den Stuhl gebunden war. „Lehrerin, Lehrerin, schließ die Tür!“ schrie die Menge gellend. Obwohl ich zunächst nicht verstand, was da vor sich ging, folgte ich schnell ihren Anweisungen und schlug die Tür zu.

Inzwischen gebärdete sich Cinderella wie wild. Ich wagte einen raschen Blick aus dem Fenster, und mir wurde plötzlich alles klar: Der Nachbar war zu einem tobenden Wahnsinnigen geworden und versuchte nun mit übermenschlicher Kraft, meine Tür einzubrechen, um ins Haus zu gelangen. Vier oder fünf Männer bemühten sich vergeblich, ihn zurückzuhalten. Er schüttelte sie mit einem Achselzucken ab und fuhr fort, meine Tür mit fürchterlicher Kraft zu bearbeiten.

Jetzt geriet ich in Panik. Mir war klar, daß die Tür seinem Hämmern und Schlagen nicht mehr lange standhalten konnte. Ich wußte kaum noch, was ich tat, rannte in das innere Zimmer und schloß überflüssigerweise die Papiertüren hinter mir. Dabei konnten diese mir keinerlei Schutz bieten, wenn der Wahnsinnige wirklich ins Haus eindrang! Zu Tode erschrocken fiel ich einfach auf die Knie und schrie: „Herr, hilf du mir und bedecke mich und dieses Haus mit dem Blut Jesu! Wirf den Satan hinaus, denn du hast ihn auf Golgatha überwunden!"

Ich weiß nicht, wie lange ich drinnen verharrte, aber plötzlich fiel mir auf, daß alles still war. Sogar Cindy hatte aufgehört zu bellen. Zitternd erhob ich mich und schaute auf meinen Vorhof hinaus. Er war vollkommen leer. Das Tor war zugezogen, obwohl es nur noch in einem Scharnier hing – ein kleines Andenken an die Verwüstung, die beinahe über mein Haus hereingebrochen wäre. Gott hatte mir wahrhaftig geholfen. (Später wurde übrigens, was eine Erhörung vieler Gebete war, dieser Mann frei und hatte keine weiteren Anfälle mehr.)

Ich dachte daran, wie knapp ich gerade davongekommen war. Sicherlich wollte sich der Teufel dafür rächen, daß meine Nachbarin ihn nicht länger anbetete und ihre Götter und das dazugehörige Drum und Dran zerstört hatte, um dem Herrn Jesus zu dienen. Der Satan hatte ihren Mann wie eine hilflose Schachfigur benutzt und ihm furchtbare Kraft verliehen, mit der er mich vernichten sollte. Falls ich es je bezweifelt hatte, so wußte ich es jetzt, daß ich in einen Krieg mit überirdischen Mächten und Strategien verwickelt war; das Schlachtfeld jedoch war hier auf der Erde.

15. Kapitel

Gott bleibt keinem etwas schuldig

Nach diesen dramatischen Ereignissen war es bald schon wieder Zeit für meinen Heimaturlaub. Im Frühherbst traf ich zu Hause ein, und da Vater nun fast dreiundachtzig war, verbrachte ich die meiste Zeit mit ihm, und wir genossen wieder einmal unsere Lieblingsausfahrten in die Umgebung. Kurz nach Weihnachten jedoch setzte bei ihm ein stetiger körperlicher Abbau ein.

Eines Tages sagte er zu mir: „Du gehst zurück." Da ich nicht sicher war, ob dies eine Frage oder eine Feststellung war, antwortete ich vorsichtig: „Vater, wenn du möchtest, daß ich bei dir bin, bleibe ich daheim."

„Das wirst du nicht tun!" rief er aus. „Das werde ich nicht zulassen! Ich weiß, wann dein Abreisetag ist, und du wirst pünktlich zurückgehen."

Ich sagte dazu nichts mehr, und das Thema kam eine Zeitlang nicht mehr zur Sprache. Im zeitigen Frühjahr dann befand sich Arnold Lea, einer unserer Direktoren aus Singapur, auf einer Konferenz in der Nähe, und da er wußte, daß mein Vater krank war, nutzte er die Gelegenheit zu einem Besuch bei uns. Ich nahm ihn zu meinem Vater hinein, blieb eine Weile dabei und entschuldigte mich dann, um ein paar Erfrischungen vorzubereiten. Als ich mich im Nebenraum mit dem Freund, der Mr. Lea gebracht hatte, unterhielt, hörte ich, wie Vaters Stimme immer lauter wurde! ‚Was geht da vor?' dachte ich beunruhigt. Nach kurzer Zeit kam Mr. Lea heraus. „Also, Pauline", sagte er leise lachend, „ich kann Sie jetzt etwas besser verstehen. Sie sind ganz der Vater!"

„Wie kommen Sie darauf?“ fragte ich. „Was war da drin los? Mein Vater hörte sich an, als wäre er wirklich in Harnisch geraten.“

„Ich sagte ihm lediglich, daß Sie eine Urlaubsverlängerung bekommen könnten“, erklärte er, „das ist eine ganz normale Sache, so daß Sie hierbleiben und ihm helfen könnten, solange er Sie braucht.“

„Und was sagte Vater dazu?“

„Er wurde richtig zornig und griff mich heftig an“, antwortete Mr. Lea leicht verlegen. „Er sagte mir, daß ich nicht geeignet sei, Direktor einer Missionsgesellschaft zu sein!“ Darüber mußte ich lachen. Mr. Lea erzählte weiter: „Ihr Vater sagte: ‚Wir bekommen unsere Anweisungen von Gott und nicht von Leuten wie Ihnen.‘ Er bleibt dabei, daß er nicht in Frieden sterben kann, wenn Sie zu Hause bleiben. Er möchte nicht, daß Sie ihn mehr lieben als den Herrn. Er sagt, er liebe Sie auch nicht mehr als ihn.“

Vaters Zustand verschlechterte sich danach weiter. Aber jeden Tag bestand er darauf, daß ich ihm die Offenbarung vorlas – das ganze Buch. „Dieses Buch müssen wir lesen“, erklärte er. „Es ist das einzige Buch in der Bibel, das denen, die es lesen, einen Segen verheißt.“ Also las ich es jeden Tag vor, während er im Schaukelstuhl saß. Wenn ich sah, daß er den Kopf senkte, als würde er schlafen, las ich leiser und versuchte manchmal auch, etwas zu überspringen, aber dann sagte er stets: „Du hast etwas ausgelassen.“ Dann mußte ich zurückblättern und es noch einmal lesen! So ging es jeden Tag, denn er sagte: „Ich will mir den Segen nicht entgehen lassen.“

Das schlimmste war, mitansehen zu müssen, wie es mit jemand, den ich liebte, so abwärtsging – zuweilen war er nicht bei Besinnung und redete und handelte wirr.

Es war eine Zeit schwerer Belastung, da ich wußte, daß ich ihn bald verlassen mußte. Ich wollte nicht gehen, aber er war unnachgiebig. Die Zeit verging, und unaufhörlich beschäftigte mich die Frage: ‚Soll ich fahren oder nicht?' Aber wenn Vater bei klarem Verstand war, pflegte er zu sagen: „Du hast noch zehn Tage", oder je nachdem, wieviele es waren, und ich wußte, daß ich zu gehen hatte.

Wohlmeinende Freunde bedrängten mich, ich solle mich vor meiner Rückkehr aufs Missionsfeld doch ausruhen. „Du bist so erschöpft", sagten sie. „Du solltest ein paar Wochen früher abreisen und dich vor deiner Überfahrt in Kalifornien erholen."

„Nein", sagte ich. „Ich könnte es mir nie verzeihen, wenn ich vorzeitig ginge und meinem Vater etwas zustoßen würde."

An meinem Abreisetag stand mein Vater auf und zog seinen besten Anzug an, in dem er recht flott aussah. Um dies zu tun, muß er seine ganze Kraft zusammengenommen haben, weil er nicht wollte, daß ich mich elend fühlte, und mir zu zeigen versuchte, wie gut es ihm ging. Nach einer wunderbaren Zeit des gemeinsamen Gebets mußte ich schließlich gehen. Er begleitete mich zur Tür, küßte mich und winkte mir zum Abschied, als würde ich nur mal eben in die Stadt fahren. Ich fuhr auch in die Stadt, aber dort mußte ich den Zug zur Westküste nehmen und bei einem Zwischenaufenthalt in Chicago Freunde besuchen. Als ich an diesem Abend zu Hause anrief, war alles in Ordnung, und mein Vater und ich plauderten ein wenig miteinander. Nach meiner Ankunft in Kalifornien rief ich wieder an. Dieses Mal war er im Krankenhaus! Wie groß war die Versuchung zurückzukehren! Aber seine Worte klangen mir noch in den Ohren: „Wenn du bleibst, kann ich nicht in Frieden sterben. Wir sagen, daß wir Soldaten Gottes sind – dann müssen wir auch so handeln." Ich fügte mich seinen Wünschen, wenn auch zögernd.

Auf meiner Rückreise nach Taiwan hielt der Herr eine große Überraschung für mich bereit. Im Büro der Schifffahrtsgesellschaft sagte ich dem Angestellten, wer ich sei und wohin ich wolle, und zeigte ihm meine Fahrkarte.

„Dr. Hamilton", sagte er, „es hat da eine Veränderung gegeben – Ihre Buchung ist ungültig."

Ich war völlig verblüfft. „Das können Sie doch nicht machen!" brauste ich auf. „Meine Fahrkarte ist bezahlt, und ich bin pünktlich hier. Das ist nicht recht."

„Ich zeige Ihnen den Brief. Sehen Sie, Ihre Buchung für die Touristenklasse ist rückgängig gemacht worden. Sie reisen erster Klasse!"

Er reichte mir den Brief. Darin stand lediglich, daß ich erster Klasse reisen sollte und welche Zimmernummer ich hatte. Er enthielt keinerlei Erklärung und kein Wort wegen des höheren Preises.

„Ich weiß nicht, was geschehen ist", sagte der Angestellte. „Dies ist der Auftrag, den ich bekommen habe; also gehen Sie nur und genießen Sie es."

‚Wahrscheinlich will mir auf diese Weise der Herr die Ruhe zukommen lassen, die ich brauche', dachte ich. Und genauso kam es dann auch. Es war eines dieser ganz besonderen Geschenke, die der Herr uns oft macht, wenn wir es am wenigsten erwarten und sicherlich auch nicht verdient haben.

Schließlich kamen wir in Hongkong an, wo ich mich nach Taiwan einschiffte. Inzwischen war ich wirklich gut erholt. Aus Neugier erkundigte ich mich bei der Schifffahrtsgesellschaft nach den Extrakosten meiner Luxusreise und erfuhr, daß die Überfahrt in der ersten Klasse dreimal soviel wie mein Fahrschein der Touristenklasse gekostet hatte! Bis heute habe ich keine Ahnung, woher die Umbuchung kam, aber sie kam genau zur richtigen Zeit. Dadurch war es mir möglich, mit vielen neugewonnenen Freunden, die ich während der Fahrt kennengelernt hatte, und einem Herzen voller Lob und Dankbarkeit auf das Missionsfeld zurückzukehren – und ich war körperlich und geistig entspannt und vom Frieden des Herrn erfüllt.

Einen Monat nach meiner Ankunft in Taiwan bekam ich ein Telegramm, daß Gott meinen Vater zu sich gerufen hatte. Viele Freunde schrieben Briefe und Karten mit schönen Versen und Worten des Trostes, aber es waren auch Worte der Kritik darunter. Das war hart. Man tadelte mich dafür, daß ich nicht bei meinem Vater geblieben war, aber in meinem Herzen wußte ich, daß ich ihm in dieser einen Sache wirklich gehorcht hatte. Ich bin sicher, es hätte ihm das Herz gebrochen, wenn ich nicht nach Taiwan zurückgekehrt wäre, denn er hätte gespürt, daß er die Ursache dafür war. Ich danke Gott für einen solchen Vater, der so eins mit mir war in der Berufung und Nachfolge. Ich mußte es in dieser Zeit lernen, mich über die Kritik derer, die kein Verständnis hatten, weil sie die Hintergründe nicht kannten, hinwegzusetzen. Ich lernte die wertvolle Lektion, in dieser ganzen Entscheidung dem Herrn zu vertrauen – in dem Wissen, daß er mich verstand und daß wir unser Leben vor ihm leben.

16. Kapitel

Sorgt Gott noch?

Bei meiner Rückkehr nach Taiwan erwarteten mich neue Möglichkeiten und offene Türen unter den Studenten und Jugendlichen. Die Kirchen der ganzen Stadt schickten nun junge Menschen mit Problemen zu mir, die Studentenarbeit entwickelte sich weiter, und einige junge Leute aus meinen früheren Bibelklassen waren im Glauben gewachsen und sahen eine Aufgabe in der Studentenarbeit. Der Gedanke, Sommerkonferenzen für Hochschulstudenten zu veranstalten, erfreute sich nun zunehmender Beliebtheit, so daß deren Leiter sich mit der Zeit zusammenschlossen, um eine große Sommerkonferenz für ganz Taiwan anzubieten anstelle einzelner Veranstaltungen für jedes College und jede Universität. Man hatte auch mit einer Studentenzeitschrift begonnen, und ich wurde gebeten, die Anleitungen für die tägliche Bibellese zu schreiben, um den Studenten mit ihrer Stillen Zeit zu helfen.

Außerdem hatte ich guten Kontakt zu jungen Männern, die beim Militär waren. Nach ihrem Studienabschluß müssen alle jungen Männer in Taiwan eine ungefähr einjährige militärische Ausbildung absolvieren, und das Ausbildungslager befand sich in der Nähe meines Wohnorts Taitschung. Die Rekruten hatten den größten Teil des Sonntags frei, und nachdem es sich herumgesprochen hatte, daß sie stets willkommen waren, begannen sie, in mein Haus zu kommen. Sie wußten, daß sie auch ihre Freunde mitbringen konnten; wir nannten dies die „Strategie der offenen Tür".

Wir hatten Gespräche über eine Vielfalt von Themen, und dabei hörten einige der jungen Männer zum ersten Mal das Evangelium.

Manchmal gab es so viele Möglichkeiten, daß es mir schwerfiel, Prioritäten zu setzen. Ich hatte schließlich nur ein gewisses Maß an Zeit und Energie. Aber es war eine außerordentliche Freude und Ermutigung zu sehen, wie die Studenten im Herrn wuchsen und ihm trotz aller Widerstände nachfolgten.

Wie so oft jedoch, wenn der Herr seinen Segen schenkt, tut der Teufel sein möglichstes, um die Dinge zu zerstören! Und so geschah es, daß er schon bald mit seinen üblen Machenschaften begann, mit denen er uns nicht nur beunruhigte, sondern um ein Haar die Arbeit des ganzen Sommers zunichte gemacht hätte.

Die Vorbereitungen für die zweite gesamttaiwanische Studentenkonferenz, zu der wir hundertfünfzig bis zweihundert Teilnehmer erwarteten, was damals als eine große Zahl galt, waren in vollem Gange. Gute Redner hatten bereits unsere Einladung angenommen, wir hatten ein wirklich ansprechendes Programm ausgearbeitet, und wir beteten ernstlich dafür, daß Gott wirken möge.

Zur gleichen Zeit wurde in der Gnadenkirche die Gemeindejugendkonferenz vorbereitet, die unmittelbar vor der Studentenkonferenz stattfinden sollte, und wir rechneten damit, daß hundert bis hundertfünfzig Schüler daran teilnehmen würden. Auch hier gab es eine Menge zu tun, aber zum Glück arbeitete das Komitee gut und hatte einen ausgeprägten Sinn für Zusammenarbeit. Da diese Leute wirkliches Verantwortungsgefühl bewiesen, konnte ich etwas aufatmen, was gut war, da ich immer noch meinen Dienst unter den Frauen hatte. Außerdem kamen hauptsächlich während der Sommermonate, in denen ihnen mehr Zeit zur Verfügung stand, immer mehr junge Leute mit Problemen zu mir.

So arbeiteten wir alle schwer, verbrachten viel Zeit im Gebet und glaubten, daß Gott bei den beiden Konferenzen wirklich seinen Segen schenken werde. Und dann versuchte der Teufel, alles zu zerstören. Es ging um das Geld.

Wir mußten dem Herrn vertrauen, er werde für die nötigen Mittel zur Deckung der Kosten beider Konferenzen sorgen. Zu Beginn hatte es einige Diskussionen gegeben, ob wir eine Gebühr verlangen sollten, aber die meisten fanden, daß dies junge Leute aus großen Familien von der Teilnahme abhalten würde. Also beschlossen wir, Gott zu vertrauen, daß er für alles Nötige sorgen werde. Dies war in der Tat ein wirkliches Glaubenswagnis.

An einem Samstag, ungefähr zwei Wochen vor der Kirchenkonferenz, kamen eine halbe Stunde, nachdem die Banken geschlossen hatten, einige Leute mit Geld zu mir. Einer brachte eine Spende für die Studentenkonferenz, ein anderer Geld für die Jugendkonferenz, und ein dritter brachte mir mein CIM-Unterhaltsgeld für die nächsten drei Monate. Da unser Sekretär verreisen wollte und mir deshalb kein Geld schicken konnte, bekam ich den ganzen Betrag im voraus.

Ich fragte mich natürlich, was ich übers Wochenende mit all dem Geld machen sollte! Da ich an diesem Nachmittag zu einer Versammlung ging, versteckte ich es hastig an allen möglichen Plätzen im Haus. Aber irgendwie war mir nicht recht wohl bei dem Gedanken daran, und ich hatte ein unbehagliches Gefühl, daß etwas passieren würde; also eilte ich nach dem Treffen heim, suchte neue Verstecke und brachte ein anderes Vorhängeschloß an der Tür an. Außerdem ließ ich die Lichter im Haus brennen, als wäre ich daheim. Dann machte ich mich wieder auf den Weg zum Jugendabend.

Nach dem Treffen kam der Leiter der Gruppe voller Besorgnis wegen der finanziellen Mittel für die Konferenz zu mir. Um ihn zu beruhigen, erzählte ich ihm von den Spenden, die gerade von Studenten und jungen Leuten, die außerhalb der Stadt waren, bei mir eingegangen waren. Dies, sagte ich, sei Gottes Siegel, daß er für jeden Pfennig sorgen werde, und ich erinnerte ihn an den Vers: „Mein Gott aber wird ausfüllen all euren

Mangel nach seinem Reichtum in der Herrlichkeit in Christus Jesus" (Philipper 4,19).

„Gott hat uns sein Versprechen gegeben", fuhr ich fort, „und das hält er stets. Ich bin gerne bereit, meine Hand auf die Bibel zu legen und meinen Glauben an sein Versprechen zu bekennen." Das tat ich dann auch. Wir beteten noch gemeinsam und befahlen die ganze Sache dem Herrn an. Ich hatte vollkommen Frieden in meinem Herzen und war sicher, daß der Herr für alles sorgen würde. Was ich nicht wußte, war, daß genau in diesem Augenblick jemand in meinem Haus das Geld bis auf den letzten Pfennig stahl!

Ich ging etwas früher als gewöhnlich von der Versammlung heim und plauderte vor dem Haus noch ein paar Minuten mit einem Nachbarn. Während wir redeten, warf ich einen schnellen Blick zum Haus hinüber, und es schien alles in Ordnung zu sein – ich konnte sehen, daß die Lichter noch immer brannten. Als ich schließlich mein Gartentor aufklinkte, kam mir Cinderella entgegengesprungen.

„Ihr kleiner Hund ist Ihnen entgegengekommen", bemerkte mein Nachbar freundlich. Aber mir war sofort klar, daß Cinderellas begeisterte Begrüßung nur eines bedeuten konnte – Probleme. Sie war nämlich im Haus eingeschlossen gewesen, als ich weggegangen war.

Da ich keinen falschen Alarm auslösen wollte, sagte ich nichts zu meinem Nachbarn, der nicht wußte, daß niemand im Haus war. Mir kam der Gedanke, daß vielleicht das Mädchen, das mir im Haus half, aus irgendeinem Grund zurückgekommen war. Aber da ich nicht wußte, was ich vorfinden würde, ließ ich das Tor offen und eilte zu meiner Eingangstür.

Plötzlich dämmerte es mir, daß das Außenlicht inzwischen ausgeschaltet war! Als nächstes sah ich, daß die Schiebetür ungefähr einen Fußbreit offen stand und das Schloß aufgebrochen war! Mit klopfendem Herzen sah ich mich im Schlafzimmer und im Wohnzimmer um, wo ich nur wenige Stunden zuvor das Geld neu versteckt hatte. Mit einem Schlag wußte ich, daß alles weg war. Die Dinge waren von ihren Plätzen gerückt worden, vieles lag auf meinem Bett aufgetürmt. Ich konnte geradezu hören, wie der Teufel lachte: „Glaubst du jetzt immer noch, daß jeder Pfennig für die Konferenz besorgt werden wird?“

Aber zugleich mit dieser heimtückischen Frage kam das Wort des Herrn: „Wir *wissen* aber, daß denen, die Gott lieben, alle Dinge zum Besten dienen, denen, die nach dem Vorsatz berufen sind“ (Röm. 8,28). Ich konnte mich dazu bringen, miteinzustimmen: „Ich *weiß*…“, und da stand ich nun und trat buchstäblich um mich, während ich schrie: „Verschwinde, Satan! Der in mir ist, ist größer, als der in der Welt ist; also verschwinde!“ Dann begann ich das Haus zu durchsuchen; überall konnte sich jemand versteckt haben – unter dem Bett, in den großen japanischen Schränken… Später fragte ich mich dann, was ich gemacht hätte, wenn ich tatsächlich jemanden gefunden hätte!

Nach dieser vergeblichen Suche ging ich hinaus, rief meinen Nachbarn und bat ihn, den Diebstahl bei der nahegelegenen Polizeistelle zu melden. Dann ging ich wieder hinein, um zu warten und nachzudenken.

Offensichtlich war der Dieb, als ich am Gartentor stand, noch im Haus gewesen. Wahrscheinlich drehte er das Licht aus, als er Stimmen hörte, schlüpfte zur Tür hinaus und versteckte sich im Dunkeln in meinem kleinen Garten hinter dem Haus, bis ich hineinging. Dann schlich er sich durchs Gartentor hinaus, das ich noch nicht verschlossen hatte. Es gab keine Anzeichen, daß jemand über den Zaun gestiegen war.

Die Sache war offensichtlich in Eile und dennoch, merkwürdigerweise, mit Bedacht ausgeführt worden, da die Dinge nicht durcheinandergeworfen, sondern ordentlich auf meinem Bett aufgestapelt waren. Ganz sicher kannte sich der Dieb im Haus aus! Außerdem hatte er gewußt, daß ich gerade zu dieser Zeit eine große Menge Geld hier hatte. Noch dazu mußte er meinen Hund gut gekannt haben, denn Cinderella hatte nicht gebellt, obwohl sie sonst sehr wachsam war und andere Leute nicht an meine Sachen ließ. Und ein gewöhnlicher Dieb hätte sie wahrscheinlich beseitigt. Die arme Cinderella schien sich wegen der ganzen Sache Gewissensbisse zu machen und wollte tagelang nicht mehr fressen. Sie wußte einfach nicht, wie sie ihr Bedauern zeigen sollte, und bei meiner Verfassung war ich dankbar für ihr Mitgefühl!

Als ich den Schaden ermittelte, stellte ich fest, daß mir fünfzig Dollars in Landeswährung (was damals ungefähr eineinhalb amerikanischen Dollars entsprach) geblieben waren. Das ganze Geld für die beiden Konferenzen sowie mein persönliches Geld und der Unterhaltsvorschuß waren weg. Es fehlte alles außer – was merkwürdig war – dem Umschlag, auf dem „Lohn für das Hausmädchen" stand. Ich versuchte sofort, den Gedanken, daß meine Hausgehilfin es getan haben könnte, beiseitezuschieben, um sie nicht zu Unrecht zu verdächtigen. Aber seltsam war es doch!

Nun traf die Polizei ein, nahm Fingerabdrücke und machte eine gründliche Durchsuchung. Als sie schließlich wieder gingen, war es zwei Uhr nachts. Ich brachte noch das Türschloß an, damit niemand erfahren sollte, was geschehen war. Als ich noch ein bißchen aufräumte, stellte sich wieder die Betroffenheit über die so überaus heikle Lage, in der ich mich nun befand, ein – ich würde dadurch die Möglichkeit haben, zu sehen, ob ich wirklich aus dem Glauben lebte, wie wir das in der CIM, die jetzt ÜMG (Überseeische-Missions-Gemeinschaft) hieß, behaupten. Konnte ich aufrichtig sagen: „Der Gott Abrahams, Isaaks, Jakobs und Hudson Taylors ist auch mein Gott"? Natürlich hatte ich das schon früher erprobt, als ich an der Universität war, oder während jener mageren Zeiten in Nanking – aber vertraute ich ihm wirklich immer noch, daß er für mich sorgen würde, oder erwartete ich das jetzt nur von unserer Mission?

Ich räumte bis vier Uhr morgens auf und ging dann erschöpft zu Bett. Trotzdem wachte ich früh auf, denn ich mußte meinen Tagesablauf etwas umplanen. Ich sollte an diesem Tag drei Versammlungen halten, aber da ich nun nachmittags, wenn die Polizei kam, zu Hause sein mußte, mußte ich jemanden suchen, der mich vertrat. Die Freundin, die ich darum bat, war nicht nur froh, zu tun, was sie konnte, sondern sie versprach auch, Stillschweigen über meine mißliche Lage zu bewahren.

Als ich wenig später wieder nach Hause kam, überraschte es mich, daß nun ein Fahrrad in meinem Garten stand. Obwohl es Sonntagmorgen war, war meine Hausgehilfin O-lan gekommen, und, was noch merkwürdiger war, sie wurde wütend, als sie mich sah. „Woher kommen Sie?“ fragte sie ungehalten.

„Ich habe nur jemanden besucht“, erwiderte ich.

„Aber wo waren Sie?“ bohrte sie weiter.

„Ich mußte jemanden besuchen“, wiederholte ich, obwohl es sie ja nichts anging.

„Aber ich dachte, Sie seien im Waisenhaus.“

„Ich bin am letzten Sonntag des Monats im Waisenhaus, und dies ist erst der zweite.“ O-lan hatte sich also geirrt. Während unserer Unterhaltung hatte ich immer mehr das Gefühl bekommen, daß sie irgendwie mit dem Diebstahl zu tun haben mußte. Ich verlor jedoch kein Wort darüber, und sie ging bald.

An diesem Nachmittag kehrte O-lan viel früher als sonst zurück, und als sie hereinkam, beobachtete sie mich aufmerksam und bemerkte: „Man sagt, Han Paolien (mein chinesischer Name) sei bestohlen worden.“

„Wer sagt das?“ fragte ich.

„Die Nachbarn“, erwiderte O-lan nur.

Ich bestätigte daraufhin, daß man mich bestohlen habe, und sagte ihr, daß die Polizei ihr einige routinemäßige Fragen stellen wolle und daß sie deshalb gleich zur Polizeistation gehen solle.

Und nun begann ich mit meinem Leben aus dem Glauben und betete, daß der Herr mir seine Treue erwies, wie er es bei Abraham, Isaak, Jakob und Hudson Taylor getan hatte, und ganz besonders bat ich ihn auch, sie O-lan zu zeigen, um die ich mir große Sorgen machte.

Es war ja nicht allzu schwer, dem Herrn zu vertrauen, was meine eigenen Bedürfnisse betraf – sie waren nicht so groß –, aber was sollte werden, wenn die Zeit kam, zu der ich das Geld für die beiden Konferenzen übergeben mußte? Ich muß gestehen, daß mein Glaube wirklich ins Wanken kam, wenn ich daran dachte. Dennoch schenkte der Herr mir völligen Frieden über diese ganze Sache und die beruhigende Gewißheit, daß er alles wußte. Ich glaubte daran, daß er auf wunderbare Weise alles so machen werde, daß es zu seiner Ehre gereichte.

Tatsächlich hatte er schon vor dem Diebstahl damit begonnen! Er hatte es einer Freundin im weitentfernten Philadelphia ans Herz gelegt, ganz besonders für mich zu beten.

Sie schrieb mir davon, und als ich ihren Brief las, konnte ich spüren, wie sehr sie es mittrug, daß ich eine schwierige und gefährliche Erfahrung machte. Aber auch sie hatte die Gewißheit bekommen, daß der Herr das Ganze zu einem Segen und zu seiner Ehre gereichen lassen würde.

Ich lebte in jener Zeit von typisch chinesischer Kost. So hatte ich, wie es bei den Chinesen üblich ist, keine großen Vorräte und nicht einmal Konserven. Wir kauften unser Gemüse und Fleisch für jeden Tag und ließen nichts übrig. Ich hatte nicht einmal einen Kühlschrank, nur einen alten chinesischen „Windschrank“ (ein Lebensmittelschränkchen, das oben und an drei Seiten aus Drahtgittern bestand und so aufgestellt war, daß es gut durchlüftet wurde). Da ich also keine großen Lebensmittelvorräte im Haus hatte, dauerte es nicht lange, bis alles außer Reis aufgebraucht war.

Ungefähr am dritten Tag nach dem Diebstahl kam

O-lan zu mir und sagte: „Es ist nichts da, um Frühstück zu machen." „Deck trotzdem den Tisch", sagte ich zu ihr.

„Warum soll ich den Tisch decken, wenn nichts zu essen da ist"? murrte sie.

„Deck den Tisch", wiederholte ich ziemlich streng, fürchte ich. „Es ist noch nicht einmal ganz acht Uhr, und ich esse normalerweise nicht vor halb neun."

Sie grollte und schmollte und knallte die Sachen auf den Tisch. Ich ging in mein Zimmer, und nachdem ich die Tür hinter mir geschlossen hatte, kniete ich neben meinem Bett nieder. „Herr", betete ich, „es macht mir nichts aus, nichts zu essen, wenn das dein Wille ist, aber ich bitte dich, O-lan zu zeigen, daß DU für mich sorgen kannst."

Als ich zurückkam, war O-lan immer noch am Schimpfen und Nörgeln. Gerade da – es war ungefähr 8.20 Uhr – hörte ich jemand klopfen. Ich fragte mich, wer wohl so früh vorbeikam, und als ich das Tor öffnete, stand draußen mein Nachbar, Mr. Li. Er kommt aus Schantung, wo das beste Brot der Welt gebacken wird, und was hielt er wohl in der Hand? – Eine große Platte voll dampfend heißem Brot! „Wir wissen, wie gern Sie *mantou* essen", erklärte er, „deshalb haben wir heute morgen eine extra große Menge gebacken, um Ihnen etwas davon abzugeben." Ich dankte ihm und nahm mein „himmlisches Brot" ins Haus.

Als O-lan sah, was ich trug, fragte sie voller Neugier: „Woher haben Sie das?"

„Familie Li, die am Ende der Straße wohnt, hat es gebacken", sagte ich nur.

„Sie können nicht nur Brot essen", knurrte sie.

„Das tun viele Leute", entgegnete ich ruhig, „und auf jeden Fall hält es Leib und Seele zusammen."

Noch während wir redeten, klopfte es wieder – dieses Mal an der Hintertür, die wir normalerweise nicht benutzten. Als ich öffnete, war ich überrascht, die kleine Mrs. Wang mit einem ziemlich großen Paket in der

Hand vorzufinden. Sie war immer ein bißchen aufgeregt und nervös, und als sie mir jetzt das Päckchen reichte, zitterten ihre Hände. Mit bebender Stimme erklärte sie: „Wo tze-chi sheng-ti", was wörtlich heißt: „Ich habe sie selbst gelegt." Das Paket enthielt zwanzig Eier!

Als ich sie ins Haus brachte, fielen O-lan geradezu die Augen aus dem Kopf.

„Wer hat sie gebracht?" fragte sie, und ihre Stimme klang schon weniger verächtlich.

„Die kleine Mrs. Wang, die sieben Töchter hat. Sie sagt, sie habe die Eier selbst gelegt. Ziemlich ungewöhnlich, würde ich sagen", erwiderte ich lachend.

„Aber Sie haben weder Obst noch Kaffee", beharrte das Mädchen.

Inzwischen fühlte ich mich ziemlich kühn und entgegnete: „Wir brauchen wirklich nicht jeden Tag Obst, O-lan, und wenn der Herr meint, daß ich Kaffee haben sollte, werde ich auch welchen bekommen."

Ich schlug vor, sie möge anfangen, mein Frühstück zuzubereiten und zwei Eier statt des üblichen einen Eies zu nehmen. Aber noch bevor sie dazu kam, die Eier aufzuschlagen, klopfte es wieder an der Vordertür. Als ich hinausging, fragte ich mich wirklich, was jetzt noch kommen könnte. Draußen stand ein Junge von dem großen Knabengymnasium, das gleich um die Ecke lag. In der Hand hielt er die größte Papaya, die ich je gesehen habe!

„Diese Papaya kommt von einem unserer eigenen Bäume", erklärte er. „Meine Mutter fand sie viel zu schön, um sie für uns zu behalten, und sie wollte, daß Sie sie bekommen." Er drückte mir die goldfarbene Frucht in die Hände und fuhr auf seinem Fahrrad davon.

Ich pries den Herrn für das, was er in den letzten zehn Minuten getan hatte, und lachte in mich hinein, als ich ins Haus zurückging.

Wieder war O-lan voller Fragen. „Mrs. Changs Sohn hat sie gerade auf seinem Schulweg vorbeigebracht", erklärte ich. „Sie ist auf ihrem eigenen Baum gewachsen. Ist sie nicht eine Schönheit!“

Obwohl nun alles für ein wirkliches Festmahl vorhanden war, war O-lan gereizt und erinnerte mich, daß ich noch immer keinen Kaffee hatte.

„Wenn Gott meint, daß ich Kaffee haben sollte, wird er mir auch welchen geben“, sagte ich noch einmal, und noch während ich redete, klopfte es wieder an der Vordertür! Dieses Mal beschloß O-lan, nachzusehen, was da vor sich ging, und ich folgte ihr. Die Besucherin war eine andere Mrs. Wang, die in einem anderen Teil der Stadt lebte.

Sie hatte mit dem Fahrrad eine ziemliche Strecke zurücklegen müssen, und ich fragte mich, warum sie so früh zu mir gekommen war. Da entdeckte ich – zu meinem höchsten Erstaunen – ein großes Glas Pulverkaffee in ihren Händen! Nun war damals Pulverkaffee ausgesprochen schwer zu bekommen, und Mrs. Wang erzählte auch schon ihre Geschichte: „Mein Mann ist Pilot“, begann sie, „und er fliegt manchmal nach Tokio, Manila oder Hongkong. Er bringt oft Geschenke mit – und schauen Sie nur, was er dieses Mal mitgebracht hat!“

Ich schaute tatsächlich – wie ich hoffte, nicht allzu sehnsüchtig!

„Trinken Sie das?“ fragte Mrs. Wang höflich. Ich wollte nicht ja sagen und gierig scheinen, aber ich wollte auch nicht lügen und nein sagen.

Mrs. Wang fuhr fort: „Niemand in unserer Familie trinkt das. Ich weiß nicht, was über ihn kam, so etwas mitzubringen. Trinken Sie es?“

„Mrs. Wang“, erwiderte ich, „Sie sollten diesen Kaffee die Straße hinunter zu dem Laden bringen, der ausländische Produkte verkauft; ich bin sicher, daß man ihn Ihnen abkaufen wird, und Sie können mit dem Geld etwas für Ihre Kinder kaufen!“

„Nein, nein! Sie trinken das doch, nicht wahr?“ beharrte sie. Ich gab es zu, woraufhin mir Mrs. Wang das Glas in die Hände drückte, wieder auf ihr Fahrrad stieg und wegfuhr.

Als wir wieder ins Haus gingen, bemerkte O-lan: „Stellen Sie sich vor, daß Mrs. Wang Sie so gern hat! Das ist ein sehr großes Geschenk. Sie hätte diesen Kaffee für mindestens fünf amerikanische Dollars verkaufen können."

Ich hörte kaum hin, da ich über diese wunderbare Gebetserhörung erst einmal hinwegkommen mußte. Gott erwies sich ganz gewiß als mein Jehova-jireh[1]. Mit diesem Vorrat konnte ich einige Tage lang mehrmals täglich frühstücken!

[1]) „Der Herr sorgt vor" (1. Mose 22,14). Einer der Wahlsprüche Hudson Taylors.

17. Kapitel

Brot und Fische

Obwohl ich mich darüber freute, wie der Herr für mich persönlich gesorgt hatte, war mir doch bewußt, daß der Mittwoch, an dem ich das Geld für den Kauf von Reis für die erste Konferenz übergeben mußte – tausend Taiwan-Dollars, die ich nicht hatte – bedrohlich näherrückte. Ich suchte alles Geld zusammen, das ich besaß, und als ich es auf meinem Bett ausbreitete, stellte ich fest, daß es noch um einiges abgenommen hatte: es waren nur noch ungefähr zehn Dollars! ‚Nicht gerade viel, um damit eine Konferenz zu beginnen', dachte ich. Aber ich kniete nieder und betete: „Herr, du bist der, der Brot und Fische vermehren und fünftausend Menschen sattmachen kann; dies ist alles, was ich habe: zehn Taiwan-Dollars, um ungefähr hundertfünfzig junge Leute zehn Tage zu verköstigen. Ich muß bis zum Abend tausend Dollars haben, Herr, um den Reis kaufen zu können. Ich bitte dich, sie um deiner Ehre willen zu geben." Als ich mich wieder erhob, hatte ich nicht die leiseste Ahnung, woher das Geld kommen sollte, aber irgendwie hatte ich die Gewißheit, daß es kommen würde, und so geriet ich nicht in Panik, was ja durchaus möglich gewesen wäre.

Wenige Minuten später traf ein Telegramm vom Sonne-Mond-See ein, an dem eine befreundete Missionarin aus Hongkong Ferien machte. Sie wollte heute nach Taitschung kommen und fragte mich, ob wir zusammen zu Mittag essen könnten. Ja, und außerdem habe sie ihre vier Kinder dabei. ‚Oh nein!' dachte ich. Dieses Telegramm war nicht gerade eine dieser wunderbaren Gebetserhörungen. Tatsächlich stellte es mich noch vor ein weiteres Problem: was sollte ich ihnen zu essen geben?

Ich ging wieder in mein Schlafzimmer, wo immer noch das Geld auf dem Bett ausgebreitet lag. Wieder kniete ich nieder.

„Herr, was machen wir jetzt? Ich habe kein Geld, um essen zu gehen, und ich habe auch nichts zu essen für sie hier." Selbst mein Brotvorrat war inzwischen sehr geschrumpft, und der Reis war völlig aufgebraucht.

Während ich noch über meine Situation nachgrübelte, kam ein weiteres Telegramm von derselben Frau. „Ich vergaß, dir zu sagen", schrieb sie, „daß du zu dem kleinen Restaurant, in dem wir schon einmal so gut gespeist haben, gehen und für uns alle das beste Essen, das sie haben, bestellen sollst. Wir laden dich ein!"

Sogleich dankte ich dem Herrn, daß das Brot und die Fische sich zu vermehren begannen! Und dann bestellte ich das beste Essen, das das Restaurant hatte, und zwar reichlich. Wenn man nämlich in einem chinesischen Restaurant nicht alles aufessen konnte, bekam man es eingepackt und konnte es mit nach Hause nehmen, sogar den Reis!

Als wir dann später unser gemeinsames Mahl genossen, sagte meine Freundin: „Meine Tochter und ich haben uns während der Fahrt unterhalten, und wir haben beide das Gefühl, daß du ein Problem hast, eine Sache, von der du niemandem erzählt hast. Stimmt das?"

Zögernd antwortete ich: „Ja, es stimmt. Da du nicht aus Taiwan bist, kann ich es dir wohl sagen. Ich bin ausgeraubt worden." Dann erzählte ich ihr, wie ernst die Lage war.

Nachdem sie den ersten Schrecken über meine Geschichte überwunden hatte, antwortete sie: „Wir hatten schon beschlossen, daß wir dir dieses taiwanesische Geld geben wollten, anstatt es in Hongkong wieder zurückzutauschen. Wir brauchen es nicht mehr, da wir heute nachmittag von Taipeh abfliegen." Dann gab sie mir das Geldpäckchen. An seiner Größe konnte ich gleich erkennen, daß es mindestens tausend Taiwan-Dollars sein mußten.

„Es ist zwar sehr unchinesisch“, sagte ich, „aber darf ich es gleich öffnen?“

„Natürlich.“

Ich öffnete das Päckchen und zählte exakt tausend Dollars – genau den Betrag, den ich brauchte, um den Reis für die erste Konferenz zu bezahlen.

Bald schon jedoch sah meine eigene Situation wieder düster aus. Nach zwei Mahlzeiten war das Essen aus dem Restaurant aufgebraucht und mein Schrank wieder so gut wie leer. Aber der Herr wußte, was ich nötig hatte. Wieder gebrauchte er seine Leute dazu, um seinetwillen zu teilen. Während ich unterwegs war, um einige junge Leute zu der Konferenz einzuladen, legte es der Herr einigen Leuten ans Herz, mir etwas zu essen zu schenken.

Dennoch war ich unter Druck – die Strom- und die Wasserrechnung waren in den nächsten Tagen fällig. Noch dazu war am kommenden Tag ein Abendmahlgottesdienst, an dem stets ein besonderes Opfer erbeten wurde.

Während des ganzen Gottesdienstes saß ich da und rechtete mit dem Herrn wegen des kleinen Geldbetrags in meiner Tasche, so daß ich keine Ahnung habe, wer die Predigt hielt und was gesagt wurde. In mir arbeitete es schwer: ‚Soll ich dieses Geld geben oder nicht? Du weißt, Herr, es ist alles Geld, was ich habe, und außerdem ist es eigentlich nicht dein Geld! Dein Geld ist gestohlen worden.‘ So versuchte ich mich hinauszureden. Aber ich hatte keinen Frieden. Schließlich erkannte ich, daß ich, da dies nicht einmal annähernd der Betrag war, den ich sonst gab, lieber aufstehen und alles in die Opferbüchse legen sollte. Das tat ich dann auch. Meine Taschen waren jetzt völlig leer.

Unmittelbar nach dem Gottesdienst kam ein junges

Paar zu mir her. „Großmama“, sagten sie, „wir haben heute morgen für dich gebetet, und es war, als wollte der Herr uns sagen, daß wir dir etwas geben sollten. Sei bitte nicht gekränkt. Wir hatten das Gefühl, daß du es besonders brauchst.“ Sie waren noch ziemlich neu im Glauben und hatten mir nie zuvor so etwas gegeben. Sie waren sehr verlegen, als sie mir einen Umschlag überreichten, und machten sich eilig davon.

Gleich darauf kam eine ältere, vom Festland stammende Frau zu mir herüber und drückte mir mit der Bemerkung, sie müsse mir dies geben, einen Umschlag in die Hand. Noch ehe ich ein Wort sagen konnte, war sie wieder verschwunden. Als ich die Umschläge zu Hause öffnete, stellte ich fest, daß sie ungefähr zweihundertfünfzig Taiwan-Dollars enthielten – ein großartiger Zins für die zehn Dollars, die ich dem Herrn gegeben hatte! Soviel eigenes Geld hatte ich seit dem Diebstahl vor zwei Wochen nicht mehr gehabt!

An diesem Nachmittag bekam ich Besuch von einer Lehrerin, und während wir uns unterhielten, fragte sie, ob ich etwas Reis gebrauchen könne. Und ob ich das konnte! Mir war schon vor Tagen der Reis ausgegangen, aber das sagte ich ihr natürlich nicht. Ich erwiderte nur: „Warum fragst du?“

„Ich habe gerade meine Reisration bekommen“, erklärte sie, „und da mein Mann nicht zu Hause ist, brauche ich nicht so viel.“ Wie andere Staatsbedienstete bekam sie Vorräte an Nahrungsmitteln wie Reis, Öl und Salz zugeteilt. „Ich dachte, du könntest vielleicht etwas davon gebrauchen. Ich habe mehr, als ich im Moment brauche, und bald kommt die nächste Ration. Ich habe den Reis gleich mitgebracht, und wenn du ihn haben möchtest, hole ich ihn herein.“

Sie ging und brachte einen großen Sack, der zwanzig jin (ungefähr vierundvierzig Pfund) wog, herein. Hungern mußte ich also nicht, soviel war sicher, denn diese Menge Reis würde ausreichen, bis unser Finanzsekretär zurückgekehrt war und ich wieder Geld bekommen konnte. Einige Zeit später erzählte ich meiner Freundin dann, wie der Herr sie dazu gebraucht hatte, mir in meiner Not zu helfen.

Während all dieser Tage, in denen ich erfuhr, wie der Herr für mich sorgte, hatte ich immer noch ein wirklich ungutes Gefühl wegen meiner Hausgehilfin O-lan. Da der Dieb das Geld für ihren Lohn zurückgelassen hatte, bezahlte ich sie jedesmal, wenn ihr Gehalt fällig war, pünktlich. Nicht ein einziges Mal jedoch fragte sie mich, woher ich das Geld dazu hatte. Kam ich aber mit irgendwelchen Einkäufen heim, fragte sie sofort: „Woher hatten Sie das Geld dafür?" Es war seltsam. Aber ich hatte keinen ausreichenden Beweis, sie des Diebstahls zu beschuldigen, und so machten wir einfach wie bisher weiter.

Es war jetzt nur noch eine Woche bis zur Jugendkonferenz, und ich war voll damit beschäftigt, Bibelarbeiten und andere Veranstaltungen vorzubereiten. Gerade zu dieser Zeit mußte meine alte Freundin und Mitarbeiterin Ruth Nowack aus gesundheitlichen Gründen nach Amerika zurückkehren. Meine chinesischen Freunde drängten mich alle, nach Taipeh zu fahren, um mich von ihr zu verabschieden. Sie konnten ja nicht wissen, daß ich nicht das Geld für die Fahrt hatte.

„Ich habe schrecklich viel zu tun", erwiderte ich. „Ich habe einfach keine Zeit dafür. Außerdem habe ich an diesem Tag drei Versammlungen zu halten." Daraufhin erboten sich einige Leute, die Treffen zu übernehmen.

„Aber ich müßte dann morgens schon gleich den ersten Zug nehmen und würde erst spät in der Nacht zurückkommen", entgegnete ich weiter, „und ihr wißt ja, daß es zur Zeit unmöglich ist, eine Rückfahrkarte zu bekommen. Überhaupt ist es jetzt schon zu spät, so daß ich wahrscheinlich nicht einmal mehr eine einfache Fahrkarte bekommen könnte."

„Das ist kein Problem", warf eine andere Frau ein.

„Der Chauffeur meines Mannes kann Ihnen eine besorgen. Er bekommt jederzeit Fahrkarten."

Dann ging ich zu einer Versammlung, und ich hoffte, daß damit die Angelegenheit erledigt war. Als ich jedoch nach Hause kam, lag zu meiner Überraschung auf dem Tisch eine Rückfahrkarte nach Taipeh.

Am nächsten Morgen mußte ich sehr früh aufstehen, um den Zug um halb sechs zu bekommen. Ich mußte zu Fuß zum Bahnhof gehen, da die Strom- und die Wasserrechnung meinen Geldbeutel so belastet hatten, daß ich nur noch ungefähr drei Taiwan-Dollars übrig hatte – zu wenig für eine Trischa. Aber dies war erst der Anfang meiner Sorgen. Obwohl ich versuchte, auf der vierstündigen Fahrt nach Taipeh zu schlafen, kämpfte ich die ganze Zeit über in Gedanken bereits mit dem nächsten Problem: Wie sollte ich nur mit drei Dollars den ganzen Weg vom Bahnhof zum Flughafen zurücklegen! Ich hätte mir von diesen Sorgen nicht den Schlaf rauben lassen müssen, denn der Herr wußte, was ich brauchte.

Als ich in Taipeh den Zug verließ, kam ein Mann auf mich zu und sagte: „Sind Sie nicht Lehrerin Han aus Taitschung?"

„Die bin ich", erwiderte ich etwas verlegen, da mir sein Name nicht einfiel, obwohl mir sein Gesicht bekannt vorkam. „Sind Sie gekommen, um sich von Lehrerin Lo zu verabschieden?" fragte der Mann weiter.

„Ja."

„Prima. Kommen Sie doch mit uns zum Flughafen. Mein Wagen steht vor der Tür!" Ich glaubte, nicht richtig zu hören. Wie konnte es nur sein, daß in dieser großen Stadt Taipeh genau in diesem Moment jemand vorbeikam, der mich kannte, der wußte, wohin ich wollte, und der ebenfalls dorthin fuhr – mit dem Auto! Offensichtlich war der Herr wieder einmal vorausgegangen. Wie langsam ich es lernte zu vertrauen! Dieser Bekannte war Regierungsbeamter, und ich verdankte ihm nicht nur die Fahrt mit Chauffeur zum Flughafen, sondern er und seine Frau luden mich zuvor noch zu einem wunderbaren Essen ein.

Auf dem Flughafen geschah dann etwas anderes Merkwürdiges. Einige Leute hatten Ruth zum Abschied Goldringe geschenkt. Zwei davon zog sie sich plötzlich vom Finger und gab sie mir. „Ich wüßte nicht, was ich in Amerika damit anfangen sollte“, sagte sie, „aber du könntest sie vielleicht irgendwann einmal verkaufen, wenn du in finanzieller Verlegenheit bist!“ Sie waren aus reinem Gold, wie die Chinesen sie als Teil der Aussteuer oder einfach als Geldanlage besitzen, da sie stets veräußerlich sind.

Noch dazu waren die Leute, die mich mit zum Flughafen genommen hatten, so aufmerksam, mich zu fragen, mit welchem Zug ich zurückfuhr, und sie beschlossen daraufhin, daß genug Zeit blieb, noch einmal miteinander essen zu gehen, bevor sie mich zum Bahnhof zurückbrachten. Nach diesen beiden wunderbaren Mahlzeiten konnte ich einige weitere Tage über die Runden kommen! Als ich dann in Taitschung ankam, ging ich zu einem Makler und verkaufte meine beiden kostbaren Ringe für über achthundert Taiwan-Dollars – zu dieser Zeit ein kleines Vermögen für mich.

Es war schon nach Mitternacht, bis ich nach Hause kam, da ich wieder zu Fuß vom Bahnhof heimging. Es war ein langer Tag gewesen, obwohl es wunderbar gewesen war, zu erleben, wie der Herr auf dem ganzen Weg für mich gesorgt hatte.

Nun jedoch sank ich, nachdem O-lan mich eingelassen hatte, erschöpft auf einen Stuhl. „Ich bin todmüde“, sagte ich. „Was würde ich darum geben, jetzt etwas Schokolade naschen zu können!“ (Schokolade ist eine meiner Schwächen – vor allem, wenn ich müde bin.)

„Sie möchten etwas Schokolade?“ fragte O-lan, zur Abwechslung einmal fröhlich. „Warten Sie.“ Mit diesen Worten ging sie aus dem Zimmer. Wenig später kam sie mit einer großen Schachtel Pralinen zurück.

„Es ist ein Zettel dabei. Eine Frau hat sie gebracht; ich kenne sie vom Sehen, weiß aber nicht, wie sie heißt."

Ich las das Schreiben, und es stellte sich heraus, daß diese „himmlischen" Leckereien von einer chinesischen Freundin waren, die gerade von einer Amerikareise zurückgekehrt war. Sie wußte von meiner Vorliebe für Schokolade und hatte mir deswegen diese große Schachtel mitgebracht. Sie war nur für diesen einen Tag in Taitschung gewesen, und deshalb vergingen viele Wochen, bis ich ihr sagen konnte, wie wunderbar diese Pralinen waren, wie ich mich mit meiner vierbeinigen Freundin Cinderella zur Seite direkt auf den Tatami-Boden gesetzt hatte und sie wie ein glückliches Kind aufgegessen hatte. Welch ein Vater! Er sorgt so sehr für uns, daß er seinen Kindern Besonderes zukommen läßt – sogar Pralinen.

Am darauffolgenden Montag begann dann schließlich die erste Konferenz. Der verantwortliche Mitarbeiter fragte mich, ob ich am Dienstagabend das noch fehlende Geld für die verschiedenen Auslagen wie Honorare für die Redner und Buskosten für unseren Ausflug mitbringen könne.

„Ich gebe es Ihnen gleich nach der Abendveranstaltung", antwortete ich, und noch während ich dies sagte, fragte ich mich, woher es wohl kommen werde. Dennoch hatte ich tiefen Frieden in meinem Herzen und die ruhige Gewißheit, daß der Herr uns jetzt nicht im Stich lassen werde.

Ich war in den letzten Tagen so beschäftigt gewesen, daß ich nicht daran gedacht hatte, meine Post abzuholen, und als die Jugendlichen am Dienstagnachmittag ihre freie Zeit hatten, beschloß ich, zum Postamt zu gehen. In meinem Brieffach steckte eine Menge Zeug, und mittendrin war ein Kuvert vom amerikanischen Finanzministerium. ‚Was ist jetzt los?' dachte ich. ‚Wollen sie mehr Geld?' Als ich jedoch den Umschlag öffnete, fiel ein Scheck über mehrere hundert Dollars heraus! ‚Was ist nur in meine Regierung gefahren, daß sie mir einen Scheck schickt?‘ staunte ich ungläubig. Die Antwort erfuhr ich aus dem beiliegenden Brief. Zehn Jahre zuvor, als ich nach China ausreiste, hatte ich sämtliche Steuerunterlagen für das ganze Jahr ausgefüllt und hätte für die einbehaltene Steuer eine Rückzahlung bekommen müssen. Hier war sie nun, zehn Jahre später, als ich sie am nötigsten brauchte. Welch vollkommener Zeitplan!

Nachdem ich den Scheck eingelöst hatte, fühlte ich mich wie eine Millionärin!

Nach meiner Rückkehr zur Kirche traf ich den besorgten Jugendgruppenleiter. Welch eine Freude war es, ihn daran erinnern zu können, daß der Herr versprochen hatte, uns alles bis zum letzten Pfennig zukommen zu lassen, und ihn dann damit zu überraschen, daß ich das Geld aus meiner Tasche zog! Ich zählte den fälligen Betrag ab und gab ihm das Geld mit den Worten: „Wir werden es ihnen sogar gleich vor dem Treffen geben, nicht erst hinterher."

Er war überzeugt, daß ich es geliehen haben mußte. Als ich ihm jedoch berichtete, auf welch wunderbare Weise der Herr es gegeben hatte, war er so überwältigt wie ich.

„Aber es ist eigentlich Ihr Geld", sagte er dann mit besorgter Miene.

„Nein, es gehört nicht mir. Ich wußte nicht, daß es mir all die Jahre zustand, und der so vollkommen passende Zeitpunkt macht es ganz klar, daß dies Gottes Wirken ist. Das Geld gehört dem Herrn, nicht mir. Er war es, der es genau für diese Zeit aufgehoben hat, und noch dazu haben wir Zinsen dafür bekommen!"

Das Geld reichte für die ganze erste Konferenz und für einen Teil der zweiten, und es ermöglichte mir außerdem, meinen Speiseschrank wieder aufzufüllen.

Der Herr segnete die Gemeindejugendkonferenz in reichem Maß trotz der zahlreichen Anstrengungen des Feindes, sein Wirken zu vereiteln. Wie wunderbar ist es doch zu wissen, daß, der in uns ist, größer ist, als der in der Welt ist! In diesen Tagen nahmen dreißig junge Leute erstmalig den Herrn Jesus als ihren Heiland an, oder sie wurden ihres Heils ganz gewiß. Außerdem stellten fünfzehn ihr Leben dem Herrn für seinen Dienst zur Verfügung, während andere wiederum Dinge in Ordnung brachten, die sie falsch gemacht hatten.

Ich hatte eigentlich auf ein paar Tage Ruhe zwischen den beiden Konferenzen gehofft, aber es sollte nicht sein. Statt dessen brach der Teufel wieder wie eine Flut herein und tat nun, was er konnte, um die gesamttaiwanische Studentenkonferenz zunichte zu machen. Dieses Mal benutzte er dazu Mißverständnisse, und ich war eines der Opfer. Dies war eine noch schmerzhaftere und zermürbendere Erfahrung, als es der Verlust des Geldes gewesen war. Es ist natürlich nicht sehr angenehm, all seine Fehler und Sünden von anderen aufgezählt zu bekommen. Dennoch ist es eine Gelegenheit für den Herrn, gründlich an uns zu arbeiten und uns zu unserem geistlichen Wohl zu beschneiden und zurechtzustutzen. Wie es oft bei Mißverständnissen der Fall ist, war vieles falsch und sogar böswillig. Dennoch gab mir der Herr die Bereitschaft, zu den Beteiligten hinzugehen, das Ganze mit ihnen durchzusprechen und um Vergebung zu bitten, wo sie meinten, daß ich im Unrecht war und sie gekränkt hatte. Danach fühlte ich mich so federleicht, als könne ich fliegen, denn ich wußte, daß ich getan hatte, was ich konnte, und das übrige überließ ich dem Wirken des Herrn.

Aber jede Hoffnung auf Ruhe war nun zunichte geworden. Als sich diese Situation schließlich geklärt hatte, mußte ich mit den Vorbereitungen für die Studentenkonferenz beginnen. Es gab eine Unmenge zu erledigen, und vieles davon konnte nur ich tun, da mir die Verantwortung übertragen worden war.

Auch waren immer noch die Bibelleseanleitungen für die Zeitschrift der Studentengemeinschaft zu schreiben

– ungefähr neunzig für jede Ausgabe, bestehend aus einer Lesung und Fragen für jeden Tag eines Zeitraums von drei Monaten. Ich hatte diese Mammutarbeit beinahe beendet, als ich zwei Tage vor Konferenzbeginn mitten in der Nacht an einem fürchterlichen Schmerz im Unterleib aufwachte – ein Warnsignal, daß mein altes Geschwür mich wieder zu plagen begann. Die Belastung der vergangenen Wochen wirkte sich offensichtlich auf meine körperliche Verfassung aus.

Mein Arzt war nicht da, aber ich beschloß, daß es das klügste wäre, wieder zu der milden Diät, die er mir verordnet hatte, überzuwechseln. Dies war jedoch nicht so leicht möglich, da ich kein Trockenmilchpulver hatte und auch kein Geld, welches zu kaufen! Der Herr gab mir in meiner Stillen Zeit an diesem Tag das Wort: „Der Herr ist mit mir, darum fürchte ich mich nicht." Das ermutigte mich wirklich, und ich war sicher, daß der Herr alles über diese neuerliche Prüfung wußte. So war es in der Tat, denn genau an diesem Morgen gab er es einem seiner treuen Diener ins Herz, mir ein großes Glas Milchpulver als Geschenk zu bringen! Niemand auf der Konferenz ahnte, daß ich nicht ganz auf der Höhe war, und glücklicherweise waren nach ein paar Tagen meine Beschwerden verschwunden.

Nun stand ich jedoch wieder der Tatsache gegenüber, daß ich über tausend Taiwan-Dollars für die Kosten der Studentenkonferenz aushändigen mußte. Dieses Mal hatte ich das Geld von der Steuerrückerstattung, aber das konnte nicht die ganzen Auslagen decken, denn es war nicht annähernd so viel, wie gestohlen worden war. So fragte ich mich wieder einmal, welche Wege der Herr wählen würde, um für uns zu sorgen.

Am Sonntag vor Beginn der Konferenz kamen nacheinander vier Leute mit Spenden für die Veranstaltung zu mir, wodurch der volle Betrag, den wir brauchten, zusammenkam.

Da die Konferenz in Taitschung stattfand, konnte ich

ab und zu auf einen Sprung zu Hause vorbeigehen. Eines Tages fielen mir die noch nicht fertigen Bibelleseanleitungen ein, und ich beschloß, sie meiner chinesischen Sekretärin zu bringen, da ich bereits die Lesungen für ungefähr zwei Monate fertig hatte. So konnte sie jetzt schon mit den Abschriften beginnen und würde später nicht unter Zeitdruck kommen.

Ich ging nach Hause, um die Manuskripte zu holen. Aber als ich dort nachsah, wo ich sie immer hinlegte, waren sie nicht da! Ich suchte noch ein wenig weiter, aber sie waren spurlos verschwunden. Ich konnte mich auch nicht erinnern, sie irgendwo anders hingetan zu haben. Wenn sie wirklich verlorengegangen waren, so bedeutete dies in vieler Hinsicht einen größeren Verlust als das Geld. Ich konnte mir im Moment nicht mehr Zeit nehmen, nach ihnen zu suchen, da ich schnell zur Konferenz zurückmußte. Obwohl ich wirklich durcheinander war, erzählte ich niemandem davon und hoffte nur, daß ich die Unterlagen nach der Veranstaltung finden würde.

Bald ging die Konferenz zu Ende, und der Herr hatte sie in der Tat überaus reich gesegnet. Viele der Teilnehmer wirkten später führend in verschiedenen Zweigen der Arbeit des Herrn. Kein Wunder, daß wir auf solchen Widerstand stießen!

Wo aber waren die Manuskripte? Diese Frage beschäftigte mich nun wieder am meisten. Die Antwort darauf weiß ich jedoch bis heute nicht. Ich mußte einfach noch einmal ganz von vorne anfangen und alles bis zum Abgabetermin in zwanzig Tagen fertig haben. Die Studentenzeitschrift kam pünktlich mit einundneunzig Bibelleseanleitungen heraus. Ich kann nur sagen, daß der Herr mich mit Kraft, Weisheit und Erkenntnis so überschüttete, wie ich es nie zuvor erlebt hatte. Obwohl ich in diesen Tagen kaum ins Bett kam, machte mir doch wenigstens das Geschwür keine neuen Beschwerden. Und der Herr fuhr fort, auf wunderbare und überaus vielfältige Weise für meine persönlichen Bedürfnisse zu sorgen. Als diese Zeit dann jedoch vorüber und der ÜMG-Sekretär zurückgekehrt war, so daß ich wieder Geld abheben konnte, versiegte der Strom der Geschenke so plötzlich, wie er begonnen hatte.

Obwohl ich wußte, daß ich in dieser Zeit dem Angriff des Bösen ausgesetzt war, fühlte ich mich sehr ermutigt durch die Art, wie Gott im Leben der Studenten und der Jugendlichen wirkte und wie er für mich sorgte. Mein Glaube wurde wirklich gestärkt, und ich empfand ein neues, tieferes Wissen um Gottes Liebe. Wie wunderbar war es, sein Wirken in so vielen unmöglichen Situationen während dieser elf oder zwölf Wochen zu erleben und zu erfahren, wie die Gemeinschaft mit meinen chinesischen Freunden, durch die mir oft Gottes Fürsorge zuteil wurde, sich noch vertiefte. Ich hatte nun keine Zweifel mehr. Zu Römer 8,28 konnte ich in der Tat „Ich weiß..." sagen, und ich hatte volles Vertrauen, daß der Gott Abrahams, Isaaks, Jakobs und Hudson Taylors auch der Gott Pauline Hamiltons ist. Die Lektionen, die ich lernte, waren mehr wert als das gestohlene Geld oder die verschwundenen Bibelleseanleitungen.

Einige Zeit später, als ich dieses Zeugnis an verschiedene Gruppen weitergab, fragte man mich: „Warum hast du uns nichts von deiner Not gesagt? Wir hätten dir doch helfen können."

„Wenn ich das getan hätte", erwiderte ich, „hätte ich eine der kostbarsten Erfahrungen meines Lebens versäumt."

18. Kapitel

Die Lösung

Nachdem nun die Konferenzen vorüber waren, begann ich ernstlich darüber zu beten, ob ich meine Hausgehilfin O-lan entlassen sollte. Ich hätte es schon vor dem Diebstahl tun sollen – Gründe hatte ich genug dafür. Dennoch mochte ich es nicht gern tun.

O-lan war seit drei Jahren bei mir, und bis einige Monate vor dem Diebstahl des Geldes war sie eine geradezu ideale Hilfe gewesen. Sie hatte die hiesige Hauswirtschaftsschule besucht, und sie führte meinen Haushalt stets sehr umsichtig, sorgte sogar für meine Kleider und hielt mir so den Rücken für andere Arbeit frei.

Die Schwierigkeiten begannen jedoch nach einem Abend, an dem wir ein langes Gespräch geführt hatten. O-lan war sich ihrer Sündhaftigkeit zutiefst bewußt und empfand wirklich ihre geistliche Not. Sie schien den Herrn annehmen zu wollen, konnte es aber nicht. „Meine Mutter läßt es nicht zu!" sagte sie immer wieder. Ich wußte, daß sie da Probleme hatte. Während ihr Vater in Taitschung lebte und ein unbescholtener Mann war, wohnte ihre Mutter draußen auf dem Lande, und die Leute erzählten, daß sie eine sehr schlechte Frau sei – eine Zauberin, wie man mir später sagte. Jedenfalls schien O-lan, obwohl wir bis spät in die Nacht miteinander geredet hatten und obwohl Gott offensichtlich zu ihrem Herzen sprach, gebunden zu sein. Am Ende verschloß sie die Tür vor dem Herrn fest.

Von da an ging eine Veränderung mit ihr vor. Sie begann, jeden Abend auszugehen. Wenn ich fragte, wohin sie ging, reagierte sie zornig. Außerdem begann ich, Dinge im Haus zu vermissen. Mit der Zeit kam sie immer später heim, was mich beunruhigte und weswegen ich aufbleiben mußte, um sie hereinzulassen.

Eines Nachts kam sie erst nach zwei Uhr zurück. Als ich das Tor öffnete, fragte ich, wo sie gewesen sei. „Ich habe mir Sorgen gemacht“, erklärte ich ihr.

O-lan reagierte wutentbrannt. Während ich das Tor wieder verriegelte, stürmte sie ins Haus. Ich kam hinterher, schloß die Haustür ab, und als ich mich umdrehte, packte O-lan mich und hielt mich mit festem Griff. Mit ihrer anderen Hand umklammerte sie mein großes, blitzendes chinesisches Hackbeil und erhob es, ihr Gesicht blaß vor Zorn, zum Schlag. Schlauerweise hatte sie meine Hündin Cinderella im oberen Bereich meines japanischen Hauses eingesperrt – ich konnte nur ihre kleine schwarze Schnauze an der winzigen Öffnung der Schiebetür sehen. Das übrige Haus war nun fest verschlossen, und es würde nichts nützen, um Hilfe zu rufen. Ich saß in der Falle.

Da bemerkte ich, daß Cinderella spürte, etwas stimme nicht, und verzweifelt versuchte, mit ihrer Pfote die Tür aufzuschieben und den Türspalt mit ihrer Schnauze zu erweitern. Sie könnte es schaffen. Ich erkannte, daß meine einzige Chance darin lag, Zeit zu gewinnen.

So begann ich, O-lan, deren fester Griff inzwischen wirklich schmerzhaft war, eine Predigt zu halten. Sie lockerte jedoch die Umklammerung nicht. Als großes, kräftiges Mädchen vom Lande, über einen Kopf größer als ich, war sie sehr stark, und sie war noch immer sehr zornig. Ich war ihr ausgeliefert.

Ich versuchte, ihr zuzureden: „Töte mich nur! Es ist egal, denn ich komme dann in den Himmel. Aber du wirst nicht ungestraft davonkommen.“ Noch während ich sprach, wußte ich, daß ich ihr nicht mehr lange standhalten konnte. Dem Zusammenbruch nahe, flehte ich Gott um Hilfe an.

Cinderellas Schnauze arbeitete sich bald etwas weiter

vor, und gerade, als ich meinte, O-lan keine Sekunde länger standhalten zu können, gelang es der Hündin, sich durch die Tür zu winden. Sofort stürzte sie sich auf das Mädchen und biß sie ins Bein. O-lan schrie vor Schmerz und lockerte ihren Griff. Schnell entriß ich ihr das Hackbeil.

„Mach, daß du hineinkommst, O-lan, und geh zu Bett!" befahl ich, ohne mich noch lange um ihre Wunden zu kümmern. „Das ist in Ordnung. Der Hund ist geimpft; du wirst also keine Tollwut bekommen. Geh jetzt schlafen!"

Ich fühlte mich zwar etwas wacklig auf den Beinen, aber mein Verstand arbeitete normal; also rannte ich zur Küche und nahm alle Messer, die ich finden konnte, an mich. Dann ging ich schnell in mein Schlafzimmer und versteckte die Messer unter der Matratze und dem Kopfkissen. Daraufhin nahm ich Cinderella zu mir ins Bett, legte mich unter das Moskitonetz und versuchte zu schlafen.

Ich erzählte niemandem von dem Zwischenfall, und nachdem ich erfahren hatte, daß O-lans älterer Bruder ein Krimineller war, wagte ich es auch nicht aus Angst vor Rache. Der Diebstahl machte meine Situation nur noch schlimmer. Obwohl vieles darauf hindeutete, daß O-lan damit zu tun hatte, reichte dies doch als Beweis nicht aus. Ich konnte nicht sicher sein. Was ich brauchte, war ein Entlassungsgrund, der weder mit dem Mordversuch noch mit dem Diebstahl zu tun hatte. Oh, wie ich betete!

Dann erzählte mir eines Tages jemand, daß O-lan verlobt sei. Als ich sie deswegen fragte, stritt sie es zuerst ab. Dann gab sie es zu und begründete die Tatsache, daß sie es mir verschwiegen hatte, mit der Erklärung: „Es ist aber nur eine kleine Verlobung." In Taiwan gibt die sogenannte „kleine Verlobung" dem Paar die Freiheit, miteinander auszugehen und sich zusammen sehen zu lassen. Wenn alles gut geht und beide Familien einverstanden sind, kommt als nächster Schritt die „große Verlobung“, die so bindend ist wie die Heirat.

Nun hatte ich meinen Grund, O-lan zu entlassen, und niemand würde dadurch bloßgestellt werden. Nicht, daß ich gegen diese Verbindung gewesen wäre. Ihr Verlobter hatte studiert und kannte mich, wie er sagte, da er an einer Konferenz teilgenommen hatte, bei der ich als Rednerin war. Ich glaubte, daß immer noch Hoffnung für O-lan bestand, wenn sie den Klauen ihrer Mutter entrissen und vom Einfluß ihres Bruders befreit wurde. Nein, ich war nicht gegen diese Heirat. Aber sie hatte mir nicht nur ihre Verlobung verschwiegen, von der sie mir hätte erzählen müssen, auch wenn es nur eine kleine Verlobung war, sondern sie hatte auch gelogen, als ich sie daraufhin angesprochen hatte. Als ich sie entließ, gab ich ihr, wie in solchen Fällen üblich, einen Extralohn, und bestellte dann, als sie alles gepackt hatte, ein Taxi, das sie mitsamt ihren Habseligkeiten wieder nach Hause aufs Land bringen sollte.

Dann machte ich mich sogleich auf und bestellte einige Ochsenkarren, um noch am selben Nachmittag aus meinem Haus auszuziehen. Obwohl ich den Umzug schon einige Zeit geplant hatte, schien es mir nun am besten, noch vor Einbruch der Dunkelheit das Haus zu verlassen. O-lan wußte, daß ich vorhatte umzuziehen, aber sie wußte nicht, wohin, obwohl es eigentlich nur zwei Straßen entfernt war. Nicht viele Leute konnten meinen Auszug bemerkt haben, da ich das Haus durch die Hintertür verließ. Ich ließ lediglich Cinderella zurück.

Ich schlief in dieser Nacht in meinem neuen Heim friedlich und hatte auch keine Messer unter der Matratze! Am nächsten Morgen ging ich hinüber, um Cinderella zu holen – und fand Löcher im Tor, ein zerschmettertes Fenster und alle möglichen anderen Beschädigungen vor!

Die Nachbarn kamen heraus und fragten: „Was war denn bei Ihnen letzte Nacht los?“

„Ich weiß es nicht", antwortete ich. „Ich war nicht da, weil ich gestern ausgezogen bin." Dann berichteten sie mir etwas, das mich schaudern ließ. Eine große Männerhorde war zum Haus gekommen. (Ich nahm an, daß es sich um O-lans Bruder und einige Mitglieder seiner Bande handeln mußte, die mir die Entlassung heimzahlen wollten.) Als sie merkten, daß ich nicht da war, gingen sie wieder; sie kamen jedoch noch mehrmals zurück und ließen ihre Rachsucht am Haus aus. Ich war also nicht zu früh ausgezogen.

Aber ich machte mir noch immer große Sorgen um O-lan. Es war sehr hart gewesen, sie entlassen zu müssen, nachdem sie mir drei Jahre lang geholfen hatte. Ich schrieb an fünf Freunde, die treu für mich sowie für Menschen, um die ich mich sorgte, beteten; ich wußte, daß sie vertrauenswürdig waren und beten würden. Aber trotz unserer Fürbitten schien nichts zu geschehen. Mit der Zeit verlor sich O-lans Spur, und ich hatte keine Ahnung, was aus ihr geworden war. Wir beteten jedoch weiter, denn der Herr wußte, wo sie war und was sie brauchte.

Fünf Jahre später, am chinesischen Neujahrstag, kam neben all den anderen Besuchern auch ein Paar auf einem Motorrad angefahren. Als ich das Tor öffnete, war ich wirklich verblüfft, O-lan zusammen mit ihrem jüngeren Bruder zu erblicken! Meine Einladung, ins Haus zu kommen, wollte sie nicht annehmen, und sie blieb am Tor stehen. Dann begann sie, ohne die üblichen höflichen Förmlichkeiten, herauszusprudeln, was sie auf dem Herzen hatte: „Ich bin gekommen, um alles zu gestehen. Ich bin verheiratet und habe zwei reizende kleine Jungen, und ich erwarte jetzt mein drittes Kind. Aber ich kann so nicht mehr weiterleben! Ich habe meinem Mann alles erzählt und ihm gesagt, daß er sich von mir scheiden lassen kann, wenn er will, denn ich bin es nicht wert, seine Frau zu sein. Ich habe Ihr Geld genommen. Ich habe alle möglichen Sachen genommen."

Dann zählte O-lan mir eine ganze Reihe von Dingen auf, die sie mir gestohlen hatte. „Wenn Sie mich vor Gericht stellen und ins Gefängnis schicken wollen, bin ich einverstanden. Da gehöre ich hin – ich… ich kann so einfach nicht mehr weiterleben!“

„O-lan“, sagte ich, „ich will nicht, daß du ins Gefängnis oder vor Gericht kommst. Deine kleinen Jungen brauchen ihre Mutter.“

„Aber wenn ich sie ansehe, dann weiß ich, daß ich es nicht wert bin, ihre Mutter zu sein“, seufzte sie.

Wir gingen dann doch ins Haus und hatten ein gutes Gespräch. O-lan nahm an diesem Tag Jesus als ihren Herrn an, und einige Zeit später kam auch ihr Ehemann zum Glauben. Heute sind sie eine reizende christliche Familie mit drei Söhnen, und – was noch zu sagen wäre – sie hat das ganze Geld mit Zinsen zurückbezahlt.

19. Kapitel

Ein blutbefleckter Junge

Eine der aufregendsten Erfahrungen meiner ganzen missionarischen Laufbahn war die Nationalisierung der christlichen Studentenarbeit in Taiwan. Es bestanden nun seit einigen Jahren an den Universitäten auf der ganzen Insel verschiedene christliche Gruppen, und aus diesen wurde eine taiwanesische Organisation, die Campus Evangelical Fellowship[1] (CEF), gebildet. Nun wurde diese Arbeit zusammengeschlossen und von den Chinesen übernommen, und ihre Leitung wurde jungen Menschen übergeben, die bereit waren, sich auf diese Weise in den Dienst der Weitergabe des Evangeliums an ihre Mitstudenten stellen zu lassen. Dies war kein leichter Schritt für sie und bedeutete kein geringes Opfer. Einige erfuhren ernsthaften Widerstand von ihren Eltern, die große Pläne für sie hegten und gehofft hatten, sie würden ins Ausland gehen, um zu promovieren. Tatsächlich hatten ein paar dieser jungen Leute bereits Stipendien für einige der besten Universitäten Amerikas und verzichteten auf diese, um in den vollzeitlichen Dienst für den Herrn zu treten. Gegen heftigsten Widerstand blieben sie standhaft in der Berufung, die von Gott an sie ergangen war.

Als die Studentenarbeit nationalisiert wurde, überließ ich der CEF die Arbeit, die ich unter den Studenten durch die Organisation von Konferenzen usw. getan hatte, und bot gleichzeitig an zu helfen, wo immer man meine Unterstützung wollte. Die neue Organisation wandte sich in vielen Fragen an uns Missionare, wobei der Unterschied war, daß wir nun unter ihnen arbeiteten und nicht mehr selbst die Sache leiteten.

[1]) Evangelische Universitätsgemeinschaft

Ich genoß es voll und ganz, nun von den Verwaltungspflichten frei zu sein. Dadurch war es mir schließlich möglich, auf eine ganz neue Art und Weise zu lehren und seelsorgerisch zu beraten, und ehe ich mich's versah, war die Zeit für meinen nächsten Heimaturlaub gekommen. Die Zeit vergeht wie im Flug, wenn einem die Arbeit Freude macht! Ich betete jedoch ernstlich über diesen Urlaub, denn nachdem Vater gestorben war und meine Schwester mich in Taiwan besucht hatte, bestand nun nicht mehr dieselbe Dringlichkeit, nach Hause zu fahren.

Als ich den Herrn wegen des Urlaubs fragte und wissen wollte, was ich danach tun sollte, begann er, auf recht verwirrende Weise zu antworten. In meiner täglichen Bibellese, in Predigten und in Briefen tauchte immer wieder ein Vers auf, 2. Chronik 25,9: „Es steht beim Herrn, dir mehr zu geben als dies." Ich schien davon nicht loskommen zu können! Hatte dieser Vers für mich eine besondere Bedeutung, oder versuchte ich, etwas in ihn hineinzulesen? Wenn er eine bestimmte Bedeutung hatte – was hatte Gott nun vor? Es dauerte nicht allzu lange, bis ich es herauszufinden anfing, und an Heimaturlaub war dann nicht mehr zu denken.

Alles begann mit einem besonderen Gast. Ich war gerade von einer Konferenz an der Ostküste Taiwans zurückgekehrt und war zum Umfallen müde. Die Busfahrt durch das Gebirge von Hualien nach Taitschung, die nur zehn Stunden hätte dauern sollen, hatte sich wegen Straßenarbeiten, Erdrutschen und Buspannen länger und länger hingezogen. Als ich schließlich mein Tor öffnete, ins Haus ging und den Koffer absetzte, sehnte ich mich nur noch danach, ein schönes heißes Bad zu nehmen, eine Kleinigkeit zu essen und früh zu Bett zu gehen. Aber gerade da begann jemand, so heftig gegen mein Tor zu hämmern, daß ich mein Gefühl des Unmuts unterdrückte und rief: „Wer ist da?" Die Stimme, die antwortete, war so voller Dringlichkeit und klang so vertraut, daß ich trotz meiner Sehnsucht nach Bad und Bett hinausrannte, um das Tor zu öffnen.

Auf diesen Anblick war ich nicht gefaßt gewesen. Da stand ein Junge im Teenageralter, seine Kleider zerrissen, schmutzig und blutbefleckt. Seine Hände und sein Gesicht waren mit zum Teil eiternden Wunden überzogen, und sein verfilztes Haar schien tagelang keinen Kamm mehr gesehen zu haben. Aus seinem blassen Gesicht blickten mich angstvolle Augen forschend an, als wollten sie fragen: „Kennst du mich nicht mehr?“ Etwas zögernd murmelte er schließlich: „Darf ich hereinkommen?“

Ein Name fiel mir plötzlich ein – Ted. „Bist du vielleicht Ted?“ fragte ich zweifelnd, denn der Zustand des Jungen machte ein Wiedererkennen beinahe unmöglich. Er nickte zustimmend. Ted war ein Junge, den ich schon seit seiner frühesten Kindheit kannte. Seine Mutter war gläubig, und sein Vater, der einen hohen Rang in der chinesischen Armee innehatte, behauptete auch, Christ zu sein, was in seinem Leben allerdings nicht sichtbar wurde.

Die Familie hatte mehrere Söhne, und bei Ted hatte es schon, als er erst sechs oder sieben Jahre alt war, Anzeichen gegeben, daß er wahrscheinlich zu einem Problemkind werden würde. Ich hatte damals seine Eltern auf einige der Warnsignale in seinem Verhalten hingewiesen und ihnen zugeredet, daß sie gut daran täten, diese im Keim zu ersticken. Aber da ich nicht verheiratet war und keine Kinder hatte, meinten sie, daß ich von diesen Dingen unmöglich etwas verstehen könne, und sie unternahmen nichts wegen Teds Verhalten.

Nun stand er hier auf meiner Schwelle – wer weiß, in welchen Schwierigkeiten! Aber ich stellte nicht erst lange Fragen. „Komm rein, Ted“, sagte ich. „Geh und nimm erst mal ein richtiges Bad; heißes Wasser ist schon vorbereitet. Ich hole ein paar Handtücher und sehe mal nach, ob ich saubere Kleider finde, die dir passen. Nachher essen wir zusammen zu Abend, und dann möchte ich deine Geschichte hören."

Während ich das Essen vorbereitete, schwirrten mir unzählige Fragen durch den Kopf. ,Was ist geschehen, daß Ted ein solches Leben führt? Weiß seine Familie davon?' Ich hatte ihn seit sieben oder acht Jahren nicht mehr gesehen, aber ich kannte seinen familiären Hintergrund recht gut. Er umfaßte das, was die Leute als gutes Zuhause bezeichnen würden: Komfort, ein überdurchschnittlich hohes Einkommen und sämtliche Annehmlichkeiten des Lebens. Seine Familie war angesehen, aber zu Hause schien es irgendwie an Wärme und Liebe zu fehlen, und es gab deutliche Bevorzugungen. Der älteste Sohn und Erbe schien in den Augen der Eltern unfehlbar zu sein, während es ihnen der kleine Ted nie recht machen konnte. Von klein auf schien er für alle Übeltaten der anderen Jungen verantwortlich gemacht zu werden. Und so beschloß Ted schon früh: „Sie geben sowieso immer mir die Schuld; also kann ich es genausogut auch tun."

Meine Gedanken wurden unterbrochen, als Ted, gewaschen und gestriegelt, aus dem Badezimmer gestürmt kam und laut rief: „Wann essen wir? Ich bin am Verhungern! Ich könnte alles, was im Haus ist, aufessen."

Und das tat er auch beinahe! Es war lange her, daß ich jemanden so viel essen gesehen hatte. Wie verändert er nach dem Bad aussah – ein hübscher Bursche von fünfzehn oder sechzehn, der bezaubernd sein konnte, wenn er wollte!

Das ist die Geschichte, die er mir am Abend erzählte: „Seit ich Sie das letzte Mal gesehen habe, habe ich die Grundschule abgeschlossen. Sie haben mich ein paarmal hinausgeworfen, aber Vater schien jemand zu kennen, deshalb haben sie mich wieder aufgenommen. Ich glaube, sie ließen mich die Abschlußprüfung nur bestehen, weil sie mich loshaben wollten. Dann habe ich die Aufnahmeprüfung fürs Gymnasium gemacht, aber ich bin natürlich durchgefallen. Mein Vater hat mich so verhauen, daß ich heute noch Narben davon habe. Aber irgendwie hat er es doch hingekriegt, daß ich im besten Knabengymnasium der Stadt aufgenommen wurde. Dadurch ging es nur um so schneller mit mir bergab, da der Standard viel zu hoch war für mich. Und weil ich wußte, daß ich niemals mithalten konnte, habe ich es gar nicht erst versucht. Wieder bin ich mehrmals von der Schule geflogen und neu aufgenommen worden, bis sie dann die Geduld mit mir verloren und mich endgültig hinauswarfen.

Seither habe ich die Runde bei sämtlichen Schulen in Taitschung gemacht. Jetzt, wo mich keine mehr nimmt, probiere ich es mit den Schulen in den Nachbarorten. Ich kann niemals die Erwartungen, die mein Vater in mich setzt, erfüllen, und ich habe auch schon längst aufgehört, es zu versuchen. Ich habe jetzt meine eigene Bande – ich bin ihr großer Bruder. Wir sind zusammen ungefähr siebzig. Wir haben viel Spaß – wir kämpfen mit anderen Banden, stehlen und laufen vor der Polizei davon. Also, das war ein Teil von meiner Geschichte – es gibt noch vieles mehr, was ich Ihnen nicht erzählen kann." Er seufzte, als hätte ihn das Geständnis erleichtert.

Dann fuhr er nach einigen Minuten fort: „Vor ein paar Wochen wurde mein Vater wirklich wütend auf mich. Wir hatten einen Riesenkrach. Dann hat er mich buchstäblich aus dem Haus geworfen und mir gesagt, daß ich nie mehr wiederkommen soll. Ich bin aber wieder hingegangen, schon mehrmals; es öffnet jedoch niemand die Tür. Wenn Vater zu Hause ist, kann meine Mutter nichts tun, um mir zu helfen."

„Du hast ja schlimm ausgesehen, als ich dir das Tor aufgemacht habe", sagte ich. „Wo hast du diese letzten Wochen verbracht? Was hast du gegessen?"

„Och, ich habe einfach mit ein paar Jungs von der Bande in Luftschutzbunkern oder unter den Tribünen auf den Sportplätzen gelebt. Das Wetter war schlecht. Es hat auch nicht viel Spaß gemacht, da wir mit einer anderen Bande gekämpft haben, die uns zahlenmäßig so überlegen war, daß wir den kürzeren zogen. Unser Essen – na ja, das haben wir von den kleinen Verkaufsständen an den Straßen gestohlen, manchmal haben wir die Händler auch vorher zusammengeschlagen, bevor wir uns holten, was wir wollten. Nach einer Weile hatten die anderen das dann satt; also habe ich sie nach Hause geschickt. Die letzten paar Tage war ich ganz allein; es war schon ziemlich schlimm und zum Fürchten. Ich hasse es, allein zu sein."

Nachdem er dies gesagt hatte, war er eine Weile still. Dann begann er wieder: „Ich habe aber eine Menge guter Jungs. Wir sind echte Blutsbrüder und helfen einander. Wir haben viele Geheimnisse und sogar unsere eigene Sprache." Dann blickte er etwas verlegen um sich und sagte: „Junge, Junge – hab ich 'ne Menge geredet! Kann ich über Nacht hierbleiben? Ich kann ja nicht nach Hause."

„Also gut", sagte ich, „ich könnte dich in unserem kleinen Gartenhaus einquartieren." Ich ging schnell und richtete es für ihn her.

„Macht es Ihnen was aus, wenn ich jetzt zu Bett gehe? Ich bin todmüde", gähnte Ted.

„Du kannst schlafen gehen, sobald wir gebetet haben. Dies ist ein Missionarshaus", erklärte ich, „und wir halten eine Andacht, bevor wir zu Bett gehen."

„Beten? Andacht? Was ist das alles? Okay, wie Sie wollen. Ich werde es ausprobieren. Jedenfalls finde ich es komisch."

An diesem Abend war die Lesung aus dem Johannesevangelium über Lazarus. Ted ließ mich auch gleich wissen, daß er nicht viel von der Bande hielt, die Jesus bei sich hatte. Sie sei zu klein und auch nicht sehr zuverlässig. „Ich habe in meiner Bande über siebzig", sagte er, „und sie tun, was ich ihnen sage, und wir halten alle zusammen. Nicht wie Jesus. Er war kein richtiger großer Bruder. Als nämlich dieser Laz... – wie hieß er doch gleich? – krank wurde und im Sterben lag, hat Jesus ihn nicht mal besucht. Ich würde es nicht so machen! Warum machen Sie sich die Mühe und lesen das Zeug?"

„Ins Bett jetzt! Ich bin müde", sagte ich. Ich konnte es kaum glauben, daß sich an einem Abend so viel ereignet hatte, aber ich wehrte mich dagegen, in dieser Nacht noch weiter über Ted und seine Angelegenheiten nachzudenken. Ich schlief sofort ein.

Am nächsten Morgen wurde ich von Ted fröhlich begrüßt. „Hei", sagte er, „das ist eine gute Geschichte. Jesus war doch gar nicht mal so übel. Stellen Sie sich vor, er hat Lazarus wieder lebendig gemacht!" Dann erklärte er, daß er nicht hatte einschlafen können und deshalb aufgestanden war, in der Bibel das Johannesevangelium gefunden hatte und die Geschichte von Lazarus zu Ende gelesen hatte.

Darüber war ich ziemlich überrascht, aber ich nützte die Gelegenheit und sprach kurz mit ihm über die Geschichte. Dann trug ich ihm einige Arbeiten auf, da ich Besorgungen zu machen hatte.

„Wohin gehen Sie?" wollte er wissen. „Zu meinen Eltern zu gehen ist sinnlos – sie wollen mich nicht mehr haben!"

Aber ich ging doch zu ihnen und hoffte, daß sein Vater nicht da war. Leider war er jedoch zu Hause, und er kochte vor Wut über Ted, ohne zu wissen, daß dieser bei mir war. Ich merkte, daß dies nicht der rechte Zeitpunkt war, mit ihm über den Jungen zu reden, und ging schließlich entmutigt wieder heim, wobei mir mehr und mehr bewußt wurde, welch schwerwiegendes Problem mir aufgebürdet worden war. Ich setzte mich an den Schreibtisch und bat drei treue Gebetspartner durch einen Brief, diese Last mitzutragen.

Ted blieb tagelang, und aus den Tagen wurden bald Wochen. Er schien allmählich ein Gefühl der Geborgenheit zu entwickeln und begann auf die Liebe, die ihm entgegengebracht wurde, anzusprechen. Soviel ich weiß, ist er während dieser ganzen Zeit nie ausgegangen, aber er stellte jeden Tag Fragen, die sein wachsendes Interesse an unseren Andachten zeigten.

Und dann kam mein „mehr als dies“ aus 2. Chronik 25,9. Nacheinander begannen andere Jungen aus Teds Bande aufzutauchen. Ich weiß nicht, wie er mit ihnen die Verbindung aufgenommen hatte, aber innerhalb einer Woche kamen fünf! Und der Herr wiederholte in meiner Stillen Zeit täglich seine Zusage: „Es steht beim Herrn, dir mehr zu geben als dies.“ ‚Aber ich will nicht noch mehr von diesen Jungen‘, dachte ich. Leute aus der Gnadenkirche begannen schon zu kritisieren, daß diese Jungen die ganze Zeit bei mir waren. Wegen ihrer Reaktion konnte ich nicht sicher sein, ob diese Entwicklung der Dinge vom Herrn war.

Ich betete viel darüber, und die Antwort des Herrn kam und gab mir die Gewißheit, die ich brauchte – eine sehr überraschende Antwort. In ein paar Wochen sollte unsere Gemeindejugendkonferenz beginnen; ich spielte eine führende Rolle dabei und hatte auch sonst viel Verpflichtungen. Außerdem war ich erschöpft von meinem täglichen Kampf mit dem Satan um diese Jungen, die er genauso unbedingt haben wollte wie ich. Ich fühlte mich ungenügend für die Konferenz vorbereitet. Ted war sehr beunruhigt darüber, was aus ihm werden sollte, solange ich weg war. „Was soll ich machen, solange Sie nicht da sind? Darf ich alleine hierbleiben?“ fragte er.

Meine Antwort war ein entschiedenes „Nein!“

„Also, kann ich dann mit Ihnen zu der Konferenz gehen?“ bohrte er. „Sie sagten, sie sei für junge Menschen. Ich bin jung und ich bin ein Mensch. Darf ich, bitte?“ Ich wußte kaum, was ich sagen sollte, denn mir war klar, daß andere über seine Teilnahme beunruhigt wären. Als ich darüber betete, schien es mir falsch zu sein, ihn abzuweisen, wenn er wirklich dabeisein wollte; außer dem wachsenden Interesse, das er an unseren Andachten gezeigt hatte, war er auch mit der Bitte zu mir gekommen, für bestimmte Anliegen zu beten, ganz besonders für seine Mutter. Er wollte, daß Gott sie tröstete, damit sie nicht so viel weinen müßte. Es schien, als hätte Gott begonnen, sein Herz zu erweichen, aber dennoch hatte ich das Gefühl, ihm an diesem Abend keine Antwort geben zu können.

Am nächsten Tag beim Frühstück griff Ted das Thema wieder auf: „Darf ich gehen? Darf ich?"

„Ich muß mit den Leuten vom Komitee darüber reden und sie nach ihrer Meinung fragen", erwiderte ich.

An diesem Abend stimmte das Jugendkomitee zögernd zu, daß Ted teilnehmen konnte – unter der Voraussetzung, daß ich bei der Konferenz die volle Verantwortung für ihn übernahm.

Ted freute sich, als er dies erfuhr. „Kann ich einige Jungs von meiner Bande mitnehmen?" war seine nächste Frage. Ich erschrak bei dem bloßen Gedanken an diese Möglichkeit.

„Hmm", sagte ich und versuchte, Zeit zu gewinnen. „Darüber muß ich wieder erst mit dem Komitee reden!"

Als ich dort dann diese neuerliche Bitte vorbrachte, zeigte man, wie ich bereits befürchtet hatte, keinerlei Begeisterung! Einige reagierten sofort mit einem glatten „Nein!"

Nachdem wir gebetet hatten, sagte jedoch jemand: „Christus ist für die Sünder gekommen. Haben wir denn ein Recht zu sagen, daß diese Jungen nicht kommen dürfen?" Wieder wurde beschlossen, daß ich für das Verhalten der Jungen die volle Verantwortung übernehmen müsse. Aber immerhin konnten sie kommen.

Zum Glück wußten die meisten in der Jugendgruppe nichts von der „Bande". Meine Jungen versprachen mir, sie würden sich an alle Anordnungen halten, zu allen Versammlungen gehen und an den Spielen und Gesprächen teilnehmen.

Die Konferenz begann, und die Redner waren erstklassig. Selbst die Jungen fanden das. Dennoch, obwohl bis zum vierten Abend eine ganze Menge junger Leute Christus angenommen hatte, schienen weder Ted noch seine Freunde sich angesprochen zu fühlen.

Dann aber kam in den frühen Morgenstunden ein Junge von der Bande zu mir, und er war sich seiner Sünden so tief bewußt, daß er nicht schlafen konnte. „Ich muß *jetzt* mit Ihnen reden", drängte er.

Gerade als dieser Junge so ziemlich damit fertig war, mir die unschöne Geschichte seiner Sünden zu erzählen, tauchte Ted auf. „Nun mach schon", sagte er auf seine übliche schroffe Art zu seinem Freund. „Ich will auch Jesus als meinen Heiland annehmen."

Ich glaubte, nicht richtig zu hören, aber es war ein sehr sachlicher junger Mann, der da stand. „Machen Sie sich nicht die Mühe, mir zu erzählen, daß ich ein Sünder bin", sagte er. „Ich weiß das. Sagen Sie mir nur, was ich jetzt machen soll."

Mein Herz war voller Freude, als ich seine Fragen beantwortete und wir zusammen einzelne Bibelstellen nachlasen. Dann sagte Ted zu mir: „Ich werde jetzt beten." Ohne zu zögern, begann er: „Hallo, Gott, kannst du mich hören? Hier ist Ted. Ich bin tot, wie es der Mann heute abend gesagt hat. Ich brauch' dich, um die Dinge in Ordnung zu bringen. Ich hab' aus meinem Leben ein fürchterliches Durcheinander gemacht. Kannst du mir irgendwie helfen? Hier bin ich, Gott. Rette mich jetzt, so wie du es gesagt hast. Ich weiß nicht, wie du das machst, aber fang damit an, Gott. Tschüß, Ted."

Während der nächsten Tage hatten wir viele Gespräche darüber, was es kostet, Christ zu sein, und wie man ein christliches Leben führt. Ted wußte sehr gut, daß ihm viele Kämpfe und Anfechtungen bevorstanden und daß dies nur der Beginn des Lebens als Christ war.

Nach der Konferenz erlaubte sein Vater ihm, wieder nach Hause zu kommen, aber er war sehr zornig, als er erfuhr, daß Ted Christ geworden war. Nicht nur, daß der Junge deswegen alle möglichen Schikanen durchmachen mußte, sondern sein Vater behandelte nun auch seine Mutter noch schlechter als zuvor. Obwohl es Ted verboten war, mich zu besuchen, fand er Möglichkeiten, andere Jungen zu mir zu schicken mit der Bitte, ihnen das zu sagen, was ich ihm erzählt hatte.

Schließlich gelang es ihm, selbst zu kommen, und er brachte einen seiner besten Freunde, den zweiten Führer einer anderen Bande, mit. „Hier, Großmama, ich habe ihn gerade zum Herrn geführt. Schauen Sie bitte nach, ob ich es recht gemacht habe." Er schien seine Sache gut gemacht zu haben, was für ihn eine große Ermutigung bedeutete.

Für die Jungen war es nicht leicht, sich von den Banden, zu denen sie gehörten, loszulösen. Der Teufel gibt sein Werben um ein Leben nicht kampflos auf. Bill zum Beispiel nahm den Herrn an und wollte wirklich den geraden Weg gehen und als Christ wachsen. Gerade zu diesem Zeitpunkt sollte er jedoch wegen eines früheren Vergehens wieder von der Schule entlassen werden. Also wurde uns diese Sache zu einem ernstlichen Gebetsanliegen, und dann brachten wir bei den Schulbehörden den Fall vor. Nachdem es uns einige Überredungskünste gekostet hatte und wir versichert hatten, daß der Junge wirklich ein ordentliches Leben führen wolle, waren sie schließlich damit einverstanden, ihm nochmals eine Chance zu geben.

Nur kurze Zeit später kam Bill blutüberströmt zu mir. Auf seinem Nachhauseweg von der Schule, so erklärte er, war er plötzlich von seiner früheren Bande eingekreist worden. (Da diese Banden viele Geheimnisse haben und ihre Mitglieder sich als Blutsbrüder betrachten, gilt das Verlassen der Bande als eine sehr ernste Sache.) Da stand er nun ganz allein gegen die ganze Gruppe.

Er hatte keine Chance gegen sie und wurde furchtbar verprügelt. Nachdem er nun in einen weiteren Kampf verwickelt gewesen war, wußte er, daß dies – unabhängig von den Umständen, unter denen es geschehen war – unweigerlich die Entlassung von der Schule bedeuten würde. Verständlicherweise hatte er Angst, nach Hause zu gehen, aber nachdem seine Wunden gereinigt waren und seine Schuluniform gewaschen und gebügelt war, ging ich mit ihm, und wir konnten seinen Eltern die ganze Sache erklären.

In der folgenden Zeit ging ich jeden Tag zu Bill, um ihm Englischunterricht zu geben. Außerdem fand ich einige Studenten, die ihm Nachhilfe in den anderen Fächern erteilten. Schließlich konnte er dann in eine gute Schule überwechseln, und durch meinen fast täglichen Kontakt zu seiner Mutter und seiner Schwester nahmen auch sie Jesus an. So ist nun die ganze Familie eins in Christus.

20. Kapitel

Affen und „blaue“ Augen

Inzwischen kamen so viele Straßenjungen zu mir, daß ich im Laufe eines Tages einfach nicht genug Zeit hatte, mit jedem einzelnen in der Bibel zu lesen. Ich half noch immer in der Studentenarbeit mit, schrieb die Bibelleseanleitungen für die Studentenzeitschrift und war in der Jugend- und in der Frauenarbeit der Gemeinde tätig. Meine Tage waren ausgefüllt. Dennoch – diese Jungen wußten nur wenig vom Evangelium, und sie brauchten wirklich Zeit zum Gebet und zur Seelsorge. So begann ich über einen Bibelunterricht für sie nachzudenken.

Meine Freunde und Mitarbeiter lachten über diese Idee. „Du bist verrückt, wenn du meinst, daß solche Burschen jemals zu einem Bibelunterricht kommen. Du verschwendest nur deine Zeit für einen Haufen Rowdies. Aus denen wird nie etwas.“ So oder ähnlich lauteten ihre Reaktionen.

Aber trotz dieser mangelnden Ermutigung betete ich viel über die Sache und meine Freunde zu Hause ebenso. Nach einiger Zeit beschloß ich, den Jungen selbst von dieser Idee zu erzählen, um zu sehen, was sie dazu meinten. Ohne zu zögern, gaben sie mir die Antwort. „Ja, wir wollen Unterricht haben“, meinten sie einmütig und setzten sogleich typischerweise hinzu: „Dann können wir Sie wirklich ausquetschen!“

Die Jungen nannten es „die Affenklasse“. Dies war zwar zugegebenermaßen ziemlich bezeichnend, aber es setzte für die Burschen wohl kaum sehr hohe Ziele. „Schaut her“, forderte ich sie eines Tages heraus, „wenn ihr euch ‚die Affenklasse‘ nennt, dann benehmt ihr euch auch weiterhin einfach wie Affen. Ich möchte euch einen neuen Namen vorschlagen – mal sehen, wie er euch gefällt. Wir könnten eure Klasse ‚die Hoffnung Chinas' nennen."

Sofort war der Raum erfüllt vom Stimmengewirr der Jungen, die den Vorschlag miteinander diskutierten. Konnten sie einem solchen Namen gerecht werden? Das war die Frage. Einige waren sich dessen nicht so sicher. Dennoch beschloß die Gruppe schließlich, den neuen Namen anzunehmen.

Ungefähr um diese Zeit hörte ich zum ersten Mal Gerüchte über Pläne der Regierung, eine Schule für solch schwierige Jugendliche zu errichten, wie sie bei mir ein- und ausgingen. Wie ich erfuhr, sollte die Schule am Stadtrand von Tschanghua, der Nachbarstadt, in der ich jede Woche an einem christlichen Krankenhaus Bibelunterricht hielt, gebaut werden. Sogleich fühlte ich mich vom Herrn geführt, eine chinesische Freundin zu bitten, mit mir darum zu beten, daß der Herr mir dort eine Tür zur Mitarbeit öffnen möge. „Du weißt doch, daß das völlig unmöglich ist", lachte sie etwas spöttisch. „Sie würden niemals einen Ausländer bitten, an eine solche Schule zu gehen."

Dennoch betete ich weiterhin dafür und ebenso einige meiner treuen Gebetspartner. Und jede Woche konnte ich auf meinem Weg zum Bibelunterricht im Krankenhaus sehen, welche Fortschritte die neue Schule machte. Als schließlich das Dach Gestalt annahm, wußte ich, daß es bis zur Eröffnung der Schule nicht mehr lange dauern konnte. Ich versuchte herauszufinden, wann es soweit sein sollte, aber keiner, den ich fragte, wußte etwas darüber. Die Leute dachten vermutlich, ich sei verrückt, weil ich mich so für eine Schule für schwererziehbare Jungen interessierte.

Da nichts Näheres in Erfahrung zu bringen war und ich auch keine Ahnung hatte, wie ich mich für die Aufgabe bewerben könnte, gab ich schließlich den Gedanken an den Dienst in der neuen Schule auf. Da mein Heimaturlaub längst überfällig war, beschloß ich, es wäre vielleicht besser, daran zu denken, daß nun die Zeit dafür gekommen war.

Ich sollte jedoch eine Überraschung erleben. Eines Tages, als ich gerade dabei war, mein Urlaubsgesuch zu schreiben, kam eine Einladung zum Tee im Haus des Gouverneurs. Was hatte das nur zu bedeuten?

Ich nahm mein bestes Kleid aus dem Schrank und sah meine Schuhe durch. Sie hatten eindeutig schon bessere Tage gesehen; also kaufte ich mir ein Paar neue. Diese jedoch ließen meine Handtasche schäbig wirken, also mußte ich mir eine neue Tasche zulegen. ‚Ich kann ja nicht wie eine Landstreicherin aussehen, wenn ich zum Tee beim Gouverneur gehe', sagte ich mir. So führte eins zum andern, und als dann schließlich der große Tag kam, erstrahlte ich in ziemlich neuem Glanz! Bevor ich aus dem Haus ging, gab mir meine Hausgehilfin noch genaue Anweisungen, wie ich mich in Gegenwart von Gouverneuren und anderen hohen Beamten zu benehmen habe!

Kaum hatte ich mein Fahrrad vor dem mit Säulen versehenen Gebäude abgestellt, als ich auch schon hineingeleitet wurde. Zu meiner Überraschung stellte ich fest, daß ich nicht nur die einzige Ausländerin, sondern überhaupt der einzige Gast von außerhalb war. Ich war umgeben von chinesischen Beamten, die alle sehr wichtig aussahen.

Meine Gastgeber verloren keine Zeit, mir zu erklären, warum sie mich zum Tee eingeladen hatten. Nachdem sie von meiner Arbeit mit den Jungen gehört hatten, wollten sie mir ihren Dank aussprechen. Und nun baten sie mich tatsächlich auf Empfehlung einiger hoher Beamter, deren Söhnen ich (ohne um ihren familiären Hintergrund zu wissen) geholfen hatte, in jener neuen Schule, deren Entstehung ich verfolgt hatte, als Beraterin mitzuarbeiten. Außerdem sollte ich Englisch unterrichten.

Ich war sprachlos. Obwohl ich um eine solche Möglichkeit ganz besonders gebetet hatte, war ich auf diesen Augenblick überhaupt nicht vorbereitet gewesen. Nach kurzer Zeit hatte ich jedoch so weit meine Fassung wiedergewonnen, daß ich höflich fragte: „Sie wissen, daß ich Missionarin bin, nicht wahr?"

„Ja, das ist uns bekannt."

„Gut", sagte ich und fiel gleich mit der Tür ins Haus, „da ich Missionarin bin, weiß ich, daß das einzige, das diese Jungen verändern wird, das Evangelium Jesu Christi ist. Wenn Sie von irgendwelchen Erfolgen meiner Arbeit gehört haben, so beruhen diese nicht auf irgend etwas, das ich getan habe, sondern sie wurden durch die Kraft des Evangeliums Jesu Christi bewirkt."

Ich wollte mich klar ausdrücken, damit sie meinen Standpunkt von Anfang an kannten. Ich wußte, daß die meisten der anwesenden Beamten Buddhisten waren, einer war Moslem und mindestens einer Agnostiker. Mir war nicht bekannt, daß unter ihnen auch nur ein Christ war.

„Und als christliche Missionarin", fuhr ich fort, „hätte ich gerne Ihre Erlaubnis, bei meiner Beratungsarbeit die Bibel, Gottes Wort, zu benutzen – denn keine Veränderungen ihrer Umgebung, kein Druck von außen und keine neuen Einschränkungen werden diese Jungen zum Guten verändern. Nein, die Veränderung muß im Herzen geschehen, und das ist es, was Gott durch sein Wort bewirkt. Für meine Arbeit brauche ich die Zusage, daß ich die Bibel benutzen kann."

Es war interessant, ihre Mienen zu beobachten, während ich sprach. Meine Gedanken waren für sie ein harter Brocken, soviel war sicher, aber ich fuhr fort: „Meine zweite Bitte ist, daß ich nichts aufzuschreiben brauche, was in den Akten der Jungen vermerkt wird und später gedruckt werden könnte."

„Und was ist Punkt drei?" fragte jemand kühl.

„Mein dritter Punkt ist, daß ich alles, was sie mir sagen, absolut vertraulich behandeln muß. Diese Jungen müssen wissen, daß jemandem so viel an ihnen liegt, daß er den Mund hält." Obwohl sie über meine Äußerungen offensichtlich verblüfft waren, bedeuteten meine Zuhörer mir fortzufahren.

„Mein letzter Punkt ist, daß ich keine Bezahlung annehmen werde."

„Aber wir waren darauf eingestellt, Ihnen ein gutes Gehalt zu zahlen", protestierten sie.

„Nein", beharrte ich, „und ich möchte auch die Fahrtkosten nicht erstattet bekommen. Wenn es Gottes Wille ist, daß ich dies tun soll, wird er mir auch die Mittel für die Fahrt zur Schule zukommen lassen."

„Aber warum wollen Sie kein Gehalt annehmen?"

„Ganz einfach, weil eines der Dinge, die diese Jungen wissen müssen, ist, daß jemandem so viel an ihnen liegt, daß er ein Opfer auf sich nimmt."

Als ich später auf meinem Fahrrad nach Hause fuhr, war ich sicher, daß diese Herren, nach allem, was ich gesagt hatte, nicht mehr auf mich zurückkommen würden.

Einige Wochen später besuchte mich der Rektor der neuen Schule und bat mich, regelmäßig zur Beratung an die Schule zu kommen. Außerdem konnte ich so viel Englischunterricht geben, wie ich wollte. Welch ein Augenblick der Freude und des Sieges! Gott hatte es getan! Er hatte unsere Gebete des Glaubens erhört.

Von meinem ersten Tag in der Schule an war es, da wir uns zu acht ein Büro teilten, offensichtlich, daß die meisten Beratungsgespräche auf dem Sportplatz stattfinden mußten. Die Jungen öffneten sich nicht, wenn sie das Gefühl hatten, daß andere zuhören könnten. Also ging ich nach draußen. Und ich blieb nicht lange allein. Einzeln, zu zweit oder in Gruppen gesellten sich die Jungen zu mir. Bevor es ihnen recht bewußt wurde, öffneten sie sich mir und sprudelten alles heraus, was sie bewegte – ihre Probleme, Liebe und Abneigungen. Dann setzten wir uns hin, als sähen wir dem Spiel oder Wettkampf zu, aber in Wirklichkeit redeten wir weiter, ohne daß jemand lauschte.

Da der Schwerpunkt des Englischunterrichts auf Konversationsübungen liegen sollte, sprachen wir über beinahe alles. Manchmal stellten die Jungen sehr direkte Fragen. „Großmama, warum sind Sie Missionarin?“

„Was macht ein Missionar?“

„Sind Sie eine Nonne?“

„Was ist Jesus?“

„Warum kommen Sie an unsere Schule?“

„Haben Sie Probleme gehabt, als Sie jung waren?“

Meine Antworten enthielten immer ein Stück meines eigenen Erlebens – Dinge, die mich als junger Mensch belastet hatten, manche meiner eigenen Widerspenstigkeiten. Dadurch, daß ich ihnen erzählte, wie ich mich gefühlt hatte und wie unglücklich ich gewesen war, spürten sie, daß ich ihre Sehnsüchte, ihre Ängste und ihren Kummer verstehen konnte. Ganz allmählich gelang es mir, mit dem einen oder anderen dieser Problemkinder vertraut zu werden. Sie brauchten viel Zeit – und eine Art von Geduld, wie sie nur die Liebe hervorzubringen vermag.

„Großmama“, fragten eines Tages einige von ihnen aus heiterem Himmel, „dürfen wir sonntags zu Ihnen kommen?“

Ich war zwar etwas verblüfft, aber ich wußte, warum sie fragten. Wenn ihr Verhalten während der Woche gut war, durften sie sonntags nachmittags ein paar Stunden außerhalb verbringen. Das Problem war jedoch häufig, wohin sie gehen konnten.

„Natürlich könnt ihr zu mir kommen“, antwortete ich, ohne meine Vorbehalte zu zeigen. „Kommt nur – meine Tür ist immer offen.“

„Wenn wir kommen“, warnten sie mich, „klauen wir alles, was Sie haben.“

„Das ist in Ordnung“, erwiderte ich. „Stehlt einfach so, wie ihr es mit eurem Gewissen vereinbaren könnt.

Und ich werde auch nichts vor euch verstecken." Das habe ich auch nie getan – und ich habe nach ihren Besuchen nie etwas vermißt.

Diese Jungen hatten fast alle einen sehr schlechten Ruf, und sie hatten ihren Spaß an ihren Versuchen, mich zu schockieren. Einmal gab mir eine Gruppe sogar einige Tips in der Kunst des Taschendiebstahls! Ich habe meine neuerworbenen Kenntnisse natürlich nie in die Praxis umgesetzt, aber sie trugen dazu bei, später einmal jemanden dabei zu ertappen, als er *mich* bestehlen wollte!

Ich spürte, wie meine Bereitschaft, auf die Jungen ernsthaft einzugehen und gleichzeitig auch Spaß mit ihnen zu haben, sich auszuzahlen begann. Ich war ermutigt. Ich hatte zumindest den Fuß in der Tür. Dennoch, als Gott es zum wirklichen Durchbruch, nach dem ich mich sehnte, kommen ließ, war dies nichts, was ich geplant hatte, und geschah auch ganz sicher nicht auf eine Weise, wie ich sie gewählt hätte.

Ich war spät dran, als ich mit dem Fahrrad durch die länger werdenden Abendschatten zur Universität fuhr, wo ich eine Versammlung zu halten hatte. Mit ziemlicher Geschwindigkeit raste ich die stets belebten Straßen entlang. Plötzlich entdeckte ich nicht weit vor mir einen kleinen Jungen von ungefähr zwei oder drei Jahren, der auf die Straße rannte und sie überqueren wollte. Ich bremste ab, wich geschickt aus, um mich mit dem Fahrrad hinter dem Jungen durchzuwinden, und wollte gerade erleichtert aufatmen, als er sich blitzschnell umdrehte und mir direkt in den Weg lief.

Ich konnte nicht ausweichen. Auf der einen Seite herrschte dichter Gegenverkehr, auf der anderen Seite parkten Lastwagen. Ich wußte, daß ich das Kind, wenn ich es erwischte, voll treffen und wahrscheinlich töten würde. Die Gedanken wirbelten in wahnsinniger Angst durch meinen Kopf, ich steuerte auf die parkenden Lastwagen zu und bremste gleichzeitig quietschend. Die

Leute am Straßenrand sahen voller Schrecken zu.

Aber meine Räder erwischten den Jungen nicht. Statt dessen streifte er meinen Oberschenkel und landete unsanft auf dem Hosenboden. Mit schmerzverzerrtem Gesicht stimmte er ein lautes Geheul an, und es flossen reichlich Tränen. Dennoch war der unachtsame kleine Fußgänger nicht verletzt. Kein bißchen.

Was mich jedoch betraf – nun, ich flog wie ein Trapezkünstler mit größter Leichtigkeit durch die Luft, über die Lenkstange hinaus, und krachte direkt aufs Gesicht. Dieser fürchterliche Moment, als ich auf der Straße aufschlug! Vorbei war es nun, dessen war ich mir sicher, mit jeglicher Schönheit, die ich je besessen haben mochte. Beinahe sofort wußte ich, daß ich nun keine Vorderzähne mehr hatte. Der Schmerz in meinem Kiefer ließ mich darauf schließen, daß er ausgerenkt war, und als ich zaghaft die tiefe Wunde in meiner Oberlippe befühlte, stellte ich fest, daß die Lippe frei herabhing, vermutlich von den Zähnen durchgebissen.

Ich nahm an, daß meine Nase gebrochen war, und aus einer Wunde neben meinem linken Auge sprudelte das Blut wie aus einem Geysir. Meine Beine, vor allem das linke, das noch immer im Fahrrad festhing, taten entsetzlich weh. Mühsam befreite ich mich.

Inzwischen war ich von Menschen umringt, die mir anboten, mich ins Krankenhaus zu bringen. Es gelang mir, ihnen zu sagen, daß gleich unten an der Straße einige Missionare mit einem Auto wohnten, die mich zum Arzt bringen würden.

Mit fünfzehn Stichen wurde meine Lippe genäht, und ein schneller Griff brachte meinen Kiefer wieder an den richtigen Platz – beide Prozeduren waren nicht gerade angenehm! Am nächsten Tag wurden mein Bein und meine Füße geröntgt, und ans linke Bein bekam ich einen Gehgips, in dem die gebrochenen Fußknochen und der zerschmetterte Knöchel wieder zusammenwachsen sollten. Schließlich wagte ich, in den Spiegel zu schauen.

Welch ein Anblick! Da stand ich, zahnlos, bandagiert und mit zwei der schönsten „blauen" Augen, die ich je gesehen habe! Dennoch – eine Tragödie war verhindert worden, und wie ich dem Herrn dafür dankte!

Bald schon humpelte ich wieder herum. Als der Tag kam, an dem ich die Jungen unterrichten sollte, hatte ich immer noch blaue Augen, und meine Freunde waren entsetzt darüber, daß ich wie üblich zur Schule gehen wollte. „So, wie du aussiehst, kannst du nicht hingehen!" meinten sie. Aber ich tat es doch.

Sobald ich aus dem Taxi stieg, kamen einige der Jungen zu mir hergerannt. „Großmama, was ist Ihnen passiert?"

„Och", sagte ich, „meine Bande hatte neulich einen Zusammenstoß mit dieser anderen Bande – aber ihr solltet die anderen erst einmal sehen!" Wir lachten erst einmal herzlich miteinander, dann erzählte ich ihnen von meinem Unfall. In der folgenden Zeit schienen die Jungen noch zugänglicher und noch mehr bereit, zu kommen und mit mir zu reden, als je zuvor. Sie spürten wohl, daß mir wirklich an ihnen liegen mußte, wenn ich solche Mühe auf mich nahm, zu ihnen zu kommen. Wie auch immer sie es auslegten, jedenfalls schien mein Unfall sie mächtig zu beeindrucken! Der Herr hatte Gutes daraus werden lassen.

Ungefähr zwei Monate später jedoch, als alle Wunden verheilt waren und ich neue Vorderzähne im Mund hatte, bekam ich heftige Schmerzen im rechten Arm und linken Bein. Da ich inzwischen schon über fünfzig war, schob ich es einfach aufs Älterwerden und dachte nicht im Traum daran, daß es mit dem Unfall zusammenhängen könnte. Dann merkte ich plötzlich, daß in beiden Gliedmaßen Beweglichkeit und Empfindungsvermögen nachließen. Das erschreckte mich.

Als ich das nächste Mal zum Unterricht ins Krankenhaus ging, nützte ich die Gelegenheit, den Arzt aufzusuchen und ihm das Ganze zu schildern. Er schickte mich zum Neurologen, der überzeugt war, daß eine Schädigung der Nerven vorlag. Die Röntgenbilder ließen einige Veränderungen im unteren Bereich der Wirbelsäule erkennen, die sich auf einige Nervenwurzeln auswirkten. Da auf den Aufnahmen vom Nacken jedoch nichts zu erkennen war, sagte man mir, daß ich zur weiteren Beobachtung dieses Bereichs und zur Behandlung meines Rückens ins Krankenhaus müsse.

Ich konnte nicht verstehen, warum all dies geschah, da ich ein äußerst arbeitsreiches Sommerprogramm vor mir hatte, zu dem acht Konferenzen gehörten. Nach den ersten Tagen im Krankenhaus sagte ich sehr zögernd meine Teilnahme bei allen acht ab.

Eines Tages dann offenbarte ein Röntgenbild, das durch meinen offenen Mund aufgenommen worden war, das Problem: ein Bruch an drei Halswirbeln, zu dem es wahrscheinlich bei dem Fahrradunfall gekommen war. Sie hatten begonnen, sich zu spalten und ihre Lage zu verändern. Da diese Abspaltung allmählich vor sich ging, trat der Druck auf die Nerven nicht plötzlich auf, sondern der Schmerz und die Lähmung wuchsen langsam und wurden immer schlimmer. Inzwischen war mein rechter Arm überhaupt nicht mehr zu gebrauchen; wie ein Stück Holz hing er an meiner Seite. Ich lag in meinem Bett und fragte mich, ob ich ihn wohl jemals wieder gebrauchen konnte.

Ich mußte mich nun an eine ganz neue Lebensweise gewöhnen, da ich täglich dreiundzwanzig Stunden im Streckbett verbringen mußte. Ich fühlte mich wie ein elastisches Band, das aufs äußerste gespannt war. Anfangs sagte mir der Arzt, daß ich in ungefähr zwei Wochen wiederhergestellt sein werde. Diese zwei Wochen zogen sich jedoch zu nahezu vier Monaten hin. Natürlich trugen meine Besucher dazu bei, mich von meiner fast völligen Unbeweglichkeit abzulenken, und ich hatte bereits zum Herrn gesagt: „Es macht mir nichts aus, wie viele Leute kommen, solange sie mir nicht erzählen, daß ihr Großonkel oder sonst jemand dieselben Beschwerden hatte und einen schlimmen Tod erleiden mußte! Herr", fuhr ich fort, „bitte halte du die ‚Hiobströster' fern und schicke Leute mit vorbereiteten Herzen."

Und genau das tat der Herr! Jeden Tag kamen Besucher – manche aus Neugier, um zu sehen, wie ich „aufgehängt" war, manche mit Problemen, für die sie Hilfe brauchten. Es kümmerte mich nicht, was ihre Motive waren, denn ich hatte eine tiefe Gewißheit, daß jeder vom Herrn vorbereitet war und daß er einen bestimmten Plan hatte, als er sie schickte. Ich wünschte mir, jedem ein hilfreiches Wort mitgeben zu können. Es kamen Menschen, die mir zuvor mit Scheu begegnet waren, die aber nun das Gefühl hatten, ich könne vielleicht ihre Probleme und Nöte verstehen. Jungen aus der Schule, die nicht weit entfernt war, schlichen sich davon, um mich zu sehen und mit mir zu reden, obwohl sie wußten, daß sie bei ihrer Rückkehr bestraft würden. Überraschenderweise kamen auch viele Mitarbeiter der Schule, die zuvor, weil ich Missionarin war, ziemlich distanziert gewesen waren, und schütteten mir ihr Herz aus. Da ich mich in solch einer schwierigen Lage befand, spürten sie wohl, daß ich ihre Nöte verstehen konnte, und die Barrieren wurden abgebaut.

Ich konnte sogar von meinem Krankenzimmer aus den Bibelunterricht für die Schwesternschülerinnen weiterführen. Ich frage mich, ob ich wohl der einzige Mensch bin, der je im Hängen Bibelunterricht hielt!

Meine Stunden der Unbeweglichkeit wurden zu einem Segen – für mich selbst und auch für andere. Tatsächlich glaube ich sagen zu können, daß diese Zeit im Krankenhaus der fruchtbarste Abschnitt meines gesamten Lebens in China war. Es kamen so viele zu mir, daß die Schwestern beschlossen, eine Besucherliste anzulegen, und als sie am Ende meines Aufenthalts zusammenzählten,wer alles gekommen war, waren es zu unserem Erstaunen eintausendzweihundertdreiundfünfzig

Leute. Es ist fraglich, ob ich mit so vielen Menschen persönlich Kontakt bekommen hätte, wenn ich – wie geplant – zu den acht Konferenzen gegangen wäre. Da die meisten allein kamen und ohne Zeitdruck bereit waren, sich zu öffnen, drehte sich unser Gespräch oft um zentrale Glaubensfragen.

Und so erkannte ich nach und nach, was Gott alles durch meinen Unfall bewirkte, und ich konnte ihm nur Lob sagen für seinen Plan.

Meine Zeit im Krankenhausbett war jedoch nur der Beginn dieser Episode, denn ich mußte nun wieder das Laufen lernen. Manchmal fragte ich mich bei meinen Gehversuchen: ‚Wie habe ich das nur früher hingekriegt, daß meine Füße und Beine funktionierten?' Die physiotherapeutische Behandlung dauerte lange, bis allmählich meine Muskeln wieder ausgebildet waren und das zu tun begannen, was sie tun sollten.

21. Kapitel

Ungeschliffene Diamanten

Da die Jungen, denen in jener Zeit in Taitschung meine Hauptsorge galt, verhaltensgestört und schwierig waren und ihre so anstrengende Unberechenbarkeit manchmal mehr als verbarg, was eigentlich in ihnen steckte, verglich ich sie mit ungeschliffenen Diamanten. Ich hatte einmal in Amsterdam auf meiner Fahrt in den Heimaturlaub einem Diamantenschleifer bei seiner Arbeit an einem Edelstein zugesehen. Der vor ihm liegende unbearbeitete Stein sah kaum wie ein Diamant aus; jedenfalls war er noch kein Ding von besonderer Schönheit. Zuerst besah sich der Meister den Stein einfach. Ich weiß nicht, wie lange er ihn schon betrachtet hatte – vielleicht schon seit Tagen oder gar Wochen. Plötzlich jedoch versetzte er dem grauweißen Stein einen heftigen Schlag. Dieser war nicht willkürlich, sondern gut geplant und wohlgezielt. Und der rohe Stein fiel genau so, wie er es vorgesehen hatte, auseinander, und es begann ein Gegenstand von strahlender Schönheit sichtbar zu werden.

Wie dieser ungeschliffene Diamant brauchten meine Jungen in ihrer Unschönheit vom Meister den richtigen Schlag, der ihren Widerstand zerbrach und begann, die in ihnen verborgene Schönheit zu offenbaren. Bei meiner Arbeit mit ihnen wußte ich nie genau, wie dieser Schlag auszusehen hatte; er war bei jedem Jungen anders. Ihnen allen jedoch fehlte es irgendwo an Liebe. Gott bestätigte mir dies eines Tages, als ich besonders für einige Jungen, die ich äußerst schwierig fand, betete. So deutlich, als spräche er hörbar, sagte mir der Herr: „Alles, was du tun kannst, ist, sie zu lieben und sie wissen zu lassen, daß jemand sich um sie sorgt." Nicht, daß ich ihnen gegenüber nachgiebig sein sollte, sondern so wie der Schlag, den der Diamantenschleifer dem rohen Edelstein gab, mußte die Arbeit an diesen ungeschliffenen jungen Menschen von dem einen geführt werden, der weiß, wann und wo der Schlag anzusetzen ist und wie dies in Liebe getan werden kann.

Ich erinnere mich an einen Jungen, der ziemlich gut auf die Beratung anzusprechen und seine Verhaltensschwierigkeiten in den Griff zu bekommen schien und dann plötzlich einen Rückfall hatte. Er vergaß all seine guten Vorsätze und war geistlich ganz unten. Das hieß natürlich, daß er Angst hatte, mich zu besuchen. Eines Tages jedoch stand er zu meiner Überraschung vor der Tür. Ich war zornig auf ihn wegen der Art, wie er seine Fortschritte zunichte gemacht hatte, und ich platzte einfach, als ich ihn sah. Und wie ich platzte! Dann tat ich etwas, was ich nicht so schnell mache – ich brach in Tränen aus. Völlig verblüfft starrte er mich an. „Großmama!“ rief er. „Warum macht es Ihnen so viel aus? Sonst kümmert sich doch keiner um mich!“

Mein Ausbruch löste bei diesem Jungen etwas aus. Dies war der „Schlag“, den er brauchte, denn von diesem Tag an begann er, seine alten Wege und Gewohnheiten hinter sich zu lassen. Tatsächlich ging er später sogar an die Universität und wurde einer der Leiter der christlichen Studentengruppe. Obwohl ich wenig Hoffnung für diesen ungeschliffenen Diamanten gehabt hatte, lehrte mich der Herr, daß es bei ihm keine hoffnungslosen Fälle gibt und daß er weiß, wann und wie Menschen angesprochen werden können.

Da ich nicht wußte, was Gott dazu gebrauchen würde, einen Jungen zu erreichen, mußte ich mich stets überraschen lassen. Wie in Sacharja 4,6 geschrieben steht – „nicht durch Heer oder Kraft, sondern durch meinen Geist“ –, so bewirkte nicht das, was ich tat, Wunder, sondern das, was Gott durch seinen Heiligen Geist tat – oft durch ganz kleine Dinge. Einer der Burschen, zum

Beispiel, wurde plötzlich sehr aufgeschlossen und begann, mich häufig wegen seiner Probleme aufzusuchen. Er brannte so darauf, mehr über das Evangelium zu hören, daß ich völlig verblüfft war über diese plötzliche Veränderung. Eines Tages jedoch weihte er mich in das Geheimnis ein: „Sie haben sich an meinen Namen erinnert!“ sagte er bewegt. „Sie haben sich an meinen Namen erinnert!“

Daß diese fremde Frau bei einer Klasse von mehr als dreißig Schülern seinen Namen noch wußte, hatte für ihn bedeutet, daß ich mich um ihn sorgte und daß er mir wichtig war. Es war ein kleiner, aber geschickter Schlag von den Händen des Meisters – ein Schlag, der sein Leben für den Herrn Jesus öffnete.

Bei anderen ungeschliffenen Diamanten wurden Bibelverse, sorgsam ausgewählt vom Herrn, zu wohlgezielten Schlägen. Es war meine Gewohnheit, am Ende jeder Bibelstunde der „Hoffnung Chinas“ jedem Schüler ein Kärtchen mit einem Bibelvers darauf zu geben – auf der einen Seite in chinesischer, auf der anderen Seite in englischer Sprache. Jeden Sonntagmorgen ging ich schon früh zur Kirche, um dafür zu sorgen, daß für meinen Unterricht alles in Ordnung war, und während ich von Stuhl zu Stuhl durchs Klassenzimmer ging, betete ich für den Jungen, der auf dem jeweiligen Platz sitzen würde. Ich betete, Gott möge während des Unterrichts zu seinem Herzen sprechen und dafür sorgen, daß er den Vers bekam, der ihm in der kommenden Woche am meisten zur Hilfe und zum Segen werden könne.

Gott hat diese Gebete in all den Jahren auf wunderbare Weise erhört – aber als Stephen beim Verlassen des Klassenzimmers sein Kärtchen nahm, ahnte ich nicht, welchen Vers er bekommen hatte und welche Wirkung dieser auf sein Leben haben werde.

Seit einiger Zeit vermißte ich im Haus manche Gegenstände. Da es bei mir wie auf dem Hauptbahnhof zuging und ein ständiges Kommen und Gehen herrschte, hatte ich keine Ahnung, wer der Übeltäter war. Als eines Tages ein beträchtlicher Geldbetrag verschwunden war, von dem ich wußte, daß ich ihn nicht verlegt haben konnte, erzählte ich niemand davon, aber ich brachte das Problem vor den Herrn.

Ungefähr einen Monat nach dem Verschwinden des Geldes hatte ich bis spät in die Nacht gearbeitet, um die Bibelleseanleitungen für die Studentenzeitschrift fertigzumachen, und ich hatte ungefähr um drei Uhr morgens gerade müde das Licht ausgemacht, als ich hörte, wie ein Auto vorfuhr und hielt. Ein paar Sekunden später klingelte es. Was war nur los?

Ich schlurfte zur Tür, und als ich öffnete, sah ich, daß draußen eine Frau mit einem sehr niedergeschlagenen und bedrückt aussehenden Burschen stand. Es waren Stephen und seine Mutter. Ziemlich verwirrt bat ich sie ins Wohnzimmer, und wenig später erzählten sie ihre Geschichte.

Es stellte sich heraus, daß Stephen derjenige war, der mein Geld gestohlen hatte. Obwohl sein Schuldbewußtsein so groß war, daß er sich sogar einige Zeit krank gefühlt hatte, war er nicht bereit gewesen, das zu tun, was, wie er wußte, Gottes Wille war. Am vorigen Sonntag hatte er jedoch an unserem Bibelunterricht teilgenommen, und er hatte den Vers bekommen: „Dann habt ihr die Folgen für eure Sünde zu tragen; das müßt ihr wissen." Einen solchen Vers konnte ein Dieb nicht so leicht aus seinem Gedächtnis verbannen! Er wußte, daß Gott direkt zu ihm sprach.

Als er zu Bett ging, konnte er nicht schlafen. Schließlich war er verzweifelt aufgestanden, hatte seine Mutter gerufen und ihr erzählt, was er getan hatte.

„Pack alles zusammen, was du Großmama Han weggenommen hast, und wir bringen es ihr zurück – gleich heute nacht", sagte sie zu ihm.

Bevor sie das Haus verließen, sagte sie noch ihrem Mann Bescheid, wohin sie gehen wollten. „Ihr seid verrückt", brummte er und versuchte, sie davon abzubringen. Aber die Mutter bestand darauf und überzeugte ihn, daß ich es verstehen würde.

Natürlich verstand ich es, und ich war sehr dankbar für diese kluge, gläubige Mutter und für ihr entschiedenes Eintreten in dieser Nacht. Für mich war es eine Nacht, die ich nie vergessen werde. Stephen war wirklich zusammengebrochen vor dem Herrn und erniedrigt vor den Menschen, als er seine Schuld bekannte und die Dinge zurückgab.

Er hatte danach keine leichte Zeit – vieles war in Ordnung zu bringen. Aber wir unterstützten ihn liebevoll und ermutigten ihn, dem Teufel keine Hintertürchen offenzulassen. Da er an seiner Schule starkem Widerstand entgegenzutreten hatte, war seine Rückkehr auf den geraden Weg schwierig, und oftmals rutschte er aus. Dennoch ist er seither in all den Jahren, soviel ich weiß, trotz vieler Widrigkeiten gut weitergekommen.

Ein anderer Junge, in dessen Leben Gott die Kärtchen mit den Bibelversen auf äußerst dramatische Weise gebrauchte, war Jim. Er war ein wirklich liebenswerter Junge, kam regelmäßig zum Unterricht, und er bekannte sich zu seinem Glauben an den Herrn Jesus. Tatsächlich hatte er wegen seines Glaubens viel zu erleiden. Dann aber kam er ganz plötzlich nicht mehr in den Unterricht und auch nicht zu seinen Nachhilfestunden. Ich war verblüfft; dies paßte so gar nicht zu ihm.

Nach ein paar Wochen fragte ich einige der anderen Burschen wegen seines Fehlens. „Ist er krank?"

„Er kommt nicht mehr", war alles, was sie dazu bemerken konnten. Keiner sagte mir mehr darüber, nicht einmal eine Andeutung.

‚Was habe ich getan oder gesagt, das ihn verletzt hat?' fragte ich mich bedrückt. Ich fuhr fort, ernstlich für Jim zu beten, denn er war ein Junge, der für sein Leben als Christ wirklich Hilfe und Ermutigung brauchte.

Aber die Wochen vergingen, und noch immer sah ich

ihn nicht und wußte auch nicht, wo ich ihn finden konnte. Er beantwortete zudem nicht einmal die Briefe, die ich ihm schickte, und die anderen Jungen waren noch immer nicht bereit, irgendwelche Informationen über ihn weiterzugeben. Ich begann zu befürchten, daß er in ernsthaften Schwierigkeiten sein könnte.

Eines Nachmittags, als ich mit meinem Fahrrad auf einer der Hauptstraßen Taitschungs fuhr, entdeckte ich ihn plötzlich vor mir. Er fuhr in meine Richtung, mußte mich aber ebenfalls erkannt haben, denn er bog plötzlich in eine Seitenstraße ab. Zwischen uns war die Ampel – und sie war auf Rot! Während ich durchraste, rief ich dem verdutzten Polizisten zu: „Ich bin gleich zurück und erzähle Ihnen, was los ist." Zum Glück hatte ich ein gutes Drei-Gang-Fahrrad, während Jims Rad alt und klapprig und längst schrottreif war; ich holte ihn also schnell ein.

„Hei, Jim", rief ich, „wo bist du gewesen?"

„Nirgends", war seine mürrische, beinahe zornige Antwort.

„Warum bist du dann nicht in den Unterricht gekommen?" bohrte ich weiter.

„Ich komme nicht mehr", sagte er entschieden, seine dunklen Augen voller Trotz.

„Und warum nicht? Was habe ich getan? Sag mir doch, was ich getan habe", bat ich. Ich liebte diesen Jungen. Aber er redete nicht. Und als wir nun einander auf der Straße gegenüberstanden, begannen die Leute um uns herum stehenzubleiben, um zu sehen, worum es ging und weshalb die ausländische alte Dame eine solche Auseinandersetzung mit diesem jungen Burschen hatte. „Schau nur, es bildet sich ein Menschenauflauf", sagte ich und war sicher, daß er darüber auch nicht glücklicher war als ich. „Warum fahren wir nicht zu meinem Haus und bereden die Dinge dort?"

Zögernd bestieg Jim sein Fahrrad, und wir fuhren zu mir. Nachdem wir uns in meinem Wohnzimmer niedergelassen hatten, drängte ich noch einmal: „Sag mir doch, was ich gesagt oder getan habe, das dich verletzt oder verärgert hat. Bitte! Es muß einen Grund geben. Woran liegt es?“

„Sie geben mir immer dieselbe Karte“, brach es schließlich aus ihm heraus.

„Was?“ fragte ich ungläubig. „Ich habe keine Ahnung, welche Karte jeder einzelne von euch bekommt. Ich stehe einfach an der Tür und gebe sie der Reihe nach aus. Bei eurem Gedränge und Geschiebe weiß ich nie vorher, wer der nächste ist. Ich weiß nicht, welchen Spruch ich dir gegeben habe“, fuhr ich fort. „Welcher Vers ist es eigentlich?“

„1. Johannes 1,9.“

„Nach Johannes 3,16“, sagte ich, „ist dies meiner Meinung nach so ziemlich der beste Vers in der Bibel: ‚Wenn wir unsere Sünden bekennen, ist er treu und gerecht; er vergibt uns die Sünden und reinigt uns von allem Unrecht.‘ Was gibt es Besseres?“ Dann kam mir ein Gedanke. „Vielleicht hast du eine Sünde, die du nicht bekannt hast. Vielleicht verbirgst du etwas.“

Lange Zeit saß er ziemlich verdrossen da und war nicht bereit, etwas zu sagen.

„Nun“, schlug ich schließlich vor und erhob mich von meinem Stuhl, „ich lasse dich jetzt einfach eine Weile hier sitzen und nachdenken. Ich habe einiges zu erledigen und werde nebenan sein. Du kannst mich rufen, wenn du mich bei dir haben willst.“

Jim saß nicht sehr lange da. Der Heilige Geist wirkte in seinem Herzen. „Han Po Po“, rief er, und ich kam zurück, um mir seine Geschichte anzuhören. Niemals habe ich jemand so zutiefst seiner Schuld bewußt erlebt, wie er es war. Er schlug sich auf die Brust und schrie voller Schmerz: „Ich habe kaltblütig einen Menschen umgebracht, und ein anderer ist dafür im Gefängnis.“ Schweißperlen standen auf seinem gebräunten Gesicht. „Dieser Mann hat Frau und Kinder – und er ist nun schon ungefähr zwei Jahre im Gefängnis."

Ich saß da und betete im stillen um Weisheit. „Was meinst du, was du tun solltest?" fragte ich schließlich.

Jim starrte auf den Boden. „Ich glaube", stammelte er nach langem Schweigen, „daß ich hingehen und mich stellen sollte."

„Bevor du das tust, rechne dir lieber den Preis dafür aus", riet ich ihm. „Du weißt, wenn du dich stellst, werden dich die Behörden vermutlich ins Gefängnis bringen."

„Das ist egal; alles andere ist besser als das, wie es jetzt ist", stöhnte er.

„Es könnte auch die Todesstrafe bedeuten", warnte ich ihn, denn ich fand, daß er sich über den Ernst seines Vorhabens im klaren sein mußte.

„Ich muß gehen!" schrie er und schlug sich wieder gegen die Brust. „Ich muß. Alles ist besser als dies!"

„Sei dir sicher, ob du das auch wirklich möchtest", riet ich ihm. „Eins ist gewiß: wenn du hingehst und diese Sache gestehst, wirst du Frieden in deinem Herzen haben, denn Gott wird dir vergeben. Wenn du es nicht tust, wirst du ein unglückliches Leben führen."

„Ich weiß. Ich weiß", platzte er ungeduldig heraus. „Das brauchen Sie mir nicht zu sagen." Er sah mich entschlossen an und fügte hinzu: „Ich gehe jetzt gleich zum Gericht, um es dort zu sagen. Gehen Sie mit mir?"

„Nein", erwiderte ich. Es tat mir weh, ihm die Bitte abschlagen zu müssen, aber ich erklärte es ihm: „Wenn ich mit dir gehe und sie dich ins Gefängnis bringen, wird der Teufel, wenn du dann allein dort sitzt, zu dir sagen: ‚Diese alte Missionarin hat dich soweit gebracht. Sie hat dir das alles eingebrockt. Was warst du doch für ein Narr!' Nein, wenn du das tun willst, mußt du es alleine machen... Ich werde hierbleiben und für dich beten, während du hingehst, um dein Geständnis abzulegen. Aber überstürze nichts. Du mußt dir deiner Sache sicher sein", fügte ich hinzu und drängte ihn, daß wir uns beide

Zeit zum Beten nahmen. Zögernd willigte er ein, und wir beteten miteinander, bevor er heimging.

Schon früh am nächsten Morgen stand Jim wieder vor meiner Tür und sah sehr mitgenommen aus. Offensichtlich hatte er nicht besser geschlafen als ich. „Ich muß gehen“, sagte er.

„Ich werde hierbleiben und beten“, versprach ich. „Der Herr wird mit dir gehen und dir Weisheit und Kraft geben. Wenn sie dich in Arrest nehmen, kann ich dir Essen bringen.“

Ich war noch auf den Knien, als Jim zurückkam. Es schien nur so kurze Zeit gedauert zu haben, daß ich sagte: „Du bist nicht hingegangen!“

„Klar bin ich gegangen“, erwiderte er ziemlich selbstzufrieden. „Sie wußten nicht, was sie mit mir anfangen sollten; also haben sie mich wieder nach Hause geschickt. Sie sagten, sie würden Untersuchungen anstellen und mich vorladen, wenn sie mich brauchten.“

Die Tage wurden zu Wochen und die Wochen zu Monaten – zu so vielen Monaten, daß ich mich fragte, ob die Beamten überhaupt etwas unternahmen oder ob sie die Sache fallengelassen hatten. Während dieser Zeit des Wartens jedoch kam Jim beinahe jeden Tag zum Bibelstudium und Gebet zu mir, und er wuchs stetig im inneren Umgang mit dem Herrn. Seine ungläubigen Familienmitglieder waren ihm ein wirkliches Anliegen, und wir beteten für sie. Weder sie noch seine Freunde wußten, was geschehen war. Bald erlebte er die Freude, eine jüngere Schwester zum Herrn führen zu können, dann eine zweite und schließlich seine Mutter.

Nach ungefähr acht Monaten kam Jim eines Tages mit einem amtlich aussehenden Brief in der Hand und sagte steif: „Also, Großmama, das ist es. Ich komme vor Gericht.“ Dann fügte er etwas zuversichtlicher hinzu: „Ich werde wie Paulus im Gefängnis das Evangelium verkündigen.“

Ich erwiderte mit einem leichten Lächeln: „Übrigens,

Paulus, hast du eigentlich eine Bibel?“

„O nein, die habe ich vergessen“, gestand er etwas beschämt. Also gab ich ihm eine Bibel, und nachdem wir zusammen gebetet hatten, ging er.

Wieder war ich noch auf den Knien im Gebet für ihn, als er ziemlich schnell zurückkehrte. Und wieder war ich sicher, daß er einfach nicht hingegangen war. Verblüfft fragte ich ihn: „Was ist los? Bist du nicht hingegangen? Weißt du nicht, daß du in ernsthafte Schwierigkeiten kommst, wenn du nicht rechtzeitig hingehst?“

„Ich war dort“, sagte er. „Ich hatte ein bißchen Angst, all diesen strengen Beamten gegenüberzutreten, aber sie wissen immer noch nicht, was sie mit mir anfangen sollen. Sie haben alles untersucht, wissen genau, wo ich mich aufgehalten und was ich in all diesen Monaten gemacht habe – sie wissen sogar, wie oft ich hier bei Ihnen war und was ich hier gemacht habe.“

Diese letzte Bemerkung jagte mir wirklich einen Schrecken ein!

Jim fuhr fort: „Ich war wirklich erleichtert, als sie mir sagten, daß der Mann, der im Gefängnis war, freigelassen und soweit wie möglich Wiedergutmachung geleistet worden sei. Sie haben festgestellt, daß mein Leben in diesen Monaten tadellos war. Sie sagten, daß ich nun ein nützlicher Bürger sei, und sehen nicht viel Sinn darin, mir das Leben zu nehmen oder mich ins Gefängnis zu bringen. ‚Dadurch wäre nichts gewonnen‘, meinten sie. Sie warnten mich und sagten, daß ich, solange ich den geraden Weg gehe, frei sein werde, aber in ernsthafte Schwierigkeiten käme, wenn ich etwas Unrechtes tun würde. Danach erhob sich der Richter, ein alter, irgendwie väterlicher Herr, kam zu mir und legte mir den Arm um die Schulter. ‚Nun, mein Sohn, sag mir, was hat dich so verändert?‘ fragte er mich.“

So hatte Jim eine wunderbare Gelegenheit, im Gericht aufzustehen und zu erzählen, was Jesus für ihn getan hatte. Später war es ihm durch die Unterstützung einiger Nachhilfelehrer möglich, die Aufnahmeprüfung für ein gutes College zu bestehen. Nach Abschluß seines Studiums heiratete er, und er hat nun eine reizende christliche Familie. Gott hat sein Wort an diesem ungeschliffenen Diamanten dazu benutzt, die Schönheit des Herrn Jesus in seinem Leben aufleuchten zu lassen.

Das Schleifen dieser Diamanten dauerte natürlich jahrelang, und manchmal mußte sich der Glaube anstrengen, um Fortschritte zu erkennen. An einem Sonntag zum Beispiel sprach ich im Unterricht über christliche Lebensführung, vor allem über die Verantwortung, die wir als Christen haben. Da sie den Namen „Hoffnung Chinas“ trugen, betonte ich wohl besonders, daß sie die Hoffnung ihres Landes seien. Daraufhin erhob sich ein großer, kräftiger Bursche, der in der ersten Reihe saß. Zunächst sagte er nichts, blickte nur um sich auf seine Mitschüler und dann wieder zu mir.

„Großmama“, begann er schließlich, „wenn die Hoffnung Chinas auf uns beruht, dann besteht, glaube ich, nicht viel Hoffnung.“

Aber er irrte sich. Viele dieser ehemaligen Kriminellen wurden zu sehr nützlichen Gliedern der Gesellschaft und sind heute führende Persönlichkeiten in ihrem Arbeitsbereich und in den Kirchen in Taiwan und im Ausland.

Peter hatte regelmäßig am Bibelunterricht teilgenommen, aber obwohl er viel über den Herrn wußte und am Bibelstudium aufrichtig interessiert war, hatte er kein persönliches Glaubensbekenntnis abgelegt. Eines Tages fragte ich ihn, wo er eigentlich stehe. „Ich werde glauben“, sagte er und sah mir dabei direkt in die Augen, „wenn ich jemanden sehe, der das lebt, was er zu glauben behauptet. Ich möchte das bei jemand in seinem Leben verwirklicht sehen.“

Es dauerte lange, bis der „Schlag“ fiel, der diesen Burschen zum Glauben an Jesus, über den er bereits so viel wußte, brachte. Eines Tages jedoch klopfte es an meinem Tor, und ich rief: „Wer ist da?“

„Ich bin's!“ Dies war die übliche Antwort. Ich erkannte Peters Stimme und freute mich, ihren vertrauten Klang zu hören. „Peter“, sagte ich, „ich bin froh, daß du endlich einmal gekommen bist. Was hast du auf dem Herzen?“

„Ich bin heute gekommen, weil ich Jesus als meinen Heiland annehmen möchte“, verkündete er, während wir ins Haus gingen.

„Willst du mich auf den Arm nehmen?“ forschte ich. „Du weißt, daß man darüber keine Witze macht.“

„Ja, ich weiß“, antwortete Peter ernst. „Ich habe in den vergangenen Monaten jemand beobachtet, und jetzt weiß ich, daß es klappt.“

Ich habe keine Ahnung, wer der Betreffende war. Aber mir kam dadurch der Gedanke, wie oft uns wohl Leute beobachten und wie oft sie vielleicht unsertwegen stolpern oder gar soweit kommen, nicht an das Evangelium zu glauben.

Was die Veränderung in Jerrys Leben bewirkte, kann man wohl kaum als Schlag bezeichnen. Ich habe erst, als er während seiner Studienzeit zu einem Besuch kam, erfahren, wie der Herr an diesem ungeschliffenen Diamanten gearbeitet hatte. „Das allererste Mal, als ich bei Ihnen war“, erzählte er, „war ich zusammen mit einem Freund gekommen, der wollte, daß ich Ihnen begegnete. Dann ging dieser irgendwohin, und wenig später klingelte jemand an Ihrer Tür. Sie gingen hinaus, um eine Rechnung zu bezahlen, und kamen mit dem Wechselgeld in der Hand zurück, aber es läutete schon wieder jemand. Sie legten das Geld auf den Tisch, gingen hinaus und unterhielten sich draußen eine ganze Weile. Ich konnte der Versuchung nicht widerstehen..., aber gerade, als ich im Begriff war, nach dem Geld zu greifen, sprang Cinderella auf, packte meine Hand und biß zu!“ Jerry hatte nicht wissen können, daß mein Hund Cindy sehr eifersüchtig über meine Sachen wachte und daß niemand etwas auf diesem Tisch anfassen durfte; meine Haushälterin konnte ihn nicht einmal abstauben!

„Wenn ich dieses Geld genommen hätte", fuhr Jerry fort, „wäre ich nie mehr hierher gekommen." Aber er war immer wieder gekommen, bis der Herr sein Herz bereitgemacht hatte und er an Christus als seinen Heiland glaubte. Nein, es war nicht direkt ein Schlag gewesen – es war ein Biß!

Also, wir wollen das Evangelium mit allen Mitteln predigen, selbst wenn es dazu nötig sein sollte, daß unser Hund einen Besucher beißt!

Bob war ein junger Bursche, der meinen Hund Cindy viel besser kannte. Er war schon viele Male bei mir gewesen, um über seine Probleme zu sprechen. Aber gerade das war der wunde Punkt. Als er eines Abends kam, ins Wohnzimmer ging und sich wie üblich setzte, schöpfte ich keinerlei Verdacht. Was ich nicht bemerkt hatte, war, daß er zuerst in den Hinterhof gegangen war, Cinderella gelockt hatte, ihm zu folgen, und sie dann dort eingeschlossen hatte. Plötzlich, während wir uns unterhielten, sprang Bob auf, stürzte sich auf mich, packte mich an der Schulter und hielt mir ein Messer an die Kehle. Sein Plan, mich zu töten, war gut durchdacht! Meine treue Cindy, die mir bei anderen Gelegenheiten zu Hilfe gekommen war, konnte nicht herein, und mir war der Ernst meiner Lage nur zu gut bewußt.

Auf wunderbare Weise jedoch nahm der Herr alle Angst von meinem Herzen, und ich sagte zu Bob: „Warum willst du den einzigen Freund, den du hast, umbringen?"

„Sie wissen zuviel", antwortete er barsch. „Wenn Sie jemals etwas von dem, was ich Ihnen erzählt habe, weitersagen, bekomme ich wahrscheinlich lebenslänglich oder noch schlimmer." „Habe ich je etwas weitererzählt?" fragte ich ihn.

„Nein, aber ich kann dieses Risiko nicht eingehen“, brummte er.

„Wenn ich Stillschweigen bewahrt habe, warum willst du mich dann umbringen?“

„Ich habe Angst, daß Sie eines Tages reden könnten.“ Sein Griff schien sich etwas zu lockern.

„Bob“, forderte ich ihn heraus, „glaubst du denn, daß du damit durchkommst?“ Keine Antwort. Ich fuhr fort: „Würdest du mich, bevor du mich umbringst, beten lassen, damit ich mich dem Herrn anbefehle?“

„Ja, das kann ich schon machen“, räumte er ein.

So senkte ich einfach den Kopf, während Bob mich noch immer festhielt. Er war ein kräftiger Bursche, und er meinte es ernst, aber der Herr schien mir zu zeigen, was ich tun sollte. Ich habe wirklich keine Predigt gehalten, als ich in dieser Nacht gebetet habe. Ich habe mich nur einfach dem Herrn anbefohlen und ihn gebeten, Bob gnädig zu sein. Es war ein sehr kurzes Gebet. Als ich meinen Kopf hob und die Augen öffnete, ließ er meine Schulter ganz los und legte das Messer auf den Tisch. Vor mir stand ein gebrochener junger Mann.

Bald nach diesem Vorfall kam Bob zum Glauben an den Herrn. Gott hatte mein Gebet zum entscheidenden Schlag werden lassen. Bob haßte mich nicht, er war nur ein verängstigter Junge, starr vor Angst, daß ich etwas über ihn weitererzählen könnte. Später entschuldigte er sich für sein Verhalten und bat mich um Vergebung – nicht nur einmal, sondern mehrere Male. Einige Jahre danach, als er die Möglichkeit hatte, sein Studium in Amerika fortzusetzen, kam er, um mich um ein Empfehlungsschreiben zu bitten, und ich schrieb ihm ein gutes. Wie konnte ich das tun, nachdem er doch versucht hatte, mich zu töten? – Das war sein altes Leben gewesen; nun jedoch war Bob ein neuer Mensch in Jesus Christus.

22. Kapitel

Nicht mit meiner Sichel!

Eines Tages kamen einige Polizeibeamte in Zivil mit einer höchst ungewöhnlichen Bitte zu mir. Sie erzählten mir, sie hätten Wind davon bekommen, daß in dieser Nacht draußen am Stadtrand ein großer Kampf zwischen den Banden stattfinden sollte. „Die meisten der Jungen auf unserer Liste waren noch in keine andere Sache mit hineingezogen“, berichteten sie mir, „und wir haben kein Interesse daran, sie festzunehmen und sie in Verruf zu bringen. Wäre es Ihnen nicht möglich, daß Sie heute abend hinausfahren und irgendwie versuchen, die Sache zu verhindern?“

Welch eine Aufgabe! „Nun“, erwiderte ich zögernd, „ich habe heute abend eine Versammlung, aber ich könnte es wohl einrichten, auf diesem Weg heimzufahren, vermutlich gerade so ungefähr um die Zeit, in der sie sich zu dem Kampf treffen werden.“

Die Jungen suchten sich für ihre Schlachten immer eine dunkle Landstraße aus, und als ich an diesem Abend nach der Versammlung mit dem Rad die vereinbarte, in dichtes Dunkel gehüllte Straße entlangfuhr, fielen meine Lichter immer wieder auf junge Burschen. Einige von ihnen kannte ich. „Hallo, Großmama! Wohin fahren Sie?“ rief einer.

„Ich bin gerade auf dem Heimweg“, antwortete ich beiläufig und stieg von meinem Fahrrad ab. Da diese Jungen im Grunde genommen wohlerzogen waren, stiegen sie sogleich ebenfalls von ihren Rädern ab. Und während wir plaudernd auf der Straße standen, kamen noch andere Burschen, Mitglieder beider Banden, vorbei.

„Hallo“, rief ich, „ich habe euch Jungs schon lange nicht mehr gesehen.“

Nach kurzer Zeit hatten wir auf der dunklen Straße geradezu eine kleine Versammlung beisammen. Ich konnte sehen, daß einige darauf brannten, weiterzukommen – aber ihre gute Erziehung ließ es nicht zu, daß sie sich einfach davonmachten, nachdem die alte Dame sie in ein Gespräch verwickelt hatte.

Nach einiger Zeit sah ich auf die Uhr und sagte: „Hei, Jungs, es ist kalt hier draußen, und es wird so langsam spät. Was haltet ihr davon, daß ihr alle mit zu mir kommt und ich uns zum Aufwärmen einen Topf Suppe oder heiße Schokolade mache?“ Inzwischen kamen einige von denen zurück, die vorher, ohne anzuhalten, weitergefahren waren. Da es so aussah, als würde in dieser Nacht aus dem Kampf nichts mehr werden, beschlossen die beiden Banden, meine verrückte Einladung anzunehmen, und wir machten uns alle auf den Weg zu meinem Haus. Als wir später zusammensaßen, Kakao tranken und Plätzchen aßen, hätte niemand auf den Gedanken kommen können, daß diese Jungen zwei miteinander verfeindeten Banden angehörten. „Also, dies hier ist vielleicht besser als das, was wir vorhatten“, bemerkte jemand.

„Ach“, fragte ich mit gespielter Unschuld, „hattet ihr denn etwas vor?“

Sie sahen alle einander an, dann brachen sie in Lachen aus, während sie erklärten, was sie geplant hatten. Sie hatten keine Ahnung, daß ich alles gewußt hatte!

Der Teufel sieht jedoch nicht untätig zu, wenn ihm ein Strich durch die Rechnung gemacht wird. Als ich mich auf die Arbeit mit diesen Jungen einließ, war mir bewußt, daß ich mich mitten in einer geistlichen Schlacht befand. Und ich wurde nicht „enttäuscht“. Oft habe ich mich in schwierigen Situationen an die Zusage in Römer 8,28 gehalten: „Wir wissen aber, daß denen, die Gott lieben, alle Dinge zum Besten dienen, denen, die nach dem Vorsatz berufen sind." Manchmal jedoch bin ich in der Hitze des Gefechts ins Zweifeln gekommen. Das war bei Tony der Fall.

Da ich mich eines Abends nicht wohl fühlte, ging ich schon früh von der Jugendversammlung heim. Als ich jedoch zu Hause ankam, war ich schockiert, die Tür weit offen und das Fenster daneben zertrümmert und verbrannt vorzufinden. Offensichtlich war jemand durch das Fenster eingestiegen und hatte dann die Tür geöffnet. Auch die Hintertür stand weit offen, und Coca-Cola, mein damaliger Hund, war nirgends zu sehen.

Vorsichtig schlüpfte ich hinein, um die Situation beurteilen zu können. Ich wußte, daß ich die Schiebetür zum oberen Tatami-Bereich meines Hauses offengelassen hatte; nun jedoch war sie geschlossen. Als ich daran dachte, hinaufzugehen und nachzuschauen, schien mich eine innere Stimme davor zu warnen. Statt dessen machte ich kehrt und rannte aus dem Haus hinüber zu meinem Nachbarn, der ein Telefon hatte. „Würden Sie bitte die Polizei rufen?" keuchte ich. „In meinem Haus wurde eingebrochen, und ich weiß nicht, ob noch jemand drin ist oder nicht."

Als die Polizei kam und wir das Haus zusammen betraten, war die Schiebetür, die vorher geschlossen gewesen war, offen. Es war tatsächlich jemand im Haus gewesen! Den armen Coca-Cola fanden wir im Badezimmer. Er war betäubt worden und kam gerade wieder zu sich.

„Haben Sie Coco bellen hören?" fragte ich meine Nachbarin, die mir hinterhergelaufen war.

„Nein", antwortete sie mit Bestimmtheit. „Ich bin sicher, daß ich ihn nicht gehört habe."

‚Der Eindringling muß jemand sein, den Coco kennt', folgerte ich im stillen. Wir sahen uns nun im oberen Bereich des Hauses um. Japanische Häuser sind bekannt für ihre riesigen Schränke, und ich nehme an, Missionare sind bekannt für die ungeheure Vielfalt an Dingen, die sie aufbewahren. Jedenfalls waren meine Schränke durchwühlt, und der gesamte Inhalt – von Bibeln bis hin zu Kleidern für Waisenkinder – lag nun im ganzen Zimmer verstreut. Aber mein Ärger wandelte sich in Bestürzung, als ich feststellte, daß zu den fehlenden Gegenständen die drei Kassettenrecorder gehörten, die ich für den Englischunterricht benutzte. Tatsächlich war alles, was man zu Geld machen konnte – wie mein Fotoapparat, Plattenspieler und Radio –, verschwunden.

Aber das Fehlen eines anderen Gegenstandes verblüffte mich wirklich. Meine Bibel lag nicht mehr neben dem Sofakissen, wo ich sie zurückgelassen hatte. Da ich mich nicht wohl fühlte, hatte ich mich auf die Couch gelegt, als ich die Versammlung für den nächsten Tag vorbereitete. ‚Warum sollte ein Dieb meine Bibel wegnehmen?' fragte ich mich. Plötzlich entdeckte ich, daß diese vielbenutzte Ausgabe von Gottes Wort in den Papierkorb unter meinem Arbeitstisch gestopft worden war.

Mir fiel auf, daß noch etwas anderes durcheinandergebracht worden war: die Kärtchen, auf denen die Namen der Jungen standen. Ich benutzte sie zum Gebet für meine Schützlinge, jeden Tag eine bestimmte Anzahl, und für gewöhnlich waren sie ordentlich aufeinandergestapelt und wurden von einem Gummiband zusammengehalten. Nun war das Band entfernt und der Stapel bis zu einem bestimmten Namen durcheinandergebracht worden – dem Namen eines Jungen, der in der Armee war. ‚Nein, er kann das unmöglich getan haben', dachte ich.

Die Polizisten suchten nun nach Fingerabdrücken. Als sie mich fragten, ob ich eine Ahnung habe, wer dies gewesen sein könnte, mußte ich aufrichtig mit „Nein" antworten. Ich beschloß, den Namen auf dem Kärtchen nicht zu erwähnen, da ich nicht mit dem Finger auf irgend jemand zeigen wollte.

Ein paar Tage später kam in Taitschung eine christenfeindliche Zeitung mit der Schlagzeile „Gott hat seine Dienerin Pauline Hamilton nicht beschützt" heraus. Ich fühlte mich elend, weil Gottes Name so verunglimpft wurde, und außerdem war es auf jeden Fall eine sehr ungesunde Art von Öffentlichkeitsarbeit für mich.

Der Diebstahl hatte Samstag nacht stattgefunden. Am darauffolgenden Montagabend hatte ich Besuch – von Tony, dessen Name auf der Gebetskarte stand! Er hatte einen Freund mitgebracht. Ich erwähnte den Diebstahl mit keinem Wort. Dennoch benahm Tony sich merkwürdig – er bestand zum Beispiel darauf, unter dem Fenster zu sitzen statt auf dem Stuhl gegenüber dem Fenster, den ich ihm angeboten hatte.

„Wie kommt es, daß du nicht bei der Armee bist?" fragte ich. „Ich bin in der Basketballmannschaft", sagte er und zeigte mir einen Paß, der ihm eine besondere Ausgangserlaubnis gewährte. Da die Jungen auf Genehmigungen und solchen Dingen ständig die Daten änderten, hatte ich mit der Zeit einen ziemlich guten Blick für Fälschungen bekommen. Ich war mir ziemlich sicher, daß dieser Paß geändert worden war.

Der Besuch verlief dennoch einigermaßen angenehm, aber als ich am Freitagabend von der Knabenschule zurückkehrte, wartete eine Gruppe junger Burschen auf der gegenüberliegenden Straßenseite auf mich, als ich aus dem Bus ausstieg. „Großmama", riefen sie, „kommen Sie herüber – wir möchten Sie sehen!"

„Was ist los?" fragte ich und fühlte mich etwas unbehaglich, da ich keinen von ihnen kannte. „Wer seid ihr?" wollte ich wissen.

Sie stellten sich vor, wobei sie sowohl ihre Namen als auch die Banden, zu denen sie gehörten, nannten.

„Wir haben gehört, daß Tony herumprahlt", begannen sie. „Er ist es, der Sie bestohlen hat, und er hält sich versteckt." Also war Tony es doch! „Er hat es wirklich auf Sie abgesehen", fuhren meine Informanten fort, „und er will Sie umbringen."

„Ach, er ist nur ein großer Aufschneider", spielte ich ihre Warnung herunter.

„Nein, dieses Mal nicht", beharrten sie. „Er meint es ernst."

Ich schluckte schwer und wollte gerade meinen Mund aufmachen, als der Sprecher der Jungen fortfuhr: „Wir werden Sie beschützen. Sie müssen uns versprechen, daß Sie nicht mehr Ihre üblichen Abkürzungen nehmen, wenn Sie irgendwohin gehen. Er kennt sie alle."

„Ach, kommt", lachte ich. „Wie wollt ihr mich denn beschützen?"

„Wir werden jede Nacht bei Ihrem Tor und am Ende der Wege vor und hinter Ihrem Haus eine Wache aufstellen. Dabei arbeiten acht Banden zusammen, und es werden jede Nacht acht Jungen dasein." Ich war sprachlos. Diese Burschen, die sonst miteinander verfeindet waren, waren so aufgebracht darüber, daß jemand mich bestohlen hatte, daß sie sich verbündet hatten, mich zu beschützen, und sie hatten ihren Plan sehr gründlich durchdacht.

Also hielten die Jungen jede Nacht Wache. Zwischen halb eins und ein Uhr nachts fand die Wachablösung statt, und sie kamen alle zu einer heißen Schokolade oder Suppe herein. Es war eine ungewöhnliche Erfahrung, und wir verbrachten bei unseren Mitternachtsimbissen manch wirklich gutes Plauderstündchen. Diese Jungen – man stelle sich nur einmal eine solche Entschlossenheit vor – führten ihren Wachdienst fünf oder sechs Wochen lang durch!

Ganz sicher hatte der Satan sich dieses Mal übernommen, denn Gott benutzte diesen Diebstahl, um mich mit allen möglichen Jungen, die ich sonst nie erreicht hätte, in beständigen Kontakt zu bringen. Ich hatte zuvor nicht einmal von der Existenz einiger dieser Banden gewußt.

Aber der Kummer mit Tony war noch nicht vorbei. Als die Behörden ihn aufgriffen, wurde er vor Gericht gestellt und kam ins Gefängnis. Von dort bekam ich dann einige sehr bittere Briefe von ihm. Er gab mir die Schuld für seine Festnahme und seine Gefängnisstrafe. Irgendwie erreichten meine Briefe ihn nie; so war es für uns beide eine Zeit wirklichen Leidens.

Ich kannte Tony, seit er ein kleiner Junge war, und war bei seiner Mutter, als sie nach einer schrecklichen Leidenszeit an Krebs starb. Diese schlimme Erfahrung schien bei Tony etwas ausgelöst zu haben, denn von da an wurde er regelrecht sadistisch und fand Vergnügen daran, andere leiden zu sehen. Eines Tages zum Beispiel, als er zum Englischunterricht bei mir war, hörte ich plötzlich ein durchdringendes Aufheulen von meinem Hund Coca-Cola. Ich schoß hinaus und fand Tony mit einer großen, offenen Sicherheitsnadel vor, die er in Cocos Schnauze gestochen hatte. Ich wußte vor Zorn nicht, was ich machen sollte. Vielleicht hatte sein Diebstahl etwas mit jenem Tag zu tun.

Aber ich hatte nicht vor, Tony aufzugeben. Ich schrieb an meine fünf treusten Gebetspartner und bat sie, ihr Gebet auf diesen Jungen zu konzentrieren. Als Kind hatte Tony mehr Bibelmemory-Wettbewerbe gewonnen als sonst jemand, den ich kannte. Und nachdem er so viel vom Wort Gottes in seinem Herzen verborgen hielt, traf auf ihn sicherlich die Zusage aus Jesaja 55,11 zu, daß das Wort Gottes das bewirken wird, wozu er es ausgesandt hat.

Als er einige Jahre später aus dem Gefängnis entlassen werden sollte, rieten mir einige Freunde, lieber meinen Heimaturlaub zu nehmen und fortzufahren. „Du weißt nicht, wozu er fähig wäre“, warnten sie mich. Obwohl es Zeit für meinen Urlaub war, hatte ich das Gefühl, daß ich dem Teufel den Sieg überlassen würde, wenn ich jetzt davonlief. Also versuchte ich das Ganze als eine weitere Prüfung anzusehen und stürzte mich in ein volles Sommerprogramm. Es geschah tatsächlich nichts, und nach und nach geriet die ganze Sache in Vergessenheit.

Ungefähr zwei Jahre später, während des Vollmondfestes im September, hatte ich einen Besuch. Obwohl ich die Stimme jenseits des Tors nicht erkannte, öffnete ich – und da stand Tony. Das Mädchen, das bei ihm war, stellte er als seine Frau vor. Ich wußte wirklich nicht genau, was ich als nächstes zu erwarten hatte! Aber ich hatte mich schnell gefaßt und bat sie hereinzukommen.

Wenige Minuten später war Tony auf den Knien, schüttete sein Herz aus und bat um Vergebung. Er war nun seit zwei Jahren aus dem Gefängnis entlassen, und er konnte nicht länger mit der Schuld, was er mir angetan hatte, leben. Als er schließlich seiner Frau die ganze Geschichte erzählt hatte, beschlossen sie sofort, die mehrstündige Fahrt von Taipeh hierher zu machen, um mich zu besuchen. Es wurde daraus eine sehr kostbare Zeit, und sowohl Tony als auch seine Frau kamen zum Herrn, bevor sie wieder wegfuhren. Später entschädigten sie mich und zahlten das Geld zurück, das Tony gestohlen hatte – sogar mit Zinsen!

Als der Satan Tony dazu verführt hatte, mich zu bestehlen, wollte er damit viel Böses anrichten und mir Schaden zufügen. Aber Gott hatte daraus Gutes werden und alles zu seiner Ehre gereichen lassen. Sieben von den Banden, die mich damals beschützten, lösten sich auf, und eine ganze Anzahl ihrer Mitglieder fand zum Glauben an den Herrn. Und Tony und seine Frau erfuhren ebenfalls Christus als ihren Erlöser, und ihr Leben wurde völlig verändert.

Eines Abends gab ich mich genüßlich der Vorstellung hin, einmal freie Zeit zu haben, was selten der Fall war – keine Versammlungen und niemand, der zur Beratung kam, da es die Woche der Abschlußprüfungen war. Hund und Katze waren versorgt, ich hatte mir eine Platte mit guter Musik aufgelegt, und ich war gerade dabei, es mir mit einem guten Buch, das ich schon vor langem begonnen hatte, bequem zu machen. Da ertönte plötzlich ein wildes Klopfen an meinem Tor, und jemand schrie drängend: „Großmama! Großmama! Machen Sie auf!“ Ich erkannte die Stimme nicht und war sehr versucht, so zu tun, als wäre ich nicht zu Hause. Aber dann raffte ich mich doch auf und ging zum Tor, um zu sehen, worum es sich bei diesem scheinbaren Notfall handelte. Da stand Mike, ein Junge, der erst vor kurzem begonnen hatte, mit einem Freund zusammen in den Unterricht zu kommen. Er war nur mit Unterhosen und Holzschuhen bekleidet. Und er war geschlagen worden.

„Was ist denn mit dir passiert?“ platzte ich heraus. Ich hatte so meinen Verdacht, da Mike es zu Hause schwer hatte. Obwohl sein Vater eine gute Position hatte, war er ein sehr harter Mann, ein richtiger Haustyrann, der viel trank und mit seinen Wutausbrüchen die ganze Familie terrorisierte. Die Mutter flüchtete, indem sie einen großen Teil ihrer Zeit außer Haus verbrachte und Mah-Jongg spielte, ein in Taiwan verbotenes Glücksspiel.

„Tut mir leid, wie ich aussehe“, erwiderte der hochgewachsene Siebzehnjährige düster. „Ich hatte gerade einen großen Krach mit meinem Vater. Er hat mich aus dem Haus geworfen. Meinen Sie, Sie könnten für mich heimgehen und mir meine Kleider und meinen Ausweis besorgen?“

„Komm erst mal herein“, sagte ich.

Als wir miteinander redeten, war es nicht schwer, Mike in seiner gegenwärtigen Situation zu bedauern. Aber da das Evangelium gerade erst begonnen hatte, sich auf sein Leben auszuwirken, fragte ich mich doch, ob er nicht teilweise mitverantwortlich war für das, was zu Hause vorgefallen war. Da ich seine Eltern nicht kannte, fand ich, daß ich nicht einfach hingehen und um Mikes Kleider bitten konnte. Gegen Mitternacht hatte ich den Jungen dann schließlich davon überzeugt, daß wir gemeinsam hingehen sollten, um zu sehen, was sich machen ließ, um Frieden zu schließen. ‚Welch schöner, ruhiger Abend!‘ dachte ich wehmütig. Aber das

Schlimmste sollte erst noch kommen.

Als wir uns fertig machten, um zu ihm nach Hause zu gehen, stieß Mike noch immer wilde Drohungen gegen seinen Vater aus. Während wir dann durchs Eßzimmer gingen, entdeckte er die Sichel zum Grasschneiden, die meine Hausgehilfin für mein winziges Rasenstück benutzt hatte. Er packte sie und begann auf das Tor zuzulaufen. Sobald ich erkannt hatte, was da vor sich ging, raste ich hinter ihm her – ich würde es nicht zulassen, daß er seinen Vater mit *meiner* Sichel umbrachte! Eine ganze Menge Energie muß meinen kurzbeinigen, schweren und nicht mehr ganz so jungen Körper durchpulst haben, um mir solch eine Geschwindigkeit und Kraft zu verleihen, daß ich den Jungen mit einem Hechtsprung auf meinem vorderen Rasen zu fassen bekam. Ich landete so unsanft, daß meine gute Armbanduhr in tausend Stücke zerbrach. Aber ich hatte ihn erwischt!

„Du wirst deinen Vater nicht mit meiner Sichel umbringen!" schimpfte ich, während ich ihm die Waffe aus der Hand riß. Dann legte ich die Sichel an ihren Platz zurück und schloß sie ein. Schließlich machten wir uns von neuem auf den Weg. Ich schob mein Fahrrad, und Mike ging neben mir. Er war während der ganzen zwei Meilen äußerst nervös. Jedes plötzliche Geräusch ließ ihn zusammenzucken.

„Was ist los, Mike?" zog ich ihn auf. „Wovor hast du Angst?" „Ich hab' doch keine Angst", protestierte er verächtlich. „Ich beschütze Sie eben."

„Gut", lachte ich, „würdest du mich dann bitte etwas weniger beschützen und einfach weitergehen!" Aber er war wie ein verängstigtes Tier.

Endlich erreichten wir sein Haus. Ich klopfte an, aber niemand antwortete. Ich pochte noch mehrmals gegen die Tür, immer lauter. Da ich von drinnen Geräusche vernahm, war ich sicher, daß die Familie wach war; also hämmerte ich weiter und rief schließlich.

„Wer ist da?" brüllte eine barsche Männerstimme aus

dem einstöckigen Haus.

„Es ist Großmama Han. Ihr Sohn ist heimgekommen."

Daraufhin kam es hinter der Tür zu einer Tirade schlimmster Schimpfwörter. Noch zorniger als zuvor, versuchte Mike wegzurennen. Ich packte ihn und hielt ihn fest, bis schließlich die peinlich berührte Familie die Tür öffnete.

Wild fluchend und durch den Alkohol bestärkt, erklärte Mikes Vater, daß er seinen Sohn nicht zurückhaben wolle. Obwohl mein Wortschatz in der Sprache dieses aufgebrachten Mannes etwas begrenzt war, genügte das, was ich verstand, um mir einen kalten Schauer einzujagen. Aber ich hielt ihm stand, und als sein Wortschwall schließlich erlahmte, redete ich ihn von neuem an, seinem Sohn noch eine Chance zu geben.

Als ich endlich den Vater soweit hatte, daß er Mike hereinließ, war Mike nicht mehr bereit, ins Haus zu gehen! Nach viel gutem Zureden schob sich der Junge dann jedoch mürrisch durch die Tür, und ich folgte ihm. Aber bevor ich den Eingang verließ und mich zu der unglücklichen Gruppe ins Wohnzimmer gesellte, verschloß ich die Tür und steckte den Schlüssel in meine Tasche. Ich wollte nicht das Risiko eingehen, daß jetzt noch irgend etwas diese hübsche kleine Wiedersehensfeier zunichte machen könnte!

Als wir da standen und unsere Schatten sich grotesk von den weißen Wänden abhoben, stellte ich mich Mikes Vater, seiner Mutter und seinen beiden Schwestern vor, die alle in Nachthemden waren. Es lag knisternde Spannung in der Luft. Der Vater bot einen furchterregenden Anblick; sein Gesicht war dunkel vor Zorn. Die zitternde Mutter war so weiß wie der Kühlschrank, der im Wohnzimmer an exponierter Stelle stand. Die beiden Mädchen saßen zusammengekauert auf einem Sofa.

Wie betete ich in meinem Herzen um Weisheit, als ich begann, mit ihnen zu reden! Ich betete auch, daß Gott die Herzen anderer dazu bewegen möge, gerade jetzt für mich zu beten, da ich den Ernst und die mögliche Gefahr dieser Situation spürte.

Nachdem wir uns eine Weile unterhalten hatten, begannen sie alle langsam etwas entspannter zu werden. Mike konnte nun zugeben, was er falsch gemacht hatte, und – erstaunlicherweise – sein Vater tat dies ebenfalls. Als sie schließlich zu einem gewissen Verständnis füreinander gekommen zu sein schienen und einsehen konnten, wie töricht sie gehandelt hatten, beschloß ich, es sei Zeit für mich zu gehen.

Aber ich hatte das Gefühl, daß ich vorher noch ein Wort über den Ernst ihrer familiären Probleme sagen sollte. „Keiner von euch ist Christ; ihr kennt den Herrn Jesus nicht, und deshalb habt ihr in eurem Heim so viele Schwierigkeiten“, sagte ich eindringlich. „Ihr habt niemand, zu dem ihr mit euren Problemen kommen könnt.“

Nachdem ich ihnen das Evangelium mit einfachen Worten erklärt und betont hatte, daß sie wirklich Christus als Oberhaupt ihrer Familie brauchten, schlug ich vor, daß wir beteten. „Wenn wir beten, knien wir nieder“, erklärte ich, und sogleich knieten alle auf dem kalten Zementboden nieder.

Ich muß eine Stunde oder länger gebetet haben. Ich weiß nicht mehr genau, was ich gesagt habe; ich weiß nur, daß es aus der tiefen Sorge meines Herzens um diese hilfsbedürftige Familie kam.

Die Macht des Gebets begann in Mikes Leben sichtbar zu werden, indem er nicht nur aufhörte, sich herumzutreiben und sich ständig an Kämpfen zu beteiligen, sondern auch ein Bestreben entwickelte, gute Noten zu bekommen. Mit Hilfe einiger Nachhilfestunden bestand er die Aufnahmeprüfung für eine gute Schule. Im Laufe der Zeit fand er zum wirklichen Glauben an den Herrn. Sein Leben veränderte sich tatsächlich so sehr, daß seine Schwestern anfingen, in die Jugendgruppen unserer Kirche zu kommen, und während der Winterkonferenz zum

Glauben fanden. Und die Engel frohlockten, als auch seine Mutter einige Wochen später ihr Leben an Christus übergab.

Das Wunderbarste von allem aber war der Brief von Mikes Vater, den ich während meiner Reisevorbereitungen für den Heimaturlaub bekam. Es ist ein Brief, den ich wie einen Schatz hüte.

„Großmama", las ich, „ich möchte, daß Sie wissen, daß auch ich jetzt Christ bin. Das macht uns zu einer Familie, die eins ist im Herrn. In drei Wochen werde ich mich taufen lassen zum Zeugnis für meine Freunde. Es tut mir leid, daß Sie bis dahin schon abgereist sein werden. Ich habe Ihr Gebet in jener Nacht nie vergessen."

23. Kapitel

Kein Unterricht für Ned

„War mein Sohn Ned bei Ihnen?" fragte der Mann mittleren Alters, der vor meinem Tor stand.

„Ja", erwiderte ich.

„Haben Sie ihn über das Christentum unterrichtet?" fuhr er ärgerlich fort, wobei seine Frage eher eine Anklage war. „Ja, wir haben Bibelunterricht. Warum?"

„Ich habe nichts dagegen, wenn mein Sohn zum Englischlernen herkommt. Tatsächlich weiß ich es sogar zu schätzen, daß Sie ihm mit seinem Englisch helfen und daß er von Mitschülern Nachhilfe in Mathematik, Physik und Chemie bekommt. Aber", fuhr er fort, und seine Stimme wurde lauter, „Sie müssen mir versprechen, daß Sie meinen Jungen nicht an Ihrem Bibelunterricht teilnehmen lassen."

Was sollte ich sagen? Konnte ich ein solches Versprechen geben? „Ich werde mein möglichstes tun, Ihren Wünschen nachzukommen", entgegnete ich zögernd, und damit war unser Gespräch beendet.

Mein Zugeständnis an Neds Vater genügte diesem jedoch nicht. Jeden Tag, wenn Ned von der Schule heimkam, durchsuchte er seine Tasche, um zu sehen, ob sie etwas enthielt, was mit dem Christentum zu tun hatte. Als er ein- oder zweimal eine Bibel fand, vernichtete er sie und schlug seinen Sohn für seinen Ungehorsam.

Wie ich es versprochen hatte, vermied ich es, mit Ned persönlich über den Herrn zu reden. Wenn jedoch die anderen Jungen Fragen stellten, konnte ich sicher sein, daß er sich irgendwo am Rande des Geschehens aufhielt und alles begierig in sich aufnahm. Wenn er eine Frage stellte, sagte ich: „Es tut mir leid, Ned; ich wage nicht, mit dir darüber zu reden.“ Aber dann stellte jemand anders dieselbe Frage. Ich weiß nicht, ob dieses Vorgehen so ganz korrekt war, aber Ned bekam seine Antworten mehr oder weniger aus zweiter Hand.

An einem Sonntag jedoch tauchte er mit seiner Schultasche im Bibelunterricht auf. „Ned, hast du deinem Vater gesagt, daß du zum Unterricht kommst?“ erkundigte ich mich.

„Nein.“

„Hast du ihm gesagt, daß du zur Schule gehst?“ Für die älteren Schüler fand sonntags Unterricht zum Wiederholen des Stoffs statt.

„Ja.“

„Dann geh auch zur Schule“, sagte ich. „Du kennst den Wunsch deines Vaters. Ich kann dich nicht hier teilnehmen lassen; es wäre nicht gut für dich... und genauso wenig wäre es gut für unser Zeugnis für den Herrn. Du hast gesagt, daß du zur Schule gehst, also geh auch zur Schule!“

Die anderen Jungen fanden es schlimm, daß er nicht zum Unterricht kommen durfte. Ich mußte zugeben, daß auch ich mich dabei sehr elend fühlte, aber in meinem Herzen wußte ich, daß es richtig war, so zu handeln. Den größten Teil des Unterrichts verbrachten wir an diesem Tag damit, über dieses Problem zu diskutieren.

Ned jedoch sollte nicht ausgeschlossen sein, denn am nächsten Tag kam er mit einigen Freunden, die nicht am Sonntagsunterricht teilgenommen hatten. „Großmama“, drängte er, „diese Jungs konnten gestern nicht kommen; würden Sie ihnen also erzählen, was Sie im Unterricht durchgenommen haben?“ Das tat ich, und Ned hörte vom Rande des Geschehens her zu.

Das chinesische Neujahr kam schnell näher, und jedermann war mit den Vorbereitungen für dieses größte Fest im Jahr beschäftigt. Da es auch eine Zeit ist, in der sehr viel Götzendienst getrieben wird, kam auf Ned ein besonderes Problem zu. Sein Vater hatte nie sehr zu den Götzenanbetern gehört, er hatte sogar eine kirchliche Schule irgendwo in China besucht. Aber da er gegen das Christentum erbittert war und entschieden hatte, daß sein Sohn nichts damit zu tun haben sollte, kaufte er nun eine Anzahl von Götzenstatuen und alles Drum und Dran für eine heidnische Feier: Räucherstäbchen, Papiergeld, Gefäße für Speiseopfer und sogar ein Priestergewand. Er beschloß, daß Ned an dieser Feier nicht nur teilnehmen, sondern ihr vorstehen sollte, was eigentlich seinem ältesten Bruder zugestanden hätte. Zu diesem Zweck nahm er Ned zum Friseur, um ihm den Kopf scheren zu lassen.

Der Junge kam hilfesuchend zu mir gelaufen. „Großmama“, drängte er und überging meine unterdrückte Belustigung über sein Aussehen, „was kann ich machen?“

Ich wußte nicht, was ich sagen sollte. Aber dann siegte mein Humor, ausgelöst von dem Anblick seines kahlgeschorenen Kopfes, der für alle Welt wie eine Glühbirne aussah. „Immerhin“, zog ich ihn auf, „eins ist sicher, Ned: du wirst ein helles und leuchtendes Licht für den Herrn sein!“ Wir mußten erst einmal lachen, und die Spannung legte sich etwas. Dann sagte ich ernst zu ihm: „Ich weiß nicht, was ich dir raten soll, Ned. Aber eins weiß ich: wir können über die Situation beten, und Gott wird das Ganze in die Hand nehmen.“

„Ist das *alles,* was wir tun können?“ stammelte er fassungslos.

„Das ist das Größte, was wir tun können“, sagte ich. „Gott kann das ganze Bild verändern.“ Dieses Mal jedoch waren meine Worte zuversichtlicher als mein Herz – mein Glaube kam mir durchlöchert vor. Aber wir knieten beide nieder und beteten.

Plötzlich begann ich, ein zweites Mal zu beten, was für mich selbst ziemlich überraschend war: „Herr, es wäre so leicht für dich, Neds Vater wegzurufen, kurz bevor er mit diesem schrecklichen Ritual beginnen muß, so daß dein Kind diese Sache nicht durchführen muß. Du kennst Neds Herz. Du weißt, daß er keine Götter anbeten will. Er liebt dich, Herr. Bitte handle du nun für ihn. Wir danken dir und preisen dich für das, was du tun wirst. In Jesu Namen. Amen."

Als wir uns wieder erhoben, fragte Ned: „Großmama, wie sind Sie dazu gekommen, so zu beten?"

Ich erklärte, daß ich glaubte, der Heilige Geist habe mich geführt, so zu beten, und wenn das stimmte, würde Gott auf diese Weise eingreifen. „Und nun sieh zu, daß du heimkommst, bevor dein Vater dich vermißt", fuhr ich fort. „Ich werde für dich beten. Ich gehe am Neujahrsabend nie irgendwohin, sondern bleibe daheim, um zu beten, da so viele Burschen wie du in dieser Zeit mit Problemen zu kämpfen haben. Gott erhört Gebet, darauf kannst du dich verlassen."

Den ganzen Abend brachte ich meine Sorgen um Ned und die anderen Jungen vor den Herrn. Die Geräusche von den Aktivitäten in der Nachbarschaft veranlaßten mich, immer wieder von neuem für sie zu beten. Und ich bat Gott, daß er für Ned auf eine ganz besondere, offensichtliche Weise handeln möge.

Sehr früh am nächsten Morgen hörte ich jemanden an meinem Tor „Großmama! Großmama!" rufen. Ich wußte sofort, wer es war.

„Was ist geschehen?" fragte ich Ned, als ich ihn einließ. „Es ist genauso gegangen, wie Sie gebetet haben!" sprudelte er heraus. „Als ich gerade mit dem Ritual beginnen sollte, läutete jemand an der Tür und fragte nach meinem Vater. Dieser ging dann mit ihm weg, während wir warteten und warteten. Schließlich, nach einer ganzen Weile, sagte meine Mutter dann: ‚Das Essen ist schon kalt; ich habe keine Ahnung, wohin Vater gegangen ist und wann er zurückkommt. Wir können genausogut essen.' So wurde die ganze Sache mit den Göttern fallengelassen, und da wir ihnen auch noch keine Speisen geopfert hatten, war ich frei, davon zu essen!“

„Und was geschah, als dein Vater zurückgekehrt ist?“ fragte ich.

„Er wollte nur wissen, ob wir an alles gedacht haben, und meine Mutter bestätigte ihm dies!“

Neds Vater war jedoch weiterhin unzufrieden über das Interesse seines Sohnes an christlichen Dingen. „Ich hätte gerne ein Gespräch mit Großmama Han“, sagte er einige Zeit später eines Tages zu Ned. „Frage sie, ob sie am Sonntagnachmittag um zwei Uhr herkommen könnte.“

Ich war mit dem Besuch einverstanden, obwohl ich wußte, daß er Ärger bedeuten würde. Aber eine Gruppe junger Leute von der Kirche beschloß, sich in meinem Haus zum Gebet zu versammeln, während ich Neds Vater besuchte.

Da er sich hingelegt hatte, als ich ankam, wartete ich in seiner Metallverarbeitungsfabrik nebenan und plauderte mit den Arbeitern. Ich nahm an, daß er versuchte, mich zu ärgern; deshalb sagte ich auf seine Entschuldigung, als er eine halbe Stunde später auftauchte, nur leichthin: „Das ist schon in Ordnung.“

Als wir in den Wohnbereich des japanischen Hauses kamen, entdeckte ich, daß Neds Mutter, seine Schwestern und alle anderen Familienmitglieder außer Ned weggegangen waren. Mir kam der Gedanke, daß sie wohl nicht hier sein wollten, wenn die Funken flogen!

Neds Vater war tatsächlich auf dem Kriegspfad. Er verschwendete auch gar keine Zeit und sagte mir gleich genau, was er von den Christen hielt: alles Heuchler – nicht ein Guter in dem ganzen Haufen. Seine Einstellung zum Evangelium war noch geringschätziger, und er behauptete, daß das Christentum die Leute verdumme und den Ehrgeiz abtöte. Wenigstens mußte er zugeben, daß ich mich, was Ned betraf, an seine Anordnungen gehalten hatte.

‚Herr, hilf mir, ruhig zu bleiben‘, betete ich, als ich

mich vorsichtig auf einem alten Rohrstuhl niederließ. ‚Laß mich nicht das geringste Anzeichen von Gereiztheit zeigen, egal was dieser Mann sagt', flehte ich im stillen zum Herrn, ‚...und zeige du mir, was ich sagen soll, falls er mich jemals zu Wort kommen läßt.'

Irgendwann wußte mein Gastgeber dann nichts mehr zu sagen. „Möchten Sie sich noch äußern?" fragte er schließlich. „Ich würde Ihnen gern ein paar Fragen stellen", erwiderte ich. „Ist Ihr Sohn pünktlich nach Hause gekommen, seit er Interesse am Glauben hat?"

„Ja, ja – er hat sich darin sehr gebessert im Vergleich zu früher", gab er verlegen zu.

„War er Ihnen ein gehorsamer Sohn?"

„Ja, ja."

„Hilft er im Haus mit, oder müssen Sie ihn immer noch dauernd ermahnen, daß er etwas tun soll?"

„Nein. Er hat sich darin sehr gebessert, und er denkt sogar an Dinge, die erledigt werden sollten. Außerdem ist er auch viel umgänglicher geworden."

„Und Neds Noten – sind sie besser oder schlechter geworden?" Ich wußte, daß sie sich wesentlich gebessert hatten, denn ich hatte sein Zeugnis gesehen.

„Seine Noten sind viel besser geworden als vorher", mußte er zugeben.

Nun ergriff ich die Gelegenheit mit beiden Händen. „Ihr Sohn hat sich in allen Dingen gebessert, seit er sich für den Glauben an Gott interessiert", betonte ich. „Warum kämpfen Sie dann so erbittert dagegen an, daß er diesen Weg geht? Warum sind Sie so gegen das Christentum?"

Er war ehrlich genug zuzugeben, daß er nichts Schlechtes an Neds Verhalten finden konnte. „Ich möchte nur ganz einfach nicht, daß er ein Christ ist", sagte er abwehrend. „Es ist nicht chinesisch."

Ich war versucht, ihm entgegenzuhalten: „Genauso wenig ist der Buddhismus chinesisch", aber ich hielt es für besser, ihn nicht noch mehr zum Gegner zu machen.

Neds Vater sah mich verächtlich an und sagte: „Nun, Großmama, ich werde Ihnen sagen, was Sie machen sollten, wenn Sie wirklich Ihr Leben für Gott opfern wollen. Kaufen Sie sich einen Kanister Benzin und eine Schachtel Streichhölzer, übergießen Sie sich mit dem Benzin und zünden Sie sich an. Dann werde ich an Ihren Jesus glauben."

Dies sollte wohl der Tropfen sein, der das Faß zum Überlaufen brachte. „Was würde das nützen?" lachte ich. „Ich würde ja nicht einmal wissen, ob Sie zum Glauben an Jesus gefunden haben. Und außerdem wäre ich dann nicht mehr hier, um Ihnen zu helfen, als Christ zu wachsen. Das hat keinen Sinn."

Der Sturm schien nun vorüber zu sein, und er sagte einige Nettigkeiten. Dann wandte er sich mir zu und lud mich ein: „Es wird schon spät. Würden Sie zum Abendessen bleiben?"

Ich wußte, daß ich zusagen mußte. Eine Ablehnung würde bedeuten, daß ich verärgert war. „Ich würde sehr gerne bleiben", erwiderte ich.

Neds Mutter war nicht zu Hause, aber da einer der Arbeiter das Essen für die anderen zubereitete, nahm ich an, daß er auch für unsere Mahlzeit sorgen würde. Ich konnte riechen, daß frischer Reis gekocht wurde. Aber um das Mahl zu erweitern, holte Neds Vater einige übriggebliebene Gerichte aus dem Windschrank (sie hatten keinen Kühlschrank) und stellte sie auf den Tisch am Eingang der Fabrik, ohne sie aufzuwärmen. Eines davon war ein Krabbengericht; was das andere war, weiß ich nicht mehr. Als das Essen fertig war, wies mir mein Widersacher den niedrigsten Platz zu, der bei den Arbeitern und am nächsten bei der Tür war. Dadurch sollte ich das Gesicht verlieren, denn als Gast hätte ich zu seiner Rechten, am weitesten von der Tür entfernt, sitzen müssen.

Bevor wir zu essen begannen, fragte ich: „Macht es Ihnen etwas aus, wenn ich ein Tischgebet spreche? Wir

Christen danken Gott stets für unser Essen."

„Nun ja, wenn das bei Ihnen so üblich ist." Als ich jedoch betete, versuchte er mich durch alle möglichen Geräusche zu stören.

Dem Brauch entsprechend füllte mein Gastgeber meine Schüssel mit Essen, und er achtete sorgsam darauf, daß ich einen guten Teil der übriggebliebenen Gerichte abbekam. Obwohl mir meine Nase sagte, daß das Krabbengericht nicht mehr frisch genug war, um noch guten Gewissens gegessen werden zu können, wußte ich, daß ich es essen mußte. ‚Herr', betete ich in meinem Herzen, ‚ich esse dies zu deiner Ehre; hilf du mir, es hinunterzuschlucken.' Irgendwie bekam ich es hinunter. Außer mir aß niemand davon.

Der kleine, alte Arbeiter neben mir war sehr nett und bot mir sogar einiges von dem frischgekochten Gemüse an. Am Ende der Mahlzeit sagte Neds Vater zu mir: „Nun, Großmama, ich hoffe, daß Sie nicht verärgert sind über irgend etwas, was ich heute gesagt habe."

„Nein", erwiderte ich aufrichtig, „ich bin froh, daß wir diese Gelegenheit hatten, über die Dinge zu reden. Nun wissen wir, wo jeder von uns steht. Nein, ich bin nicht verärgert. Sonst wäre ich nicht geblieben und hätte nicht bei Ihnen gegessen."

Daraufhin beugte sich der kleine Mann neben mir herüber und flüsterte: „Sie gewinnen! Er hat verloren! Sie gewinnen! Er hat verloren!" In meinem Herzen wußte ich, daß er recht hatte.

Als ich heimkam, waren die jungen Leute immer noch da, und sie hatten sich Sorgen gemacht, weil ich so lange weggeblieben war. Ich erzählte ihnen, wie der Herr unser Gebet erhört hatte, indem er mich ruhig und sachlich bleiben ließ, dankte ihnen, daß sie sich im Gebet hinter mich gestellt hatten, und schickte sie nach Hause.

Gegen Mitternacht begann sich mein verdorbener Magen dann mit Krämpfen zu melden. Der Schmerz war unerträglich. „Herr", flehte ich, „hilf mir, alles loszuwerden!“ Das tat er, und ich fühlte mich sogleich besser. Aber ich war hinterher noch einige Tage lang schrecklich schwach. Immerhin wußte ich nun, womit Ned täglich zu leben hatte.

Dennoch wurden seine schulischen Leistungen weiterhin besser, so daß er bei der Aufnahmeprüfung für die Universität besser abschnitt als jeder andere von seinen Freunden und für eine der staatlichen Hochschulen zugelassen wurde. Sein Vater war darüber so erfreut, daß er kam, um mir für meine Hilfe zu danken. Immerhin ein Fortschritt! Aber das war noch nicht alles. Zu meinem Erstaunen fuhr er fort: „Mein Sohn darf nicht getauft werden, bevor er einundzwanzig ist.“ Er sagte nun nichts mehr dagegen, daß Ned Christ wurde! Er hatte wohl erkannt, was für ein entschiedener Christ Ned bereits war.

An seinem einundzwanzigsten Geburtstag kam Ned zu Besuch nach Hause, und selbstverständlich kam er auch zu mir. „Ich bin jetzt einundzwanzig“, sagte er. „Kann ich dieses Mal getauft werden?“ Er hatte schon davon gehört, daß wir eine Gruppe vorbereiteten, die in der Kirche getauft werden sollte. Das Taufgespräch bestand er glatt. Die meisten Leute in der Kirche wußten sehr gut, was er durchgemacht und welch konsequentes Leben er geführt hatte.

Am Abend vor dem Taufgottesdienst kam Ned zu mir und fragte: „Meinen Sie, ich sollte meinen Vater zu dem Gottesdienst einladen?“

„Ich fände es sehr nett, wenn du das tätest“, antwortete ich ihm. „Du hast dich, indem du bis jetzt gewartet hast, an seinen Wunsch gehalten; also sollte er nichts dagegen haben.“ Tief in meinem Herzen bezweifelte ich jedoch, daß sein Vater kommen würde, ja, vielleicht hoffte ich sogar, daß er nicht teilnehmen würde.

Früh am nächsten Morgen kam Ned zu mir herübergerannt und berichtete: „Er kommt, Großmama! Was soll ich machen?“

„Es ist schön, wenn er kommt", sagte ich vorsichtig. „Du hast ihn eingeladen, und der Herr kann ihn mit seiner Hand festhalten." Wir beteten noch miteinander, dann machten wir uns eilig auf den Weg zur Kirche.

Nach dem normalen Gottesdienst mit den üblichen Liedern, der Schriftlesung und einer dem Anlaß entsprechenden Predigt wurden die Taufkandidaten angesprochen. Neds Vater hörte sehr aufmerksam zu. Als die Täuflinge sich dann vorne aufstellten, stieg er hoch auf die Plattform, damit er auch wirklich sehen konnte, was vor sich ging. Als sein Sohn an die Reihe kam, legte der Junge ein kurzes Zeugnis ab, während sein Vater noch immer dort stand und alles in sich aufnahm. Sobald Ned getauft war, begab sein Vater sich wieder an seinen Platz.

Als nach dem Gottesdienst ein Gruppenfoto aufgenommen werden sollte, bestand der Vater darauf, ebenfalls dabeizusein und neben seinem Sohn zu stehen. Wie es schien, war er inzwischen recht stolz auf die Einstellung seines Sohnes, obwohl er selbst bis jetzt noch nicht zum Glauben gefunden hat.

Welch ein Tag!

24. Kapitel

Füßewaschen

Nach und nach wurde meine Arbeit mit den Jungen von einheimischen Christen übernommen, unter denen auch einige waren, denen ich im Teenageralter geholfen hatte und die nun gereifte Diener Gottes waren. Obwohl ich noch immer Beratungsdienste ausübte, hatte ich mich in gewisser Weise selbst aus dieser Aufgabe herausgearbeitet. Und ganz so jung war ich inzwischen auch nicht mehr. Deshalb hielt ich nach der Rückkehr von meinem Heimaturlaub im Jahr 1969 nach einer neuen Aufgabe Ausschau.

Tatsächlich war die Erkenntnis, daß ich nun nicht mehr zu den *jungen* Missionarinnen gehörte, ein ziemlicher Schock für mich. Mit fünfundfünfzig Jahren waren nun die Zeiten, in denen ich auf dem Fahrrad oder selbst auf einem Motorrad herumflitzen konnte, vorbei. Der Arzt hatte mich „aus dem Verkehr gezogen". Selbst dies gehörte jedoch zu den Umständen, die mich zu einer ganz anderen Form des Dienstes hinführten, die der Herr für mich plante.

Ich kam zurück in das Haus, in das ich vor dem Urlaub gezogen war; es war, im Gegensatz zu dem japanischen Haus, das ich vorher gehabt hatte, mehr ein Haus in ausländischem Stil. Es war perfekt für meine neue Aufgabe.

Außerdem war ich mit einem kleinen japanischen Kombi aus dem Urlaub zurückgekommen. Da der Herr ihn mir gegeben hatte, glaubte ich, daß es sein Wille war, ihn für einen besonderen Dienst zu verwenden, besonders, da die Mission zu jener Zeit keinerlei Fahrzeug besaß.

Inzwischen war die China-Inland-Mission selbst in Taiwan mit ihrer neuen Bezeichnung als Überseeische Missions-Gemeinschaft bekannt. Bis dahin hatten die meisten unserer Missionare in diesem Inselstaat ihren Dienst in Festlandchina begonnen. Nun jedoch wurde die Mission mit einem Zustrom neuer Missionare gesegnet, die im Taiwan-Team mitarbeiten wollten. Und hier fügten sich nun mein „Großmama“-Status (graues Haar und so weiter), mein Haus und mein kleines Auto zusammen zu dem, was ich einen „Dienst des Füßewaschens“ nannte. Während ich mit meiner Gehilfin den Frauen und den jungen Leuten der Kirche auch weiterhin zur Verfügung stand, konnte ich mein Haus und mich selbst öffnen, um es den neuen Missionaren leichter zu machen, die Bräuche und Kultur ihres Adoptivlandes zu verstehen.

Eine Schlüsselstellung in diesem Dienst hatte Mrs. Chang, eine reizende gläubige Witwe, die sechs Söhne und neun Töchter hatte und die in dem Dienst für mich einen Dienst für den Herrn sah. Sie war eine wirkliche Mitarbeiterin, die neun Jahre lang bei mir blieb und der es nie zuviel zu werden schien, unsere zahlreichen Gäste – sowohl neue Mitarbeiter als auch ältere Missionarskollegen, die manchmal etwas Abstand brauchten, um sich eine Weile ausruhen zu können – mit dem köstlichsten Essen zu bewirten.

Ein Grund, warum ich neue Mitarbeiter einlud, war, daß ich sie mit chinesischem Essen bekanntmachen wollte. Ich wollte, daß sie lernten, es zu mögen – und sogar auch zu kochen –, damit sie sich etwas mehr zu Hause fühlten in Taiwan.

Und da die Überseeische Missions-Gemeinschaft eine internationale Mission war, trugen die Mahlzeiten in meinem Haus zu dem Anpassungsprozeß zwischen den einzelnen Missionaren völlig unterschiedlicher Herkunft bei, indem wir einander Geschichten erzählten, über interessante Besonderheiten unserer geliebten

Heimatländer sprachen und alle möglichen Unterschiede in den Tischsitten entdeckten. Welch eine gemischte Gruppe saß da manchmal um den Tisch! An einem Mittag zählte ich sieben verschiedene Nationalitäten.

Aber dies war erst der Anfang. In Taiwan sah sich die ÜMG einem ganz neuen Problem gegenübergestellt – falls man es als solches bezeichnen könnte –, den unverheirateten Männern! Die ledigen jungen Männer, die in die ÜMG gingen, um in Taiwan zu dienen, kamen irgendwie immer einer nach dem anderen, und wir entdeckten bald, wie ausgesprochen schwierig es für sie war, für ihr Essen und ihre Wäsche zu sorgen und – ohne den Rückhalt eines richtigen Zuhauses – außerhalb zu arbeiten und die Sprache zu lernen. Ihre Situation berührte mich tief.

Eines Tages, als die Missionsverwaltung eine Sitzung in meinem Haus hielt, kam dieses Thema zur Sprache. Ich schlug vor, daß vielleicht mein Gartenhaus hergerichtet werden könnte, um jemand zu beherbergen. Es war eine Idee. Als ich es mit Mrs. Chang durchsprach, war sie gerne dazu bereit – sie habe eine besondere Vorliebe für Jungen, sagte sie. Dank ihrer Hilfe konnten wir uns um drei junge Männer, die nacheinander kamen, während ihrer ersten Jahre auf dem Missionsfeld kümmern.

Da die Studenten, die Jungen aus den Banden und Leute von der Kirche auch weiterhin um Rat zu mir kamen, betete ich, daß der Herr mein Türhüter sein und mir diejenigen schicken möge, von denen er wollte, daß sie kamen, und daß ich so vorbereitet sein möge, daß er durch mich jedem das geben konnte, was er brauchte. Und wieder einmal erkannte ich, wie wichtig die ganz persönliche Arbeit am Mitmenschen wirklich ist. Wir alle brauchen das Gefühl, daß sich jemand um uns sorgt und daß es jemanden interessiert, was wir tun oder erleben.

Oft fragte ich mich am Ende eines Tages: Was habe ich heute eigentlich getan? Ich kam mir vor wie ein einziges großes Ohr, denn die meiste Zeit hatte ich mit Zuhören verbracht. Viele von denen, die kamen, suchten nicht unbedingt Rat, sondern wollten lediglich ihr Herz ausschütten. Wenn sie dies getan hatten, beteten wir miteinander. So einfach war das für gewöhnlich – und dennoch ging der Betreffende oft mit den Worten: „Sie waren eine solche Hilfe für mich."

Ich habe natürlich auch oft versagt. Wenn Pläne durchkreuzt werden, vergißt man leicht den Grundsatz: „Es gibt keine Störungen, nur Gelegenheiten." Man muß frei von sich selbst und seinen eigenen Plänen sein, um sich in andere Leute hineinversetzen und ihnen wirklich zuhören zu können. „Ich saß, wo sie saßen", so drückte Hesekiel das aus, was ich wollte, was mir aber manchmal auch nicht gelang.

„Dr. Pauline", fragte mich einmal einer unserer Missionsleiter, als ich ihn nach Taipeh fuhr, „was ist Ihrer Meinung nach wichtiger – Tun oder Sein?"

Ich dachte über die Frage eine Weile nach, dann erwiderte ich: „*Sein* ist wichtiger." Später wurde mir klar, daß dies genau die Lektion zusammenfaßte, die ich lernte. Meine Aufgabe war es, verfügbar zu *sein,* bereit zu *sein,* meine Zeiteinteilung aufzugeben, um die Lasten anderer mitzutragen, und selbst in Gottes Hand zu *sein.* Anders ausgedrückt – ich lernte von neuem, was jener indianische Bruder mir in Toronto mit auf den Weg gegeben hatte, bevor ich zum ersten Mal auf das Missionsfeld ausgereist war: „Der Mensch kommt vor der Arbeit, denn der Mensch *ist* Ihre Arbeit."

Dies war in erster Linie eine Zeit des Verfügbarseins. Ich rannte weniger zu Versammlungen als früher, aber „Datsie" – wie ich meinen kleinen, blauen Datsun nannte – und ich legten eine gute Anzahl Meilen zurück. Wir halfen neuen Mitarbeitern mit dem Umzug an ihren Einsatzort, wir halfen Babies, auf die Welt zu kommen –

das heißt, wir fuhren einige Missionarinnen, die werdende Mütter waren, ins Krankenhaus! Datsie und ich erlebten fünf oder sechs solche „Storchrennen" mitten in der Nacht, und einmal hätten wir beinahe verloren, als der Kleine ungefähr drei Minuten nach unserer Ankunft im Krankenhaus das Licht der Welt erblickte!

Wir hatten auch traurigere Aufgaben. Achtmal waren Datsie und ich zur Stelle, um Unfallopfer von der Straße aufzulesen und ins Krankenhaus zu bringen. Und als zwei unserer altgedienten Missionare, Eric und Edith Liberty, nur ein paar Monate vor ihrem Ruhestand bei einem Motorradunfall schwer verletzt wurden, machten Datsie und ich die sechzig Meilen weite Fahrt beinahe täglich, um sie im Krankenhaus zu besuchen. Als sie dann transportfähig waren, wurden sie nach Taitschung gebracht und im größeren meiner beiden Gästezimmer einquartiert. Zwei unserer jüngeren Missionarinnen wohnten im anderen Gästezimmer und pflegten die beiden rund um die Uhr.

Das Gebet gewann in dieser Zeit für mich eine neue Bedeutung. Ein großer Teil der Nacharbeit an meinen Jungen wurde nun durch das Gebet getan. Oft geschah es, daß der Herr mir einen Jungen, den ich lange nicht gesehen hatte, von dem ich vielleicht nicht einmal wußte, wo er war, besonders ans Herz legte. Wenn ich dann betete, begann der Herr zu handeln: Nicht allzu lange danach traf ich diesen Jungen entweder auf der Straße, oder er besuchte mich, oder ich bekam vielleicht einen Brief, in dem stand, wie Gott wirkte.

Oft wurde ich, wenn jemand schwerkrank war, ans Krankenbett gerufen. Es war ein kostbarer und geheiligter Dienst, mit den Sterbenden in ihren letzten Minuten an der Herrlichkeit Christi teilhaben zu können. Mehr als einer sagte: „Großmama, ich bin so froh, daß Sie gekommen sind. Sie wissen, wie das ist, denn Sie haben selbst so viel Krankheit durchgemacht." Zu solchen Zeiten konnte ich, wenigstens teilweise, verstehen, warum

Gott mich einige der Krankheiten hatte durchmachen lassen, von denen ich in diesem Buch geschrieben habe. Ich dachte oft an die Worte von Paulus: „Er tröstet uns in aller Not, damit auch wir die Kraft haben, alle zu trösten, die in Not sind, durch den Trost, mit dem auch wir von Gott getröstet werden“ (2. Kor. 1,4).

Es war mir eine große Freude, zu sehen, wie die Studentenarbeit in Taiwan, in deren ersten Anfängen ich mitgewirkt hatte, jetzt blühte in der Verkündigung des Evangeliums, in Mitarbeiterschulungen und in schriftlichen Veröffentlichungen. Jeden Freitagmittag kamen die Mitarbeiter der Studentengemeinde in Taitschung zum Essen in mein Haus. Dies sollte nicht nur der Gemeinschaft dienen, sondern den Studentenarbeitern auch helfen, ihre Englischkenntnisse zu verbessern. So machten wir es zur Regel, daß bei Tisch nur Englisch gesprochen werden sollte. Ach, wie still es bei manchen dieser Mahlzeiten war! Dann vergaß irgend jemand die Regel, und wir stellten plötzlich fest, daß wir auf chinesisch drauflosredeten, die Probleme erörterten, über die Aufgaben und die segensreichen Erfahrungen sprachen.

Dieser Zeitabschnitt war in vieler Hinsicht anders, nicht so straff organisiert, was das tägliche Programm betraf, aber sehr am Menschen orientiert, besonders auf der Basis Mensch zu Mensch. Ich lernte noch mehr die Vielfalt der Mittel zu schätzen, die Gott einsetzt, um Menschen dazu zu bringen, daß sie ihn kennenlernen und dann für ihn leben, als ich versuchte, seinem Beispiel des „Füßewaschens“ zu folgen.

25. Kapitel

Im Feuerofen

Gott hatte noch einen neuen Lehrplan für mich alten Schüler bereit, durch den ich selbst ganz neu lernen sollte, was ich getreulich versucht hatte, anderen weiterzugeben: Gott ist da – in der „Löwengrube" und im „glühenden Feuerofen".

Dr. Monica Hogben, die Ärztin für ÜMG-Missionare von der internationalen Zentrale in Singapur, war 1975 in Taiwan, um die alle zwei Jahre fälligen ärztlichen Untersuchungen durchzuführen. Als sie eine Geschwulst in meinem Unterleib entdeckte, war ich völlig überrascht, denn nicht das geringste Unwohlsein hatte angezeigt, daß etwas nicht in Ordnung war. Noch am selben Nachmittag gingen Monica und ich zu dem Arzt, der mich sonst im christlichen Krankenhaus im nahegelegenen Tschanghua behandelte. Es sollte eine Operation durchgeführt werden, entschieden Dr. Wilkerson und zwei hinzugezogene Ärzte, aber es müsse nicht als dringender Fall betrachtet werden.

Im Krankenhaus war für mich sowieso kein Zimmer frei, also beschloß ich, meinen Urlaub weiterzuplanen. Ich freute mich darauf, in ein paar Wochen an meinen Lieblingsort Goose's Nose an der südlichsten Spitze der Insel zu fahren.

Ich war schon dreiviertel auf dem Weg dorthin und übernachtete bei einer Freundin, als ein Anruf kam, daß im Krankenhaus jetzt ein Zimmer frei sei, falls ich es wollte. Ich wollte es, denn inzwischen hatte ich gemerkt, daß der Tumor beängstigend schnell wuchs; er war nun bereits als Beule an meinem Bauch sichtbar. Also kehrte ich am nächsten Tag wieder um und ging genau zwanzig

Tage nach der ersten Untersuchung ins Krankenhaus.

An diesem Morgen des 4. September sprach der Herr deutlich zu mir, als ich in meiner Tageslese diese Zusammenstellung von Bibeltexten las: „Bewahre die Ruhe, meine Tochter, fürchte dich nicht! Dein Herz soll nicht verzagen... Sei stille und erkenne, daß ich Gott bin! Habe ich dir nicht gesagt: Wenn du glaubst, wirst du die Herrlichkeit Gottes sehen? Der Herr allein ist erhaben an jenem Tag. Sei stille dem Herrn und warte auf ihn. – Entrüste dich nicht über den, dem es gut geht, der seinen Mutwillen treibt. – Vor schlimmer Kunde fürchtet er sich nicht; sein Herz hofft unverzagt auf den Herrn. Sein Herz ist getrost und fürchtet sich nicht. Wer glaubt, der braucht nicht zu fliehen. – Was ich tue, verstehst du jetzt noch nicht, doch später wirst du es begreifen."

Mit diesen Worten in meinem Herzen – „Bewahre die Ruhe, fürchte dich nicht, sei stille" – sah ich der Operation entgegen. Es fällt mir nicht so leicht, stille zu sein, aber das war es, was Gott jetzt von mir wollte – ihm zu vertrauen, damit er sich selbst verherrlichen konnte.

Ungefähr am achten Tag nach der Operation kam Dr. Wilkerson, um die Fäden zu ziehen. Dann setzte er sich zu mir und sagte: „Ich denke, wir sollten jetzt einmal über Ihre Operation reden." An seinem Ton war nichts, was mich beunruhigte. Wir kannten einander gut; ich wußte, daß er ein sehr offener und direkter Mensch war, und er wußte, daß ich die Wahrheit erfahren wollte. Aber auf das, was er zu sagen hatte, war ich doch nicht gefaßt gewesen: „Sie haben Krebs, und er ist unheilbar."

„Muß ich im Krankenhaus bleiben?" gelang es mir zu fragen.

„Nein, nachdem nun Ihre Fäden gezogen sind, können Sie noch heute heimgehen, wenn Sie wollen."

„Wieviel Zeit ungefähr geben Sie mir noch?" hörte ich mich fragen.

„Ich habe, soviel ich konnte, entfernt", sagte er.

„Aber das war nicht viel. Der Krebs hat sich in Ihrem ganzen Unterleib ausgebreitet und umgibt bereits einige Ihrer Organe. In jenen Wochen ist er sehr schnell gewachsen. Der letzte ähnliche Fall, den wir hatten, dauerte zwei Monate. Ich habe mit einigen anderen Ärzten darüber gesprochen, und die übereinstimmende Meinung ist: zwei oder drei Monate."

„Gibt es für diese Art von Krebs irgendeine Therapie?" fragte ich.

„Soviel ich weiß", entgegnete er ruhig, „gibt es keine."

„Nun, wenn ich nicht im Krankenhaus bleiben muß, kann ich dann heute abend mit Ihnen heimfahren?" Die Wilkersons wohnten ebenfalls in Taitschung.

„Ja, ich bringe Sie gerne nach Hause", erwiderte er, dann ging er.

Ich war erstaunt über den vollkommenen Frieden in meinem Herzen. Es war, als würde der Herr zu mir sagen: „Es ist in Ordnung – dies kommt von mir." Die Antwort meines Herzens war: ‚Dein Wille geschehe, Herr!' Ein Friede, wie ich ihn nie zuvor erfahren hatte, überflutete mein Herz.

Ich wurde mehr als herzlich begrüßt von meinen beiden Hunden Suzie und Snoopy, die sich vor lauter Wiedersehensfreude nicht zu fassen wußten. Als sie sich schließlich etwas beruhigt hatten, rief ich Mr. Draper, unseren Superintendenten in Taiwan, an und fragte ihn, ob er und seine Frau Jane für ein paar Minuten zu mir kommen könnten. Ich hatte das Gefühl, daß ich ihnen diese Nachricht sofort mitteilen sollte. Da dies so unerwartet kam, war es natürlich ein ziemlicher Schock für sie – aber es war ein Schock, den ich abmildern konnte mit einem Zeugnis von dem wunderbaren Frieden, den der Herr mir geschenkt hatte. (Die beiden waren mir nicht nur eine Stütze durch diese ganze Erfahrung hindurch, sondern Jane hat mir auch beim Entstehen dieses

Buchs geholfen. Für beides bin ich dankbar.)

Ein paar Tage später kamen Dr. Wilkerson und seine Frau vorbei, um zu sehen, wie es mir ging. Zuerst sagte der Arzt nur wenig, sondern saß auf dem Sofa und spielte mit Suzie, die ein richtiger Clown war. „Wissen Sie nun, daß der Krebs unheilbar ist?" fragte er schließlich. „Ich habe Sie schon beim ersten Mal verstanden", entgegnete ich leicht gereizt, nachdem er dies mehrmals wiederholt hatte.

„Aber Sie haben nicht reagiert", verteidigte er sich. „Die meisten Leute brechen zusammen und weinen oder fallen in Ohnmacht, aber Sie haben überhaupt nicht reagiert."

Also erzählte ich ihm, was geschehen war. „Als Sie mir sagten, daß die Krebserkrankung unheilbar sei, habe ich eine ganz wunderbare Erfahrung gemacht. Es war, als würde eine große Wolke auf mich niedersinken, eine Wolke des Friedens von Gott, der mir die Gewißheit gegeben hat, daß diese Krankheit Teil seines Willens ist – daß sie nicht nur gut, sondern auch Gott wohlgefällig und vollkommen ist[1]. Das ist schwer für mich zu erklären", sagte ich lächelnd, „aber ich glaube, daß ich eine Botschaft von dem Frieden, welcher höher ist als alle Vernunft, weitergeben kann, denn das ist es, was er mir gegeben hat."

Auch jetzt, wo ich dies schreibe, hat sein Friede mich nicht verlassen. Er weiß, was er tut, und er erfüllt das Wort, das er mir am Morgen vor der Operation gegeben hat:

„Was ich tue, verstehst du jetzt noch nicht, doch später wirst du es begreifen." Er hat verheißen, daß er allein erhaben sein und die Ehre bekommen wird, und das war und ist mein Gebet.

„All den Büchern zufolge haben weder Bestrahlungen noch Chemotherapie eine Wirkung auf diese Art von Krebs", warf Dr. Wilkerson ein, während er versuchte, Suzie stillzuhalten. „Aber es würde nichts scha-

[1]) Römer 12,1.2

den, es mit Kobaltbestrahlungen zu versuchen", fügte er hinzu.

Also wurde ich zur Behandlung in das moderne, gutausgerüstete Krankenhaus in Taipeh geschickt. Als mit den Bestrahlungen begonnen wurde, wiesen mich die Ärzte alle auf die Möglichkeit hin, daß es zu Haarausfall, Hautverfärbungen, Übelkeit und Durchfall kommen könnte. Wir machten Witze über den Haarausfall und beschlossen, daß ich mir in diesem Fall Perücken, passend zu sämtlichen Kleidern, besorgen könnte! Nachdem ich jedoch einige Tage meine Mitpatienten beobachtet hatte, wurde mir klar, daß sich mit diesen Nebenwirkungen nicht spaßen ließ.

Am dritten Tag unterhielt ich mich im Wartezimmer gerade mit der chinesischen Dame neben mir, als ich zur Behandlung aufgerufen wurde. „Großmama Han! Großmama Han!" Als ich aufstand, sahen mich alle Leute im Raum an, und jemand sagte: „Aber Sie sind doch nicht krank!"

„O doch", sagte ich, während ich das Behandlungszimmer betrat. Dr. Chen, der Chefarzt der radiologischen Abteilung, hatte es gehört, und als ich außer Hörweite war, ging er hinaus, um Klarheit zu schaffen. „Sie ist schlimmer dran als ihr alle", sagte er zu ihnen. „Sie hat nur noch ein paar Wochen zu leben."

Als ich wiederkam, erzählten mir diejenigen, die immer noch warteten, in typisch chinesischer Weise getreulich, was der Arzt gesagt hatte.

„Ja, das stimmt", erwiderte ich und setzte mich, um mich mit den Leuten, die nun alle aufmerksam zuhörten, zu unterhalten.

„Wie können Sie so ruhig sein?" wollten sie wissen. „Wie können Sie so voller Frieden sein?" Welch eine Möglichkeit, die Barmherzigkeit des Herrn zu bezeugen! Und danach, als ich täglich zur Behandlung kam, brachte ich meine chinesische Bibel und einige Traktate mit und nutzte die Gelegenheit, meinen Mitpatienten vom Evangelium zu erzählen.

Jeden Tag waren einige neue Patienten und auch einige „alte Hasen“ da. Diejenigen, die ich schon kannte, sagten dann: „Haben Sie den anderen schon erzählt, was Sie uns gestern gesagt haben?“ oder: „Haben Sie ihnen schon erzählt, wie man Frieden haben kann?“

Was diese Gelegenheiten so ergreifend machte, war das Wissen, daß viele in diesem Wartezimmer nur noch wenige Wochen oder Monate zu leben hatten. Viele von ihnen litten bereits schrecklich, und ihre Angst wuchs in dem Maß, wie ihre Schmerzen stärker wurden.

Ich rechnete damit, bald nach Hause zu können, aber der Arzt entschied, daß die Behandlung verlängert werden sollte. Bis jetzt hatte ich noch keine der furchtbaren Nebenwirkungen. Und selbst als mein Körper mit der stärksten Strahlendosis bombardiert wurde, hatte ich nicht mehr als ein kleines bißchen Durchfall.

„Sie sind schon von besonderem Schlag“, zogen mich die erstaunten Ärzte auf.

Als ich noch in Taipeh war, wollten mich wohlmeinende Freunde salben und um meine Heilung beten. „Nein, danke“, lehnte ich ab. „Ich bin zwar dankbar für eure Liebe und eure Sorgen um mich, aber Gott hat mir nicht die Freiheit gegeben, um Heilung zu bitten. Als mir gesagt wurde, daß ich unheilbaren Krebs habe, betete ich: ‚Dein Wille geschehe‘, und danach erfüllte mich sein Friede auf eine ganz wunderbare Weise. Das ist alles, was ich möchte – seinen Willen. Um mehr kann ich nicht bitten. Vor vielen Jahren habe ich, als ich krank war, den Herrn gebeten, mich zu heilen, und er hat es getan. Ich bin jedoch nicht frei, dieses Mal darum zu bitten.“

Da sie nicht gerade glücklich über meine Einstellung waren, wollten einige meiner Besucher an diesem Tag mir unbedingt die Hand auflegen, damit ich geheilt werde. Ich blieb jedoch fest.

„Nein, sein Wille ist der beste“, erklärte ich. „Gott

weiß, was er tun will, und er kann heilen, wenn dies sein Wille ist. Wenn es nicht sein Wille ist, sterbe ich lieber, um bei ihm zu sein."

„Dann laß wenigstens *uns* beten", drängten sie. „Du brauchst nicht mitzubeten."

„Nein", schüttelte ich müde den Kopf. „Ich fühle mich weder gefühlsmäßig noch nervlich dazu in der Lage… Wenn ihr für mich beten wollt, dann könnt ihr dies zu Hause tun."

Ich spürte, wie verärgert manche von ihnen waren. Außerdem tat es weh, wenn behauptet wurde, daß ich versuche, „superfromm" zu sein, oder daß es nicht recht von mir gewesen sei, daß ich mich mit Bestrahlungen behandeln ließ, wenn ich doch dem Herrn vertrauen wollte. Ich schluckte jedoch meine Kommentare hierzu hinunter, da ich durch diese Diskussion völlig aus der Fassung gebracht wurde. Nachdem meine wohlmeinenden Besucher gegangen waren, konnte ich Stille Zeit haben und diese ganze Sache vor den Herrn bringen, und wieder versicherte er mich seiner beständigen Nähe.

Obwohl man nicht damit rechnete, daß ich Weihnachten 1975 noch erleben würde, begann ich nach meiner Rückkehr aus dem Krankenhaus zu versuchen, ein möglichst normales Leben zu führen. Allmählich nahmen meine Aktivitäten und auch meine Kraft wieder zu. Und der Dienst an anderen lenkte mich von mir selbst ab.

Die Reaktionen der Leute auf meine Krankheit waren interessant. Da ich gleich von Anfang an mit Freunden und Mitarbeitern ganz offen über die Nachricht, daß die Krebserkrankung unheilbar sei, geredet hatte, nahm ich unser nächstes ÜMG-Gebetstreffen zum Anlaß, zu erklären, was die Ärzte mir gesagt hatten, und zu bezeugen, wie der Herr mir Frieden geschenkt hatte. Ich begann, hier ein Schniefen und dort ein Schnüffeln zu hören.

Plötzlich kam mir die bedrückte Atmosphäre geradezu lustig vor! Hier war eine Gruppe von ungefähr fünfzehn Missionaren, die alle sagten – und es auch so meinten –, es sei weit besser, vom Körper losgelöst und beim Herrn zu sein. „Wir sind schon ein komischer Haufen", bemerkte ich. „Wir sagen, wie wunderbar es sein wird, zu gehen, um beim Herrn zu sein, und jetzt, wo jemand seine Fahrkarte hat und unterwegs ist, das heißt, im Zug sitzt, hocken wir da und weinen. Ihr solltet euch mit mir *freuen!*"

Andere Freunde wußten nicht, wie sie sich verhalten oder was sie sagen sollten, und begannen, mich zu meiden. Manche plapperten nur noch unwesentliches Zeug, weil sie ganz einfach nervös waren. Andere wiederum waren übertrieben nett. Schließlich hätte ich am liebsten geschrien: „Hört mal alle her – behandelt mich normal! Ich lebe noch und bin immer noch ich selbst!"

Eines Tages sagte ich zu meinen Mitarbeitern: „Bemitleidet mich nicht; das ist das letzte, was ich möchte. Wenn ihr wütend auf mich sein wollt, dann nur los!" Die Samthandschuh-Behandlung machte mir mehr zu schaffen als die Kobaltbehandlungen! Dennoch, mein Sinn für Humor war mir geblieben, und er half mir und anderen, uns den Gegebenheiten anzupassen, damit das Leben wieder einigermaßen normal weiterging.

26. Kapitel

Ende einer Ära

Oh, war ich zornig! Ich war so aufgebracht, daß ich nicht einmal aufrichtig beten konnte. Die Missionsleitung hatte angeordnet, daß ich vorzeitig in den Ruhestand treten und bis zum nächsten Sommer das Missionsfeld verlassen sollte. ‚Warum?' schrie mein Herz. ‚Warum jetzt, zwei Jahre danach, wo es mir soviel besser geht und ich in der Lage bin, mein volles Arbeitspensum zu erledigen? Es ist nicht gerecht!'

Außerdem, wo sollte ich in den Vereinigten Staaten leben? Wie würde ich dort die hohen Arztkosten bezahlen können? Ich stand in Taiwan unter ausgezeichneter ärztlicher Versorgung und kam ganz gut zurecht. Ich haßte – ja, ich fürchtete, wenn ich das hätte zugeben können – das Unbekannte.

Ich war verblüfft und erschrocken über meine Reaktionen und meinen Mangel an Glauben, die so ganz anders waren als meine Reaktion auf die Nachricht, unheilbar krebskrank zu sein. Warum konnte ich jene Nachricht akzeptieren und diese nicht? Hatte ich die Treue, die Gott mir in all den Jahren erwiesen hatte, vergessen? Der Aufruhr in meinem Innern wollte jedoch trotz all meiner Selbstbelehrungen nicht nachlassen. Diese Nachricht konnte ich anderen nicht mitteilen, weder Chinesen noch Freunden aus dem Westen. Ich mußte dies vor dem Herrn allein ausfechten.

Nach einer unglücklichen Woche hörte ich die Stimme des Herrn durch Jesaja 54,10–11: „Denn es sollen wohl Berge weichen und Hügel hinfallen, aber meine Gnade soll nicht von dir weichen, und der Bund meines Friedens soll nicht hinfallen, spricht der Herr, dein Erbarmer. Du Elende, über die alle Wetter gehen, die keinen Trost fand! Siehe, ich will deine Mauern auf Edelsteine stellen und will deinen Grund mit Saphiren legen... Du sollst auf Gerechtigkeit gegründet sein.“

Welch passende Mahnung, daß – auch wenn alles sich verändert – Gott immer noch da ist! Er weiß, was ich brauche. Ihm konnte ich vertrauen, daß er einen Platz für mich vorbereiten würde. Frieden und Ruhe begannen in mein Herz zurückzukehren, und ich konnte wieder beten, daß sein Wille geschehen möge. Ich wußte, er konnte mit Leichtigkeit das ganze Bild ändern, wenn es nicht sein Wille war, daß ich in den Ruhestand ging.

Als das Leben sich wieder zu normalisieren begann, schien es mir klüger, die Nachricht von meinem drohenden Ruhestand für mich zu behalten. Möglichkeiten zum Dienst waren reichlich vorhanden, und ich erlebte, wie der Herr in vielen Herzen wirkte.

An meinem Geburtstag Ende Januar 1978 zeigte der Herr mir in meiner Stillen Zeit wiederum, daß er in der Lage war, sein Wort auf meine spezielle Situation anzuwenden. Er sprach durch Psalm 139: „Herr, du erforschest mich und kennest mich. Ich sitze oder stehe auf, so weißt du es; du verstehst meine Gedanken von ferne. Ich gehe oder liege, so bist du um mich und siehst alle meine Wege. Denn siehe, es ist kein Wort auf meiner Zunge, das du, Herr, nicht schon wüßtest... Diese Erkenntnis ist mir zu wunderbar und zu hoch, ich kann sie nicht begreifen... Erforsche mich, Gott, und erkenne mein Herz; prüfe mich... und leite mich auf ewigem Wege.“

Ich kannte zwar diese Wahrheiten und hatte den Psalm oft gelehrt, aber an diesem Tag kam das Wort ganz frisch und in neuem Licht zu mir. Wie gut es auf die Zweifel meines Herzens wegen meiner Zukunft paßte! Der Herr mußte wahrhaftig mein Herz erforschen und jede falsche Haltung ausmerzen.

Es war schwer, dem Abschied von Asien ins Auge zu

sehen. Ich war jetzt dreiundsechzig, und ich hatte die Hälfte meines Lebens im Dienst für den Herrn unter den Chinesen verbracht. Es machte mir nichts aus, daß ich in den einunddreißigeinhalb Jahren in China und Taiwan alt geworden war. Nein, daß mir das Herz schwer war, kam von dem Gedanken, daß ich die Vertrautheit meines Adoptivlandes verlassen und mich von den vielen Menschen trennen mußte, die mir so lieb wie eine Familie geworden waren. Was immer ich aufgegeben hatte, um dem Herrn zu folgen, er hatte es mir hundertfältig zurückgegeben.

Bis Anfang März hatte ich mich dann so weit gefaßt, daß ich den chinesischen Mitarbeitern und den anderen Missionaren die Nachricht von meinem bevorstehenden Ruhestand mitteilen konnte. Außerdem mußte ich bald meine Angelegenheiten regeln, wenn ich noch vor dem Sommer gehen sollte.

Da Verabschiedungen und Feierlichkeiten unter solchen Umständen recht zermürbend sein können, hoffte ich, so still wie möglich fortgehen zu können. Gesellschaftliche Ereignisse waren noch immer eine nervliche Belastung für mich.

Aber es wäre leichter gewesen, eine Lokomotive, die sich selbständig gemacht hatte, zum Stillstand zu bringen! Die Liebe, mit der mich chinesische Freunde zu überhäufen begannen, war einfach überwältigend. Es gab nicht nur Abschiedsfeiern sowohl in Taitschung als auch in Taipeh, sondern es strömten mir auch Geschenke aus ganz Taiwan zu – vieles davon war Schmuck, da die Leute begriffen hatten, ich müßte nach Hause fliegen mit begrenztem Gepäck. Neben wunderschönen Stücken aus Jade und Geschmeide mit Perlen, Opalen, Achaten, Rubinen und Korallen waren auch Geschenke aus Gold dabei, deren Geber mich daran erinnerten, daß bei einem Abfallen des Dollarkurses der Goldpreis steigen werde; ihre Gaben sollten mir versichern, daß ich keine Not leiden mußte.

Beim Abschied in der Gnadenkirche in Taitschung, der Gemeinde, mit der ich seit siebenundzwanzig Jahren verbunden war, wurde mir eine Messingtafel, auf die die Worte von Jesaja 54,10 eingegraben waren, übergeben! Unmöglich konnten sie gewußt haben, wieviel Bedeutung dieser Vers für mich bekommen hatte! Die Gemeindeglieder der Gnadenkirche machten mir auch ein Geldgeschenk – einen wahrhaft erstaunlichen Betrag, der tausend Dollar in amerikanischer Währung entsprach. Dieses Geld sollte ich, wie sie sagten, in Amerika für die Ausstattung meiner Wohnung verwenden. Heute erinnert mich praktisch alles um mich herum an jene lieben Leute.

Außerdem veranstalteten die anderen Missionare ein wirklich fröhliches Abschiedsfest für mich, dessen Höhepunkt eine zwerchfellerschütternde Parodie meiner Lebensgeschichte war. Ich glaube nicht, daß ich jemals in meinem ganzen Leben so gelacht habe. Sie bedachten mich auch mit Geschenken, die mir lieb und wert sind.

Die Tage vergingen wie im Flug, und es gab noch vieles zu erledigen. Zum Beispiel mußte ich Datsie verkaufen. Der Lack des kleinen Autos war noch in sehr gutem Zustand, und es war regelmäßig überholt worden. Aber wer würde einen neun Jahre alten Wagen mit achtundneunzigtausend Meilen wollen? Mir fiel jedoch ein, daß der Mann von der Werkstatt einmal gesagt hatte, er hätte, falls ich mich je von dem Fahrzeug trennen wollte, gerne das Vorkaufsrecht. Vielleicht würde er mir noch dreihundert Dollars dafür geben. Wie überrascht war ich, als er mir achtundvierzigtausend Taiwan-Dollars (eintausendzweihundert US-Dollars) dafür bot und dann sein Angebot sogar noch auf sechzigtausend Taiwan-Dollars erhöhte. Sicherlich war dies vom Herrn als gutes Startkapital für ein neues Auto, das er mir in Amerika zukommen lassen wollte, gemeint.

An meinem letzten Tag in Taiwan lud mich ein junges Paar in Taipeh zum Essen ein. Nach der Mahlzeit erhob sich der junge Mann, der einmal zu den Jungen der „Hoffnung-Chinas"-Klasse gehört hatte, und stellte sich neben mich. „Großmama", sagte er, „ich werde morgen auf dem Flughafen sein, aber ich möchte mich schon jetzt von Ihnen verabschieden." Dann schüttelte er mir die Hand und ließ dabei ein Bündel von Geldscheinen in ihr zurück. Ich warf einen schnellen Blick darauf – und sah, daß es fünf amerikanische Hundertdollarscheine waren.

„Aber das kannst du dir doch nicht leisten!" protestierte ich ernsthaft.

„Ich kann es mir nicht leisten, dies *nicht* zu tun", entgegnete er genauso ernsthaft. „Sie werden vier Räder unter sich brauchen, wenn Sie nach Amerika kommen, und vielleicht kann dies dazu beitragen, ein Rad davon zu bezahlen!" Wie reagiert man auf solche Großzügigkeit!

Ironischerweise war mein Abflugstermin am amerikanischen Unabhängigkeitstag – am 4. Juli 1978. Anstelle von Unabhängigkeit empfand ich jedoch eine neue Abhängigkeit vom Herrn, da ich einer unbekannten Zukunft entgegensah.

27. Kapitel

Immer noch ohne Ausnahme

Während der Rückkehr in die Vereinigten Staaten wurde meine innere Ruhe von Fragen geradezu bombardiert: Wo sollte ich mich niederlassen? Da meine Eltern beide gestorben waren, während ich auf dem Missionsfeld war, gab es mein früheres Zuhause nicht mehr. Ich fand es nicht richtig, mich Verwandten aufzudrängen, und fühlte mich auch noch nicht reif für das Ruhestandsheim der ÜMG, obwohl ich aus Gesundheitsgründen zurückkehrte – eigentlich hätte ich ja schon längst tot sein müssen! Und wenn ich mich irgendwo niederließ, was würde ich tun können? Konnte ich noch irgendeinen Dienst ausüben? Würde ich mich, nach mehr als dreißig Jahren im Ausland, in Amerika überhaupt zurechtfinden können? Wie sollte ich zu einem Auto kommen, das ich sehr wahrscheinlich brauchen würde? Die Fragen drohten mich in Panik zu versetzen.

Dennoch, als ich auf all die Jahre zurückblickte, dachte ich: ‚Ich gehöre ihm.‘ Durch dick und dünn hatte er mich genau dies gelehrt. Und während er sein Herrschaftsrecht in meinem Leben beanspruchte, war er kein willkürlicher Tyrann, sondern ein freundlicher und liebender Vater. Mit dieser Gewißheit befahl ich mich ihm von neuem an.

Dennoch fragte ich mich, wie ich finanziell zurechtkommen würde, da ich überall die Leute über Inflation in den Vereinigten Staaten reden hörte. Immerhin hatte Gott während der schlimmen Inflation zu meiner Zeit in Nanking für mich gesorgt. ‚Und sieh nur‘, sagte ich zu mir selbst, ‚was er daraus gemacht hat, als dir alles gestohlen wurde.‘ Ich fühlte mich zurechtgewiesen und beschämt wegen meines mangelnden Vertrauens, denn ich wußte ja zur Genüge, daß es für Gott keinen Unterschied macht, wo man sich befindet.

Während einer Zwischenstation in England schenkte mir der Herr von neuem Gewißheit. Eine Freundin gab mir ein Kärtchen mit den Worten: „Dies ist speziell für dich." Es war, als hätte sie meine Gedanken über die Unsicherheit der Zukunft gelesen. Auf der Karte stand eine moderne Übersetzung von Zephanja 3,17: „Er plant im stillen voller Liebe für dich." Es war genau das Wort, das ich nötig hatte und das ich seither noch oft gebraucht habe. Mein Gebet veränderte sich von „Was soll ich tun?" zu „Zeige mir deinen Plan!"

In Harrisburg, Amerika, erwartete mich fast meine ganze Familie. Wie alt sie aussahen! Natürlich, es waren immerhin neun Jahre vergangen, seit wir uns zuletzt gesehen hatten, und wir hatten wohl alle Grund, etwas klappriger auszusehen. Später erfuhr ich dann, daß sie von meiner „jugendlichen Frische" auch nicht beeindruckter waren als ich von der ihren. Manche fragten sich sogar, ob ich die achtzehn Meilen bis zum Haus meiner Schwester in Elizabethtown schon schaffen könnte.

An meinem fünften Tag zu Hause beschlossen meine Schwester Dorothy und ich, zur amerikanischen Zentrale der ÜMG in Robesonia zu fahren. Aus einem Gespräch mit dem Missionsdirektor ging hervor, daß ich im Ruhestand war ohne Urlaub – was bedeutete, daß ich nicht gebeten werden sollte, Versammlungen zu halten.

Auf dem Heimweg hatte ich kaum einen Blick für die frischen grünen Getreidefelder, durchbrochen von dichten Baumgruppen in sommerlicher Schönheit. Ich lehnte mich innerlich auf. Ich war nicht so krank, daß man mich nur noch dahinvegetieren lassen konnte! Tatsächlich fühlte ich mich gut und brannte darauf, etwas zu tun. Wie ein Invalide behandelt zu werden, entfachte von neuem meinen Widerstand. Dieses Mal jedoch war mein Friede bald schon wiederhergestellt, da der Herr wiederum zu mir sprach. Nein, er würde mich nicht dahinvegetieren lassen, aber ich brauchte Zeit, um mich einzuleben.

Da ich ein Auto brauchte, ging ich zu dem Händler, der mir 1968 Datsie verkauft hatte. Ich entdeckte einen leuchtendgelben, viertürigen Gebrauchtwagen, der all meinen Anforderungen entsprach. Nicht nur der Preis war in Ordnung, sondern ich kannte auch seinen früheren Besitzer! Übrigens nenne ich den kleinen, gelben Datsun „Hephzibah", denn ich habe meine Freude an ihm.

Während sich nach den ersten zehn Tagen zu Hause das Leben äußerlich zu normalisieren begann, entdeckte ich, daß ich einiges aufzuholen hatte. Selbst das Lesen der Zeitung brachte mich in Verlegenheit. Nicht nur das Vokabular war während meiner Abwesenheit unfeiner und erweitert worden, sondern die Abkürzungen hatten sich wie Unkraut vermehrt. Die Herausgeber gingen offensichtlich davon aus, daß jedermann wußte, was IRA, IBM, OPEC, SALT und vieles andere bedeutete. Ich war verblüfft. Chinesisch war wohl doch eine einfachere Sprache als Englisch!

In diesen ersten paar Wochen kämpfte ich wirklich darum durchzublicken.

Das Einkaufen brachte einen neuen Schock. Ich war entsetzt über die Preise. Mein Verstand arbeitete immer noch mit den Preisen der Dinge in Taiwan und hatte Schwierigkeiten, sich auf die neuen Gegebenheiten einzustellen.

Nach kurzer Zeit hatte ich es satt, aus dem Koffer zu leben. Jeder fragte mich, wo und wann ich mich niederlassen würde. Wie ich mich danach sehnte, die Antwort zu haben! Ich betete um eindeutige Führung.

Ich wollte, daß der Herr mir zeigte, wo ich nach seinem Willen leben sollte, denn ich hatte nicht das Gefühl, daß meine Hingabe an ihn mit dem Verlassen Taiwans beendet sei. Dieses Gelöbnis, das ich ihm vor vielen Jahren gegeben hatte, galt nicht nur für China, sondern für mein ganzes Leben – seinen Willen zu tun, wo immer er mich haben wollte. Immer noch galt: *An jeglichen Ort - zu jeglicher Zeit - auf jegliche Weise - ohne Ausnahme.* Aber ich wurde immer ungeduldiger und erinnerte den Herrn beständig an seine Zusage, voller Liebe für meine ganze Zukunft zu planen. ‚Bitte, Herr, beeil dich!' war mein stilles P. S.

Im Oktober fuhr ich dann mit meiner Schwester Dorothy zu ihrer Wohnung in Florida. Da es in Clearwater zahlreiche Appartementhäuser gibt, begannen wir, uns Wohnungen anzusehen. Ich rechnete nicht wirklich damit, mich in Florida niederzulassen – ich hatte meinen Blick mehr auf das Gebiet um Boston gerichtet, um in der Nähe der Park-Street-Kirche, der Gemeinde, die mich unterstützte, zu sein. Deshalb besahen wir sie uns vor allem, um eine Vorstellung von den Mietkosten zu bekommen. Und da ich eine Wohnung von Grund auf einrichten mußte, erkundeten wir auch, in welchem Rahmen sich die Möbelpreise bewegten.

Je länger wir uns umsahen, desto mehr begann ich Witze zu machen, daß ich ein Zelt und ein Feldbett kaufen werde. Die Preise waren schwindelerregend! Ich hatte keine Ahnung, was dies alles mit Gottes Führung zu tun hatte.

Mein nächstes Vorhaben war ein Besuch in Boston. Ich plante, dort vier oder fünf Wochen zu verbringen, um meine Kontakte zur Park-Street-Kirche aufzufrischen, und hoffte, daß sich inzwischen eine Möglichkeit auftun würde, wo ich wohnen und vielleicht eine Aufgabe in der internationalen Studentenarbeit übernehmen könnte. Aber es stellte sich heraus, daß in Boston die Appartements äußerst teuer waren, weit über meine Verhältnisse hinaus – und bei den Wohnungen für Leute mit geringerem Einkommen gab es lange Wartelisten.

Dennoch füllte ich die Antragsformulare für eine solche Wohnung aus, denn ich glaubte, daß Gott mir einen

Weg auftun konnte, wenn er mich in Boston haben wollte. Dann erledigte ich meine Angelegenheiten und vertraute darauf, daß er ein unerwartetes Wunder tun werde. Und das tat er auch!

Ein paar Tage vor meiner Abreise aus Boston rief mich Dorothy aus Florida an, um mir zu sagen, daß in ihrem Haus eine Wohnung frei sei, wenn ich sie haben wollte. Der Hausverwalter mußte innerhalb von zwei Tagen meine Antwort wissen. In meinem Herzen wußte ich sofort, daß dies die Antwort auf meine Gebete war. In dieser ganzen Zeit war der Herr tatsächlich im stillen für mich am Wirken gewesen, so daß ich, obwohl ich kein persönliches Bedürfnis hatte, mich in Florida niederzulassen, doch sicher war, daß der Herr dort für mich eine Aufgabe und einen Plan hatte.

Drei Tage vor Weihnachten in Florida anzukommen, schien zunächst alles andere als günstig zu sein. Aber dann entdeckte ich, daß der Schlußverkauf zum Jahresende begonnen hatte und die Dinge, nach deren Preis wir uns im Oktober erkundigt hatten, nun dreißig bis vierzig Prozent billiger waren. Durch die Planung des Herrn reichte die Gabe von der Gnadenkirche in Taitschung gerade ungefähr für die Anschaffung der wesentlichsten Gegenstände aus, und an Weihnachten ließ es sich in meiner kleinen Wohnung schon ganz gut leben. Endlich war das Leben aus dem Koffer zu Ende!

Den letzten Tag des Jahres 1978 verbrachte ich als stillen Tag, um die Vergangenheit zu überdenken und meine Hingabe an den Herrn für das kommende Jahr zu erneuern. Als ich meine Einstellung zum Ruhestand überprüfte, zeigte mir der Herr, wieviel davon noch immer negativ war, und forderte mich heraus, ob ich das Handtuch werfen und aufgeben oder lieber, solange ich konnte, nach neuen Möglichkeiten suchen wollte. Umgeben von den sichtbaren Beweisen der liebenden Fürsorge des Herrn sowie der Liebe vieler Freunde, betete ich: ‚Herr, ich weiß nicht, wieviel Zeit mir noch bleibt (aus den zwei oder drei Monaten waren bereits einige Jahre geworden!), aber laß mich nicht meine Zeit im Müßiggang und Selbstmitleid vergeuden. Hilf du mir, die Gelegenheiten, die sich mir bieten, auszuschöpfen und sie zu deiner Ehre zu nutzen.‘

Überraschende Möglichkeiten begannen sich zu eröffnen. Und da das Aufgreifen einer Gelegenheit meist gleich zu zwei weiteren führte, ergab es sich, daß ich schon bald auf eine ganz neue Weise die Zusage für mich in Anspruch nahm: „...und wie deine Tage, so deine Kraft.“

Schon seit langem hatten mich Leute von der ÜMG und andere dazu gedrängt, zu schreiben – sogar eine Autobiographie. Da ich spürte, wie unzureichend die Erinnerung ohne die Hilfe von Quellenmaterial war, hatte ich gezögert. Als ich dann jedoch einige alte Sachen, die aufgehoben worden waren, als das Haus meiner Eltern verkauft wurde, durchsah, entdeckte ich praktisch sämtliche Briefe, die ich während meiner frühen Jahre in China und Taiwan an meine Eltern geschrieben hatte. Da waren sie, sorgfältig in chronologischer Reihenfolge geordnet und sogar mit einem roten Band verschnürt. Meine Entschuldigung, kein Quellenmaterial zu haben, hatte ich nun also nicht mehr.

Als ich diese Briefe und sonstigen Unterlagen durchlas, konnte ich nur voller Ehrfurcht über die Barmherzigkeit, die mir Gott erwiesen hatte, staunen. Als ich dann in Pennsylvania den Aufbau für dieses Buch ausarbeitete, hörte ich eine Predigt, die für mich Gottes Wirken in meinem Leben zusammenfaßte. An den Redner oder seinen Predigtaufbau erinnere ich mich kaum – ich war viel zu sehr mit meinen eigenen Gedanken zu seinen erfreulichen drei Punkten beschäftigt: Er läßt mich niemals fallen, er läßt mich niemals im Stich, und er läßt mich niemals los.

Er läßt mich niemals fallen. Als Gott mich als Ex-Medizinstudentin mit Selbstmordabsichten auf jener Gebirgsstraße rettete, versprach er mir, daß er mich niemals fallenlassen werde – daß er mich in seiner Hand hielt und daß ich für immer sicher war. Ich habe nicht immer an diese Wahrheit gedacht, aber wenn ich jetzt zurückschaue, sehe ich, wie er mich fest in seiner Hand hielt und nicht fallenließ. Er ließ mich nicht über die Felsen stürzen an jenem heißen Augustnachmittag im Jahre 1938, sondern er zeigte mir, was ich brauchte, und zog mich zu sich hin. Er ließ mich auch nicht nach Hause zurückkehren, als ich damals in Schanghai so entmutigt war und meinte, versagt zu haben; statt dessen zeigte er mir den Mann am Pflug und meine Verantwortung. Und er ließ mich auch nicht fallen, wenn ich ungehorsam war und ihm gegenüber immer wieder versagte. Er war stets da, wann immer ich bereit war, umzukehren und zu bekennen, daß ich schuldig geworden war und daß ich ihn brauchte.

Er läßt mich niemals im Stich. Gott hat versprochen, durch Jesus Christus gemäß seinem Reichtum und seiner Herrlichkeit für alle meine Bedürfnisse zu sorgen. Und er hat niemals aufgehört, genau dies zu tun. Er hat mich nicht im Stich gelassen, wenn ich in Gefahr oder krank war, wenn ich versagt hatte oder wenn ich bis auf den letzten Pfennig ausgeraubt worden war. Er hat mich nicht im Stich gelassen in Zeiten schlimmster Inflation oder wenn ich riesige Arztrechnungen zu bezahlen hatte. Auch wenn er mich oft bis zur letzten Minute warten ließ, schwankte seine Treue doch niemals. Materielle, körperliche und geistliche Bedürfnisse – für alle hat er so gesorgt, wie er es versprochen hat. Er hat mich ganz gewiß niemals im Stich gelassen.

Er läßt mich niemals los. Dies ist eine Lektion, die ich noch immer lerne – daß er mich niemals losgelassen hat und auch nicht loslassen wird. Ich habe ihm gelobt, ihm zu dienen, wo immer und wie auch immer es sein Wille ist. Es ist ein Gelöbnis, das nichts mit meinem eigenen Gutdünken zu tun hat. Es ist sozusagen lebenslänglich.

Es ist ein Gelöbnis, das ich nicht widerwillig, sondern mit Freuden gegeben habe. Ich bin sein, und er ist mein absoluter Herr. Menschlich gesehen bin ich im Ruhestand, von Gottes Standpunkt aus gesehen, werde ich „wiederverwertet". Die Art des Dienstes hat sich geändert, nicht jedoch die Berufung. Er hat noch immer Aufgaben für mich bereit, vielleicht nicht mit demselben Wirbel von Aktivitäten wie zuvor, jedoch Aufgaben, die sein Wille sind, ob es sich nun einfach darum handelt, jemand eine hilfreiche Hand zu reichen oder dem Einsamen mit unkomplizierter Freundlichkeit zu begegnen. Nein, er hat nicht vor, mich loszulassen, auch nicht im Ruhestand.

Oft werde ich gefragt: „Sind Sie geheilt?" Ich sage dann: „Ich weiß es nicht, und ich werde mich auch nicht wieder aufschneiden lassen, nur um das zu wissen!" Ich versuche einfach, zu Gottes Ehre zu leben, wobei mir diese vier Verse eine große Hilfe sind:

> *5. Mose 33,25: „...und wie deine Tage, so deine Kraft."*
> *Nehemia 8,10: „Die Freude am Herrn ist eure Stärke."*
> *Psalm 118,24: „Dies ist der Tag, den der Herr gemacht hat; wir wollen jubeln und uns an ihm freuen."*
> *Sprüche 17,22: „Ein fröhliches Herz tut dem Leib wohl, ein bedrücktes Gemüt läßt die Glieder verdorren."*

Vor acht Jahren sagte man mir, ich hätte nur noch zwei oder drei Monate zu leben. Aber heute kann ich diese Zeilen schreiben, weil es Gott gefallen hat, mich immer noch in dieser Welt zu erhalten.
Ein Liedvers drückt Gottes unfehlbares Planen und Wirken in meinem Leben besser aus, als ich es könnte:

Gerecht, doch voll Erbarmen
webt' er mein Lebenskleid,
und selbst den Tau der Tränen
verklärte seine Freud.
Bald werd' ich dort ihn rühmen,
ihn, der mein Heil geplant,
der heim mich führt aus Gnaden
in Immanuels Land.

(S. Rutherford)

Inhaltsverzeichnis

Don Richardson
Ewigkeit in ihren Herzen
256 Seiten, Bestell-Nr. 72 447

Spannend schildert der Autor, daß es in vielen Religionen das ahnungsvolle Wissen um einen väterlichen Himmelsgott gibt – ein idealer Anknüpfungspunkt für die Verkündigung der Frohen Botschaft.

Don Richardson
Herren der Erde
356 Seiten, Bestell-Nr. 458 046

Die Yali sind Kannibalen besonderer Art, die so lange weiterschießen, bis die Pfeile so dicht wie Schilf in einem Sumpf im Leib ihres Opfers stecken, nennen sich selbst »Männer der Macht … Herren der Erde«. Im Bund mit den Kembu-Geistern beugten sich die Yali-Männer vor niemandem. Ihre Religion schloß Frauen und Mädchen vollständig aus. Die Frauen wurden so schlecht behandelt, daß viele den Freitod in reißenden Gebirgsflüssen suchten. Diese Kannibalen werden für das Evangelium gewonnen, missioniert! Das Buch stellt den eindrücklichen Bericht von der blutigen Begegnung des Volkes der Yali in den Schneebergen West-Irians mit der Welt des zwanzigsten Jahrhunderts. Es ist ein Buch von hoher erzählerischer Qualität und Spannung. Zugleich ist das Buch der ungeschminkte Bericht über Mission heute mit all den grauenvollen Gefahren.

Howard und Geraldine Taylor
Hudson Taylor – Abenteuer mit Gott
176 Seiten, Bestell-Nr. 72 324

Viele Christen fragen und suchen – mit Recht – nach mehr Vollmacht und Kraft in der Nachfolge und im Dienste Jesu. Das Leben Hudson Taylors ist hervorragend dazu angetan, uns darin den Weg zu weisen. Die Verfasser dieses Buches – Sohn und Schwiegertochter Hudson Taylors – haben in feiner Weise die Lebensgeschichte dieses Mannes erforscht und aufgezeichnet. Damit haben sie ein Buch geschaffen, das jedem offenen Leser einen reichen Segen bereiten will und eine Wegweisung zu einem erfüllteren, überfließenden Leben in der Nachfolge Jesu sein kann.

Hanspeter Wolfsberger
So führt Gott
Geschichten zum Staunen aus der Arbeit der Liebenzeller Mission
112 Seiten, Bestell-Nr. 477 793

Das Leben mit Gott ist oft abenteuerlich. Darüber berichten in diesem Buch Missionare aus den verschiedensten Ländern. Sie mussten sich mit Geisterkulten und Giftschlangen, Räubern und Kopfgeldjägern auseinandersetzen – und haben erlebt, wie Gott sie hindurchgetragen hat. Aber auch unspektakuläre Geschichten anderer Mitarbeiter haben hier ihren Platz gefunden: Erlebnisse, die zeigen, daß Gott im Alltag präsent ist. Erlebnisse, die zum Lachen, zum Nachdenken, vielleicht auch zum Weinen führen. Erlebnisse aus der Geschichte der Liebenzeller Mission, die dazu ermuntern, die Augen für Gottes Wirken zu öffnen und konkret mit seinem Handeln zu rechnen.

Bitte fragen Sie in Ihrer Buchhandlung nach diesen Büchern!